続き間唐紙縁側棹縁天井本床長
押四帖半畳縁漆喰壁砂壁下地
窓水腰障子一堂一室蔀・御簾・軟障
置き畳押し板座敷土間土台真
壁絵図板内法矩形和小屋京間
半長押間越欄間吊り束琵琶床オイ

黒沢隆

CONCEPTUAL 日本建築

鹿島出版会

ルステイン拭きとり入母屋屋根一文字
瓦生子壁簓子下見面格子格子戸
犬走り高麗芝瓢箪池庭石四ッ目
垣露地 JAPONISME SPACE IN MO
TION TROCKEN BAU FORM FOLLO
WS FUNCTION LESS IS MORE CAMP

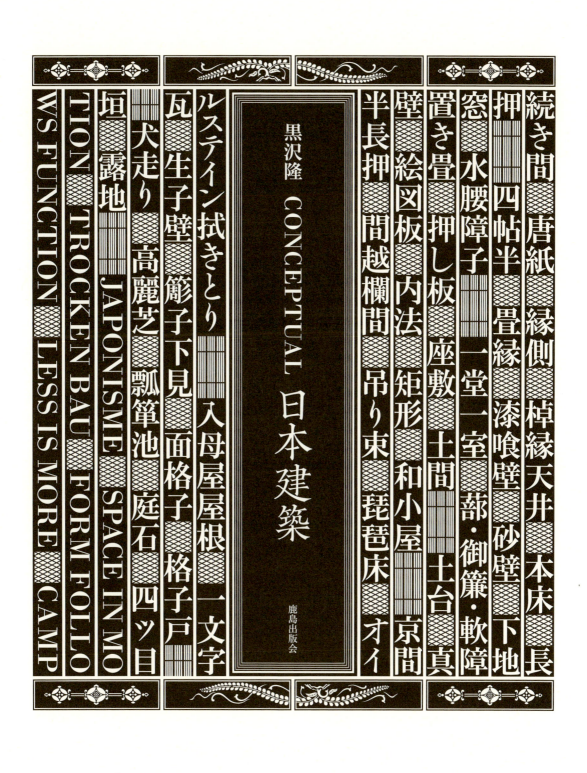

CONCEPTUAL 日本建築

モダニズムの洗礼をうけたひとは、誰でも、言語化しえたことをもって「認識」としてきました。とはいえ、「私」を言語化しきれた例はありえず、同時に言語化の手法も精神分析から構造主義にまで進化もしています。

しかし、モダニズムの先達の後に続いた我々は、言葉の方から先に学び、これを実践に結びつけています。モダンデザインもまさにそうでした。近代社会における「教育」とは、このようなことなのでしょう。

でも、日本文化の言語化には、国民的に手こずっています。

そもそも「文化」を言語化することはむづかしい。「私」の言語化とも似ています。むづかしさのあまり、特殊性だと断じ、切り捨ててきた時期も長くありました。日本建築もまた科学になじみやすい検討がすすみ、強固な史学を形成してしまっています。学校で建築を学んだ人は「日本建築史」が必修ですが、これで日本の建築を分った人がいません。たとえば古都のバスガイドさんは、古建築の軒先が「二手先」か「三手先」かを説いてくれますが、これは専門家の関心の切り売りのようなもの、文化の本質にせまるところが欠けすぎています。

これを繰返して一世紀半、すでに六〇才代の建築家にも由緒正しい日本建築はつくれなくなり、生活者はむろんのこと、日本の住文化は、ほぼ死滅しました。

私の場合、モダニズムの推進者だった反面、日本建築のつくれる最後の世代だという自負もありました。しかし、これが言語化できない。スタッフにさえ説明しきれません。ですが、〈真・行・草〉というデザインコードが、日本の住文化に沈潜していることに、やがて気付きます。まさに記号論や意味論など先端課題そのものなのです。これを手掛りに、日本建築の言語化のみちがあるのではないか、本気で取りくむことになります。

結局、日本の建築史や住宅史の総ざらいをやらざるをえなかったのですが、実証主義的な方法がいかに隔靴掻痒のものだったか、いまさら思い知ります。同時に、現場で工人達から習ったことや、その道の物知り達から開陳されたことも、ひとつの回路のなかにつながり、ああそうだったのかといまさら思われるのです。

もし、こういうことがきっかけになって日本文化の再確認が進めば、事態打開にほんの少しは希望をもてるのではないか、少なくとも日本建築をもう少し分ってもらえるのでは——。

黒沢隆

目次

二頁の序文は、著者から知人への私信として書かれた本書の執筆趣旨を原文のまま掲載した。

1 導入編

Approaching to Japanese Style:
SHOIN Zukuri Style has been a dwelling House for salaries class up to 20c,
SAMURAI were first salaried men who were the exective above all.

団地育ちの世代に伝統のすまいをどう伝えたものか、まずは
「戦前」といわれる時代を規準に、その生活と価値観とを再現する。

01 続き間

Room to room continuity

「二室住居」は都市型のすまいの特徴

日本間の特徴が「続き間」にあることは論をまたない。

それでは「続き間」とは何か。

部屋が連なっていることは明らかだが、部屋が列車のように連結されていることを言うのか。あるいは、ひと続きの空間が仕切られて連続していることを言うのだろうか。この場合、少なくともふた部屋があってのことだが、家屋が、そのふた部屋以上を構成原理とする、というようなことなのか。そのような家屋は、世界的に例が少ないものなのだろうか。

ここまで問いつめられると、どんな専門家でも碩学のひとでも、返答に窮する。実は、私たちの認識がこれに答えられるかもしれない段階に達したのは最近のことだ。それも、学会や業界あげての認識というより、最近の文化人類学や比較文化、あるいは考古学や動物社会学（一般にサル学といわれる）の成果をつむぎ合わせて、返答は可能になろうとしている。

結論からいえば、文明段階に達した人類はひとしく都市を営んだが、その都市を埋める家々は一様にふた部屋を構成原理としていた。日本もまたそのひとつにすぎない。しかし、日本だけが異なった内実もある。

一般的には、ふた部屋構成原理とは、昼の部屋（デイルーム）と夜の部屋（ナイトルーム）からなるということだ。一方は家族が集まって食事をする場であり、他方はみんなで寝るためなのだが、そもそも、家族とはヒトのアイデンティティであり、チンパンジーにさえないものだ。その家族が、多少でも耐久的な家屋をたて、そこに棲むようになるのは新石器を待つ。ほぼ、ワンルーム（一室住居）での起居だった。それが、文明段階［★一――文明と鉄器］にいたって分化して「二室住居」に展開、都市を形成していく。だから、昼と夜の部屋は、はっきりと仕切られてこそ意味があろう。

日本間の特徴が「続き間」なのだとすれば、部屋と部屋との仕切りが曖昧だということであろう。日本だけが何故そうならなかったか、その不思議

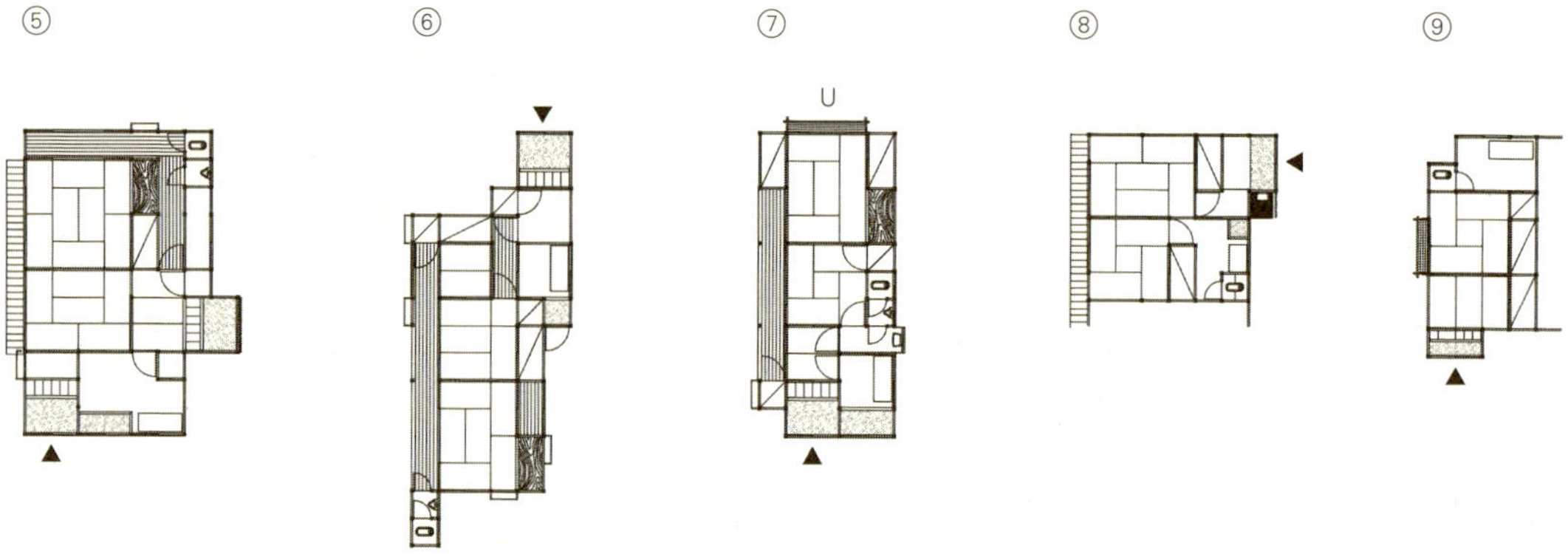

2――関東地方にみる戦前型のすまい（左側が南。黒沢隆研究室採集）★2
①――10帖＋（8帖＋6帖）②―⑤――8帖＋6帖　⑥―⑧――6帖＋4帖半　⑨――4帖半＋3帖
D：応接間　C：納戸（物置）　U：植木棚　◀：表玄関　←：内玄関

解明も本シリーズの意図のひとつだ。
さて「戦前」と言われる時代をひとつの尺度とすれば、市井（しせい＝どこにでもある）の標準的な居宅は、八帖と六帖との組み合わせにあった。仕切りはどこもかしこも建具で、壁はほとんどなく、空間は流動していく。ふた部屋は両開き四枚建ての襖で軽く仕切られていたのである。のみならず、当時、職業軍人（徴兵制の時代にあって、軍人たるを職業とした将校など）にあって、佐官たちがここに住んだと言われる。佐官とは、少佐、中佐、大佐などのことだ。企業でいえば、大企業なら課長職、小企業ならば部長職にあたろう。

1――続き間（徳富蘆花邸）

一方、これより小さな家々もある。

・六帖＋四帖半
・四帖半＋三帖（二戸一建住宅）
・長屋（九尺×二間＝二・七メートル×三・六メートル＝計六帖）

六帖＋四帖半の家は尉官《いかん》に与えられたという。大企業なら係長職、小企業ならば課長職にあたろう。一般的に、このクラスの家々までは借家であり、内風呂もなかった。戦前までは借家社会だったが、銭湯もまた市内によく普及していた。

他方で、もっと大きな家もあった。

・一〇帖＋八帖または一〇帖＋（八帖＋六帖）
・一二帖＋八帖または一〇帖
・一五帖＋一〇帖

当然のことながら軍人では将官、民間では企業オーナーや大企業の重役など、つまり成功者の住む居宅だ。かく、内風呂は当然であり、洋間の応接間もそなえ、あるいは隠居部屋や離れなどもある、規模の大きな造営となるのである。複数の使用人に支えられた生活だった。そのための部屋もあって当然だった。

学校出の官民のサラリーマンたちは、まず、四帖半＋三帖から新婚生活をはじめ、各地を赴任し

①

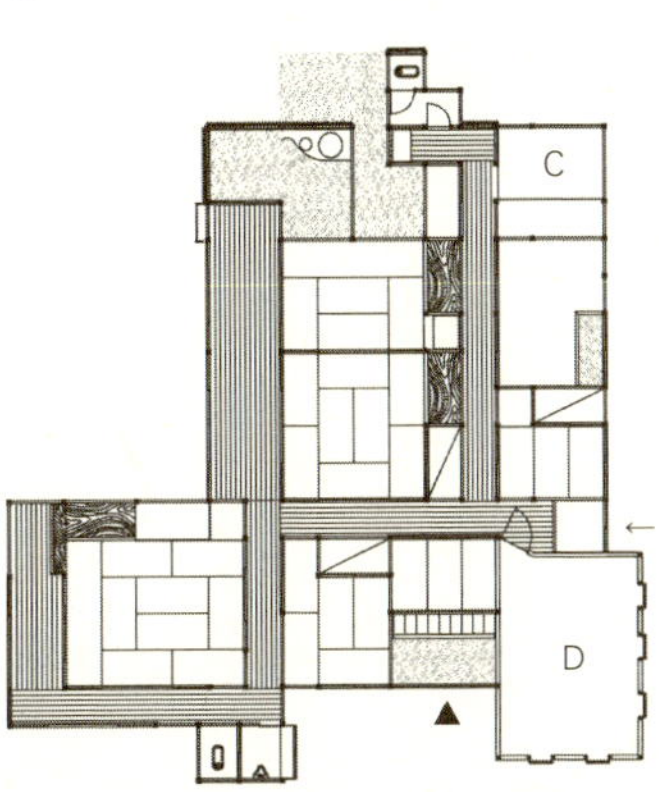

②

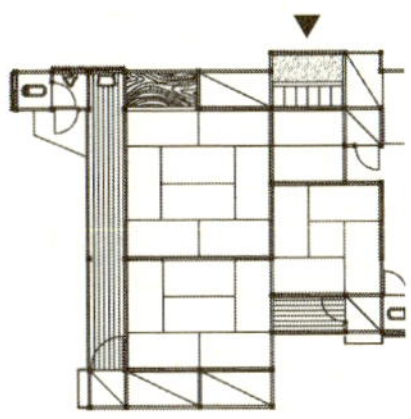

③

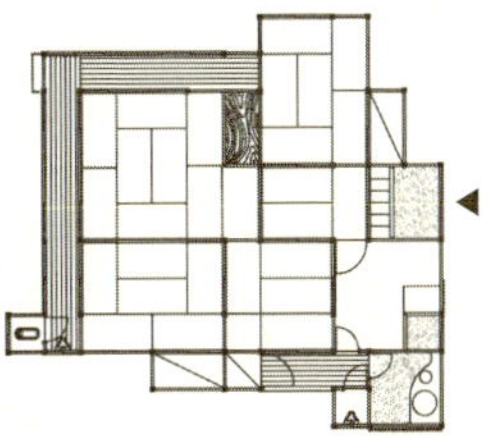

④

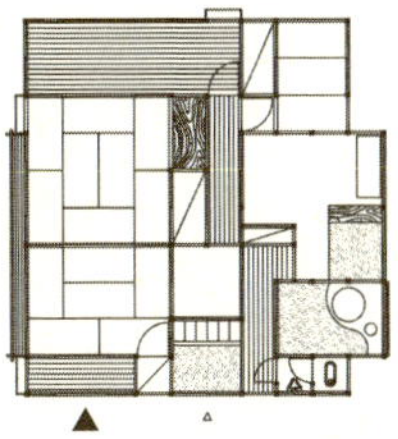

ながら階段をあがるように家を住みかえていくことになる。面白いことに、家の規模は主室のサイズに代表されて、その床《とこ》の間の構成はもとより、欄間《らんま》の有無、縁側の幅、玄関のつくり、天井高、床高、などなどの一切が連動し、強い規範性をもっていた。わかりやすい「様式」が非常に強固に存在していたのである。

　これを、私たちは、日本の居宅であり和風の建築だととらえてきた。言うまでもなく武家社会から継承されたものだ。江戸期の武士は行政官にほかならない。世界的にも最初期のサラリーマン社会だが、その階級性や生活規範から育まれた住居が、そっくり持ち越されて日本の近代社会にくまなく普及した。近代社会では、工人や商人の多くも企業サラリーマンとして、このなかに組み入れられていったのである。すくなくとも住生活やその美意識そして技術体系を大幅に転換することなく、すんなりと近代を迎え入れ、列強といわれる国に進化した。それが、日本の戦前社会だった。「続き間」とは、その空間構造をいいあてたものにほかならない。主室と副室との連続からなるものだが、さて、その実相とは何であろう。

02 唐紙

KARAKAMI (paper finish sliding partition)

和紙がもたらした建築の日本型

建物の構造は、およそ組積《そせき》造系か軸組架構系かに分かれる。

　降水に富み、したがって森林に恵まれた日本にあって、主要な建材が木材に求められたのは当然であろう。だが、北欧諸国のように校倉《あぜくら》造りや丸太小屋などの木材組積系に進まず、軸組系を選択したところに、日本の建築の根本的な出発点があった。それは、大陸文明の影響というような要因からではなく、原日本人の物質観と日本の風土とが根底にあったように思われる。

　組積造系の構法にとって、技術とは、いかに広い開口をとれるかだが、軸組系の場合は事情は逆転。軸と軸つまり柱と柱との間をどう塞ぐか、これが技術だ。今日につらなる日本建築の原形は室町時代に突然浮上したが、そのとき、この役割を担ったのが、「引き建具」の創案にほかならない。それこそが何よりも特徴的な日本建築のアイデンティティといえよう。部屋と部屋とを仕切るのも、壁ではなく建具だ。このための建具こそ「襖」であり、ほんの少し前まで、これを特徴的に「唐紙」と呼んでいた。

　唐紙《からかみ》とは、狭義には、雲母を粉末状にくだいて膠《にかわ》にとき、厚手の和紙に牽《ひ》いたものをいう。部分的に銀砂子や金砂子、あるいは金箔（きんぱく＝金を紙ほどの薄さにたたき延ばしたもの）片を散らすこともあり、なかなか高級感もただよわす。広義には、これで仕立てた襖そのものも「唐紙」と呼ばれた。別に唐や高麗に由来があるのではないが、でも「唐」紙というところに、中華文明の周辺国の心情がほのみえてくる。

　紙は、エジプト文明のパピルスが始祖と言われるが、東洋では、もともと中国特産だった。後漢の蔡倫の発明とされる（二世紀はじめ）。ちなみにゲルマン系ヨーロッパでは羊皮紙が用いられ、一三世紀、ウィーン城外に布陣したモンゴル軍勢にフビライ汗の国書をつきつけられるまで、植物質の紙を知らなかった。一方、日本特産のコウゾやミツマタから漉《す》いた和紙は平安時代中期（一〇世紀）から徐々に使われるようになる。吉野から土佐にかけての特産だったろうが、中世末期になって、戦国大名は競って自領に原材を栽培させ、耐久性に富み、厚さ自在の紙漉き技術をみがいた。一五世紀頃には、おそらく世界最大の紙生産国が日本だったはずだ。この和紙に依拠して、今日につらなる日本建築は成立したのである。

唐紙は、乾燥した良材からなる桟組をし、和紙の下貼りを繰り返して、仕上げに（狭義の）唐紙を貼り、これに縁《ふち》を廻したものだ。見込（みこみ＝厚さ）は七分（二一ミリ）程度が一般的だったが、障子や板戸と異なり、上下枠の溝にそのままハメる。引違いの場合、左右の襖は、だから九ミリも間隔があくから、「召し合わせ」をつけて、他の建具同様三ミリまで狭めてタイトさせる。襖をあけて召し合わせ側から建具の厚みをみると、左右の見込みが違うように見えるのはこのためだ。縁の召し合わせだけが違うのだが。

唐紙は、茶席の茶道口で使われるような一本引きをのぞけば、引違いか、引分けか、という使い分けしかなかった。引違いの場合は右手前に、引分けは主室側に凸で建て込むのである。間口一間（一・八メートル［★三――メートル法表示法］）では引違い、二間（三・六メートル）では引分けというのは常識的だ。しかし、間口一間半（二・七メートル）では二尺二寸五分（六八センチ）の小幅唐紙で引分けにする。六帖＋四帖半の居宅の主室と次の間の仕切にも、これが使われた。四帖半が縁側に面する場合の障子もこの幅だった。

今日の眼でこの小幅の建具を見ると、京間ならいざ知らず、ずいぶんチマチマと映る。しかし戦前までの中小規模住宅ではしばしば多用された。ただし、モダニズム美学から見れば相容れないところも多い。たとえば吉田五十八の戦前と戦後の住宅の平面を虚心坦懐に比較しても感得するところだ。広く知られている《吉田五十八自邸》（一九四四）の平面を見ても、不思議を感ずるのではないか。

一方、主室が一二帖や一五帖の大規模造営にあっては、二間半（四・五メートル）や三間（五・四メートル）の間口で次の間に連続することもある。この場合でも、四枚引分けの唐紙で対応する。唐紙一枚の幅は当然三尺（九〇センチ）を超える。こうなったとき、表装は狭義の唐紙では、もう質的にもの足らない。銀襖や金襖そして障壁画も登場して、市井のすまいからは、はるかに遠のく。

市井の住宅でも、今日、一間半（二・七メート

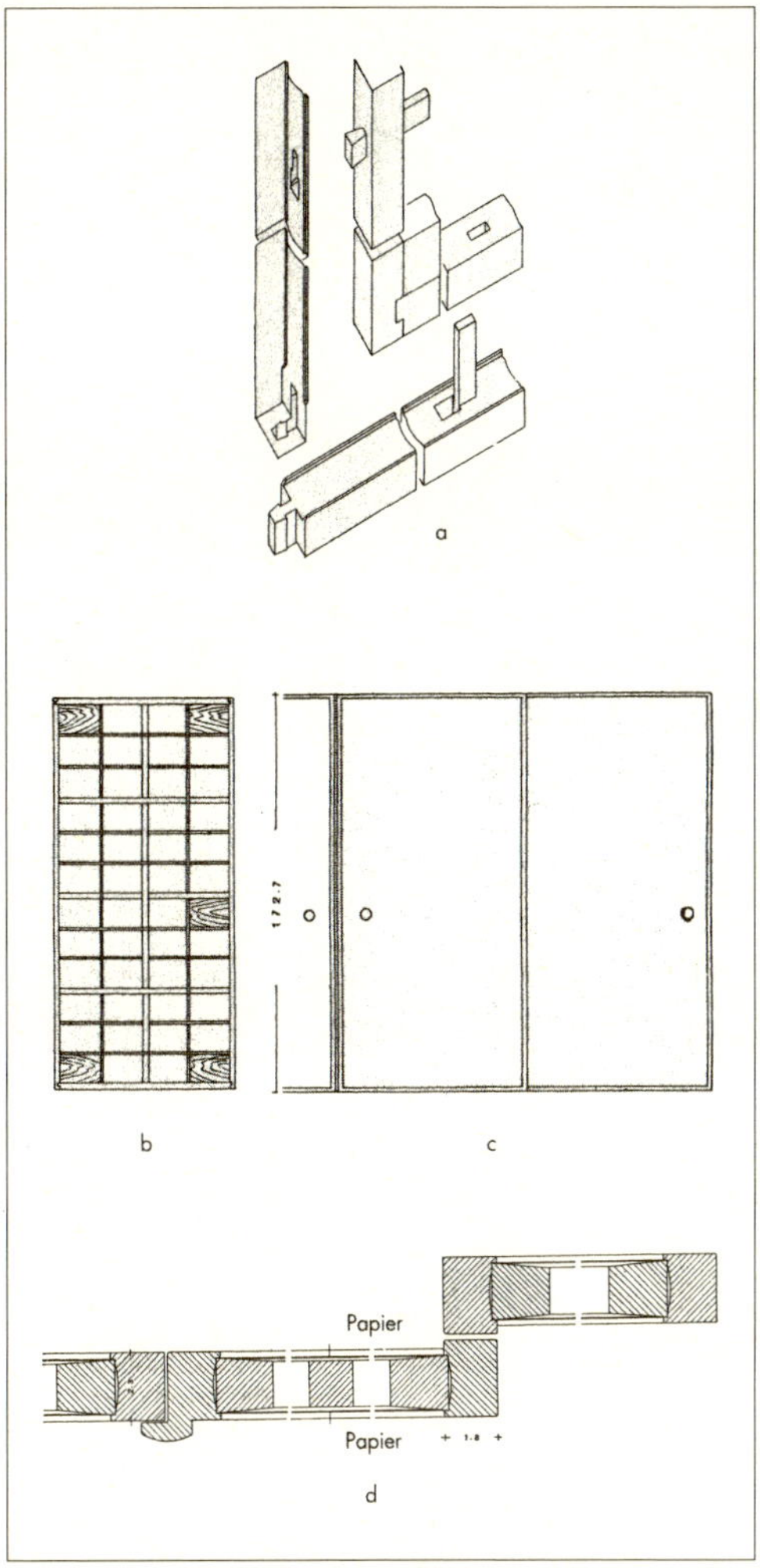

3――襖のディテール｜出典＝『建築家・吉田鉄郎の『日本の住宅』』（SD選書、2002）｜a＝枠と框の接合部
b＝襖骨と桟、c＝展開図、d＝横断面詳細図、Papier＝紙

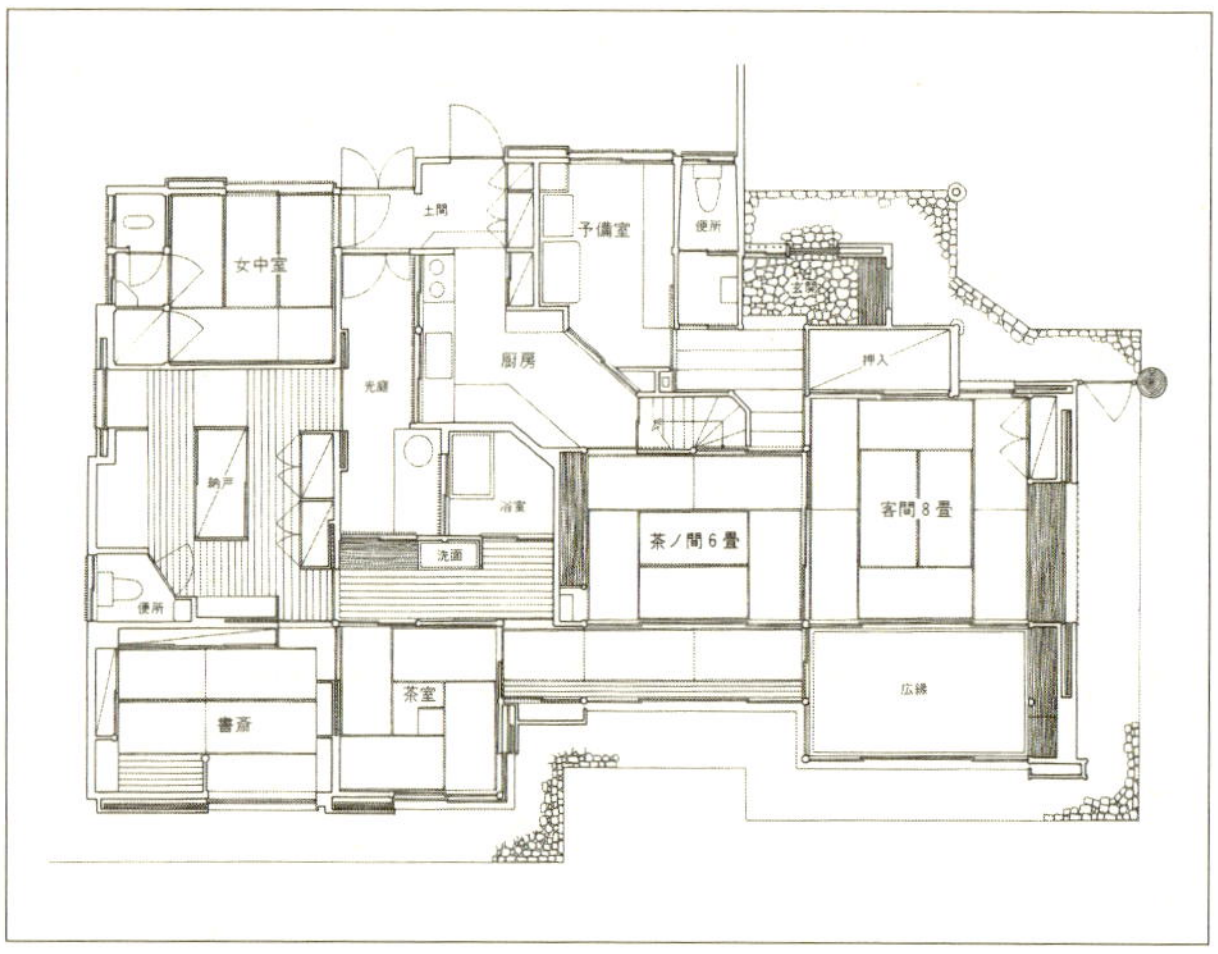

4──《吉田五十八自邸》プラン

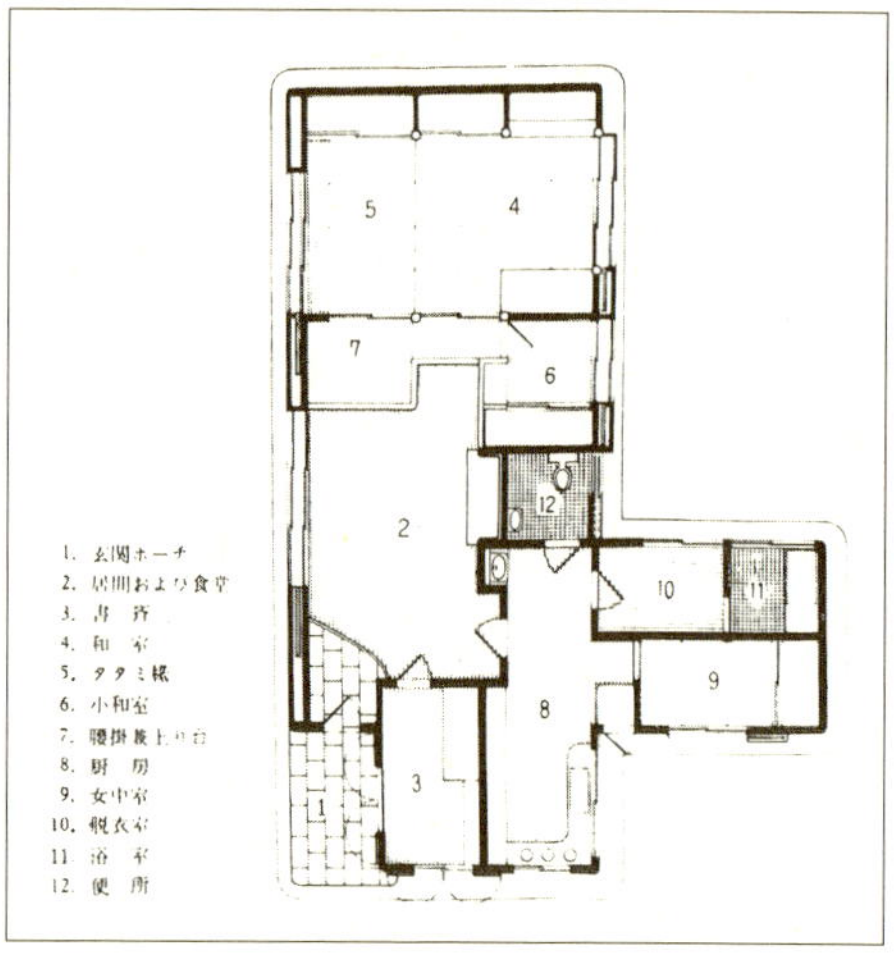

5──白井晟一《嶋中別邸》プラン

ル）の間口に四尺五寸（一・三五メートル）巾の建具が使われるようになった。この場合、引違いだ。そもそも清家清や白井晟一が一九五〇年代に始めたことだが、五〇年後、一般マンションのテラス戸にまで普及する。だが、その白井の《嶋中別邸》（一九四二）もまた不思議な平面だった。

この違いは何によってもたらされたのか。この解明もまた大きな課題だ。

03 縁側
ENGAWA (side verandah)

高床系が日本のルーツなのか

日本建築のアイデンティティの相当部分が、室町時代にいっきに登場したのだが、平安時代の建物を見ても、奈良時代の建物を見てさえも、やはり日本建築には見える。たとえば「縁側」は、ずっと継承されてきた要素だ。

おそらくは最古の例だろうが、家形の埴輪にさえ縁側に似た回廊は廻っている（群馬県茶臼山古墳出土）。その後、伊勢神宮にも出雲大社にも（ともに奈良時代）、京都御所（平安時代、現御所は幕末の復元的再建）にも、廻っているのである。日本に軸組木造建築が成立したとき、すでにあったと考えてもよかろう。

では、縁側ふうの回廊が廻っていない例はどうか。正倉院（奈良時代）などの倉庫なのではないか。逆に言えば、人の住む建築、あるいはその寓意である神の住む建築（神社）には、当初から縁側様の回廊は廻っていたのだろう。それはなぜか。日本建築のルーツが高床建築だったからではないか。床から延長部分を外に張りだしておかないと、危いばかりか、あたりを見廻ったりもできなかろう。

とはいえ、登呂遺跡を典型とするようなタテ穴式や平床式の住居も、日本の建築のルーツのひとつであることは明らかだ。同時に、仏教建築は古いほど基壇を築き、その上に載っているのであって、大陸式であることは想像に難くないが、これもまた日本の建築にほかなるまい。

三つのルーツがある。だが、近世までのおよそ一〇〇〇年弱の時間のなかで、居住用建築にあっても、仏教建築にあっても、結局は高床の文化のなかに飲み込まれていったのではあるまいか。実は、日本人とは何かという詮議がその前提にあろう。日本建築とは何かを問う以上、これもまた本書の主調低音のひとつだ。

人類が文明を築いたこの一万年間は、間氷期（氷河期と氷河期との間の温暖期）にほかならない。だが、最初の定着民がマンモスを追ってシベリアから日本に入ったときは三万年前、まだ氷河期だった。冬を旨とするタテ穴系住居を築いて不思議はない（『マンモスハンター、シベリアからの旅立ち』［「日本人はるかな旅」第一集、日本放送出版協会、二〇〇一］）。縄文文化を育んだのは彼らだ。

そのはるかな後、漢民族の南下によって追われた長江下流の原住民が、難民となって黒潮に乗り、日本と南朝鮮に流れ着いた。もう温暖期だったとはいえ、日本の冬はこの人たちにはこたえたろう。縄文人を見習ってタテ穴式住居［★四――タテ穴系住居］を採用して当然だった。彼らこそ水耕稲作を日本に伝え、弥生文化を育んだのだった［★五――弥生人のルーツ］。しかし南下して逃れた少数の人々もあり、スマトラ、ソロモン、ラオスなどの少数部族として今日にいたる。埴輪と同じ家や、家屋文鏡（銅鏡の裏側の文様、奈良・佐味田宝塚古墳から出土、宮内庁蔵）とまったく同じ家々を、今もこれらの地域に散在する部族社会に見ることができる。どういう条件があれば、文化は文明に昇華してゆくのか、つくづくと考えさせられるのである。

日本では、土間（タテ穴と平床住居）、高床（貼床）、基壇（敷瓦）の三ルーツはほぼ統合されて江戸時代をむかえたのであろう。つまり、建築に求められる防寒的な役割は、畳や引き建具などの技術開発の積み上げによって少しずつ満たされ、代わって、涼を得ることを建物に求めるようになっていった。

仏教建築さえ、平安後期からの山岳仏教以後、高床の採用が相次ぎ、土饅頭のような「亀腹《かめばら》」を、あたかも基壇の代用のようにかかえこむことになる。その一方、不完全ながら三和土《たたき》という舗装法の定着によって、土間は被われた下足領域としての性格をはっきりさせる。

現行の建築基準法では、土間コンクリートを打つなど特段の対策を講じないかぎり、床高は四五センチ以上という規定がある。

これは、大正期に定められた「市街地建築物法」を引き継いだものだが、排水の悪い裏路地などに営まれがちな長屋にも、公衆衛生の恩恵をもたらそうとする意図だ。つまり、高床系は最終的には法制化までされる。それは、日本の木造文化のなかに定着しつくした姿だ。

当時のグレードでは、主室四帖半以下で床高一尺五寸（四五センチ）、主室六帖で二尺（六〇センチ）、主室八帖で床高二尺五寸（七五センチ）、主室十帖

6――東慶寺（鎌倉）の書院の廻り縁｜もともと（昭和初期）は板敷の縁側だった
黒沢隆研究室撮影｜7――亀腹（法隆寺聖霊院）

で三尺（九〇センチ）だったと類推される。ちなみに、『匠明《しょうめい》』の木割書では、上段の間のケースが示されているが、床高四尺五寸（一三五センチ）もある。だからこそ、隠密忍者が床下を徘徊できたのである。

一方、床が高くなるほど縁側の幅も拡がり、これでも足らなければ落し縁（簀子縁《すのこえん》という）もさらにつくのだが、一七世紀に入って雨戸が縁側の外に立てられるようになって、縁側の室内化も始まる。後にも詳述するように、少なくとも一六世紀いっぱい、座敷外周に三本の建具を入れて室内外を画していた。「遣戸《やりど》」とよばれた舞良戸（まいらど＝装飾的な常設板戸）二本の引違いと、明り障子一本だった。

座敷はけっして明るくなかったのである。

04 棹縁《さおぶち》天井

Railed ceiling

薄板の生産と流通が開いた回路

戦後の日本間にあって、標準的な天井のことを、私たちは何と呼んでいるのだろうか。「杉柾《まさ》ベニヤ目透《めすか》し貼り」であろう。

この表示からは読めないが、杉柾の表装材は「目透し」たる目地のなかにも貼り込まれて仕口も一体化されている。そのまま、施工できる。ご丁寧にも養生紙もついて保護され、寸前にこれをむいて無事に引渡しできるようにもなっている。これは「新建材」の典型だ。仕上げも仕口もがレディメードであって、大いなる省力が実現でき、価格競争に臨もうとするものだ。

私が建築を意識的に見るようになった一九六〇年代、すでにおしゃれな和風建築はことごとくこの天井に変ったばかりのように見えた。たとえば、森繁久弥、小林桂樹、三木のり平、淡島千景などが入れかわり立ちかわり登場する「社長太平記」もの、「サラリーマン出世太閤記」ものなどに登場する和風建物は、料亭、飲み屋から住宅まで、ことごとくこの天井だった。

この天井のオリジンは、一九五五年の《吉住小三郎邸》（東京・麹町）を機会に、建築家・吉田五十八によってもたらされた。五六年の《料亭ぼたん》（大阪・曽根崎）、五七年の《鈴木邸》（東京・青山）という連作のなかで、この天井は明確な意識をもって定着していった。《吉住邸》の段階では、長さ二間（三・六メートル）の杉柾ベニヤを幅一尺五寸（四五センチ）でつくらせ、天井に目透し貼り

8── 棹縁天井の「行」（廻り縁長押がまわっている）| 9── 東慶寺書院の一の間天井格子組は、うるみ色漆塗、天井用材は桐の一枚組 | ともに黒沢隆研究室撮影

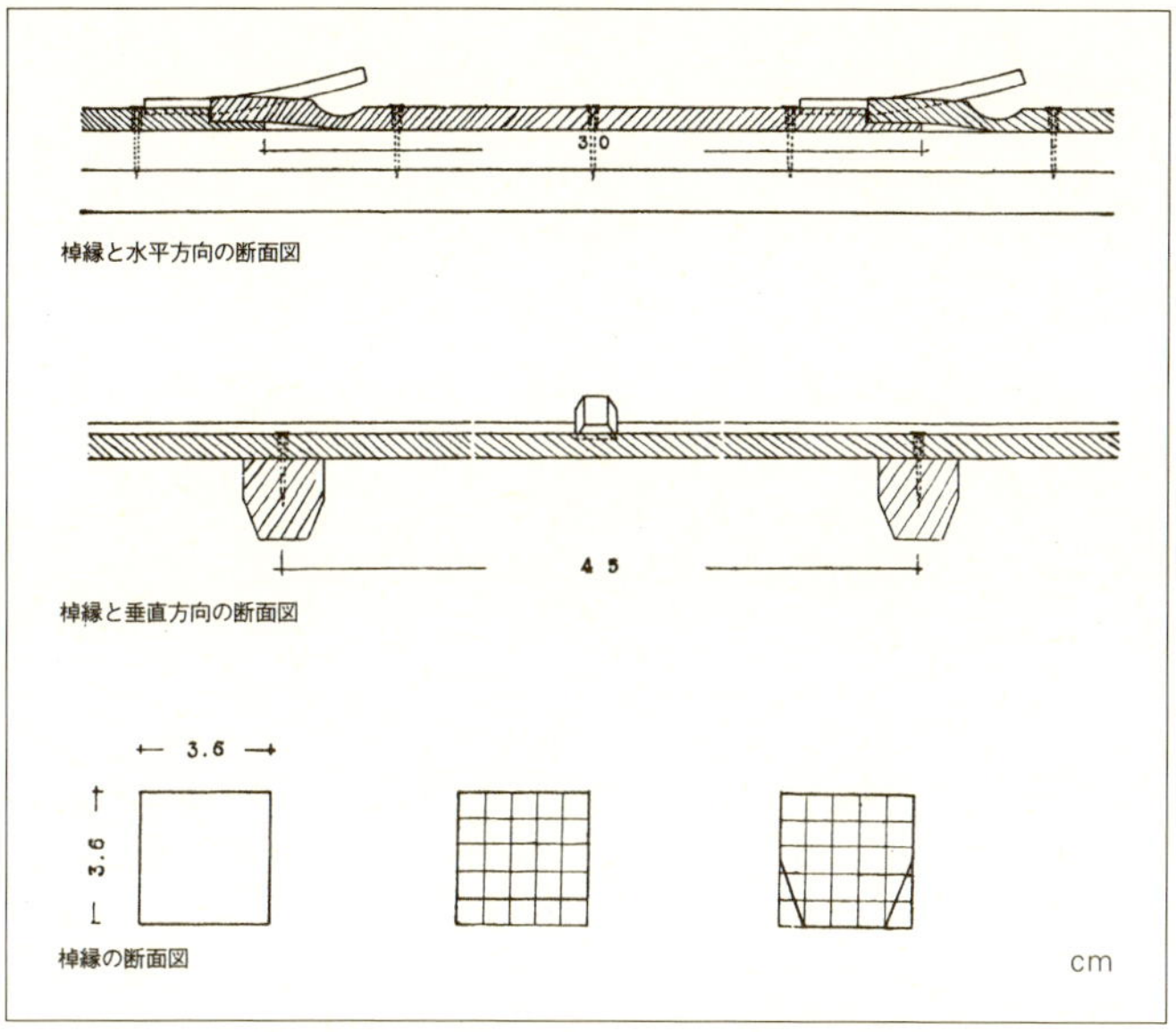

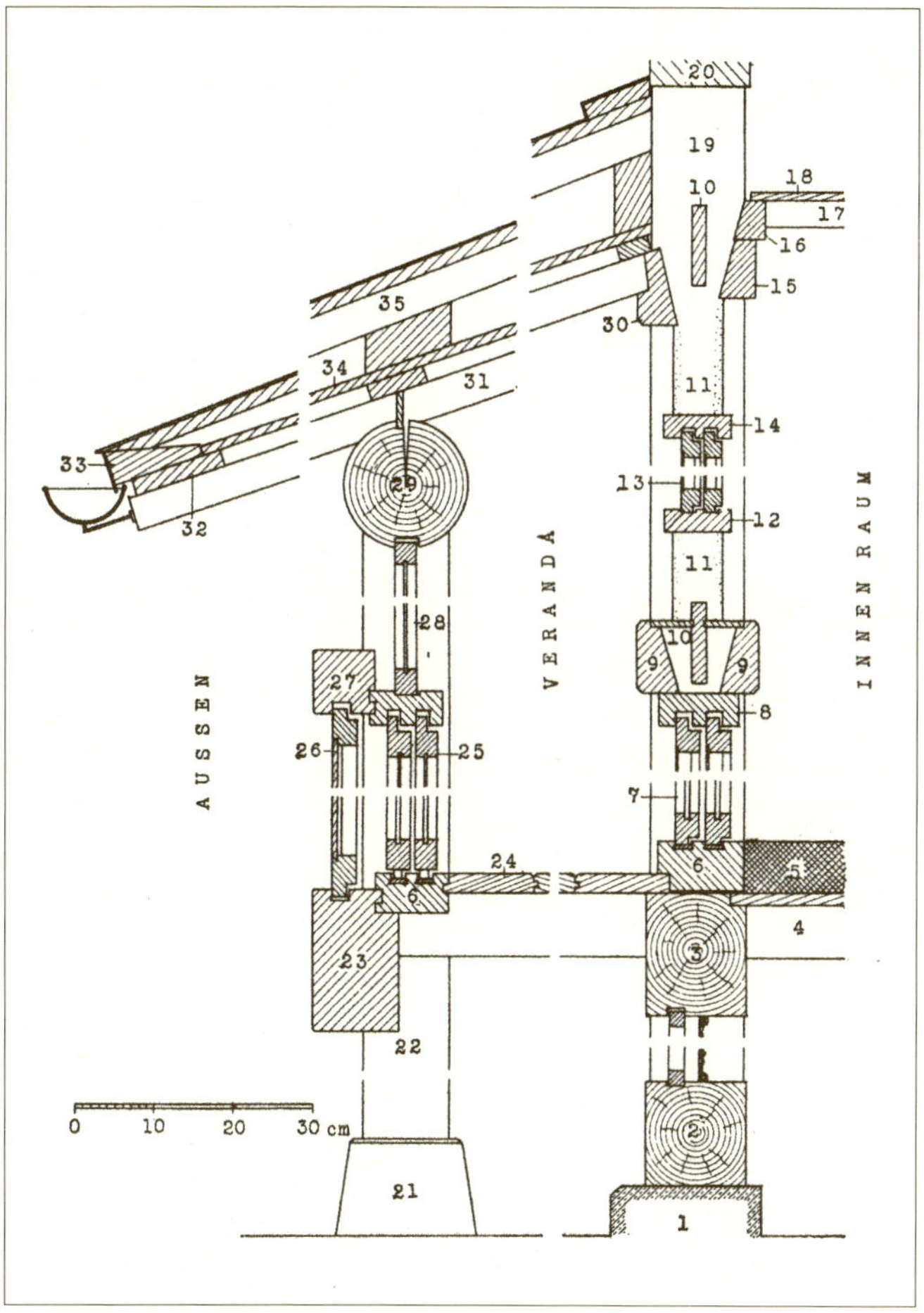

10──棹縁天井の納まり｜出典＝吉田鉄郎、前掲書
11──「行」の座敷の端部の納まり（縁側側） 棹縁天井の廻り縁下に「廻り縁長押」がまわる｜出典＝吉田鉄郎、前掲書
Aussen＝屋外、Innenraum＝室内、Veranda＝縁側

したものだ。目透しとは、凹目地をとって貼るということ。目地の両側にはベニヤの小口が見えてしまう。だから、凹目地全体を、うるみ色の漆《うるし》を現場塗りして仕上げさせている。

しかし、《料亭ぼたん》以後では、目地部分も杉柾の表装材をスティームプレスして折り曲げて貼り込んでいる。価格を別にすれば、手離れのいい建材が開発されたのである。これを利して、RC造フラットルーフの下の連続する《鈴木邸》の天井に、これでもかといわんばかりの目地の使い方を、吉田はやってみせた。

吉田は、日本建築の近代化を生涯のテーマとした建築家だ。その方法は「単純化」だったと語る（「数寄屋十話」『現代建築家全集 第三巻』三一書房、一九七四）。

じっさい、旧態の天井は、座敷の欄間《らんま》上端の「廻り縁」からほぼ一尺五寸間隔で流される棹縁《さおぶち》のうえに、一尺幅ほどの杉の薄板を羽重ねにしたように貼り重ねる。「棹縁天井」という。

天井板にも柾目《まさめ》と板目《いため》との中間の中杢（なかもく＝杢目の山が中央に集まった板）の杉材が好まれ、立体感にとんで、なかなか重厚、江戸時代以来、これがもっともポピュラーな日本の天井だった。たとえば、主室六帖でも、八帖でも、一〇帖でも、この天井が家全体に繰り返されてきた。

もともと、大きな面材を木材から得ることは至難だ。仮に巨木から大材が得られるにしろ、何年枯らしても季節の伸縮は直らない。得やすい小材を多数組み合わせて、仕口のなかに伸縮を吸収し、安定的に大きな面材を維持する工夫を、工人たちは重ねてきたのである。これが、面材の変わらぬ意匠原理であった。

後にも論ずるように、大工職とは別に、材木職が成立するのが日本の近世だった。あの町、この町に材木屋が成立し、乾燥した薄板も供給されるようになっていったのである。その規格は、当然のように一尺（三〇センチ）×一間（一・八メートル）だった。電動の回転鋸などない時代だから、巨大な鋸《のこぎり》（大鋸＝おが）の両側にひとがついて、手挽きしたのだった。

この薄板のうち「小節《こぶし》」程度より良いものを天井材に、「抜《ぬ》け節」もいれて外装材とした。別にも論ずるが「簓子《ささらこ》下見」は、棹縁天井と同様、都市型建物の普遍的な外壁となった。羽重ねして貼り継ぐ技法はほぼ同じだ。

ベニヤ（合板）は、工業化時代が生んだ木質のしかし伸縮しない大型面材だ。その表面に、これまた薄くスライスした杉柾の表装材を貼って、「杉柾ベニヤ」は成立した。あたかも近代日本を背負ったかのような建材に育った。例えばだが、国立劇場（竹中工務店設計施工、東京・三宅坂、一九六八）は天井のすべてに杉柾ベニヤが繰り返し用いられ、ついには便所の天井にも連続してくる。

吉田五十八は、「杉柾ベニヤ目透し貼り天井」の、目透し目地を、棹縁天井の「棹」に見立てた。だから、目地は床の間と平行に常に配されている。「棹」は、床の間を刺してはいけないという禁忌が、実はあった。主室と次の間も、それぞれの棹は、平行というのも、原則事項である。

05 本床《ほんどこ》

HONDOKO (authentic TOKONOMA)

自制を軸とする美学と定石

いまを生きる一般人にとって、床の間は、押入れと並んでとるもの、という何とはなしの諒解があるのではないか。それも、床の間は左側、押入れは右側というような。

床の間とは、何とも象徴的なものだ。日本建築の神秘性を一身に負っているように思える。当然、実用価値がないにもかかわらず、日本間を日本間たらしめているもの、という認識が共有されている。

しかし、その表象性の原理を「建築史」の授業が教えてくれる訳でもなく、「設計」の先生にきいてもどうせわからないだろう。そういう学生生活をおくって社会に出るが、そこもまた同様であって、頑固な工人《こうじん》から、この設計は間違っている、こう直さないと仕事はできない、などと説教されることも、とっくにない。かくして、原理なしの、もやもやした諒解だけが漂う。これは、日本の戦後社会の、一貫した建築風土であるように思われる。すっきりとしない。

だが、実は「本床」つまり本式の床の間という概念があり、その定義は明確だった。

1　開口一間（一・八メートル）以上の床の間をとる。

2　床の間の左側に、幅一間程度の「書院」を角にとる。

3　床の間の右側に畳と同面《つら》で板敷きの「床脇」をとる。

4　「床脇」には、「天袋」「地袋」をとり、その間に「違い棚」を配すことが望ましい。

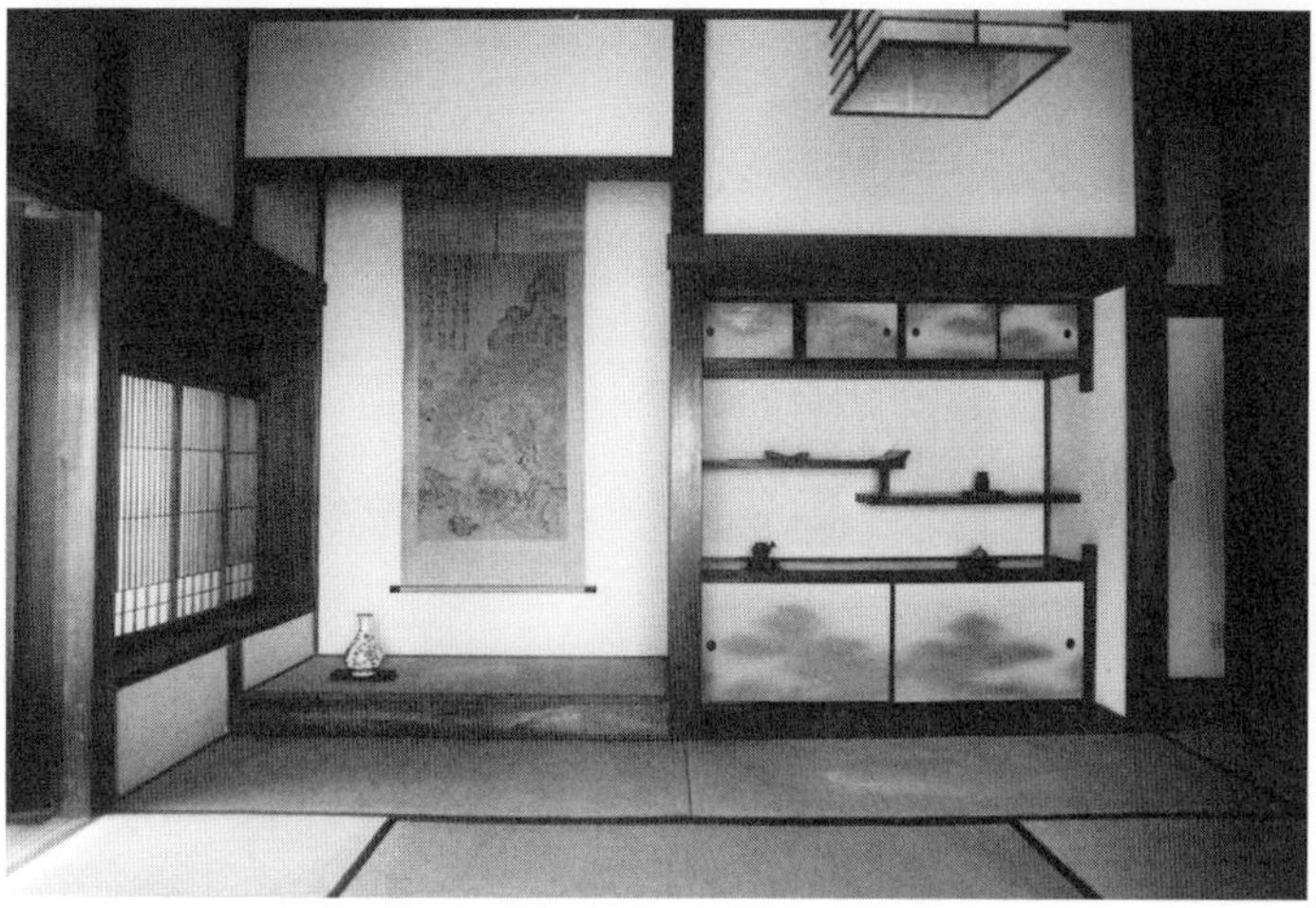

12――教科書通りの「本床」。採集間取り①にあるもの｜黒沢隆研究室撮影

これだけでは、まだ記述しきれていない。たとえば「床の間」の上部には「落し掛け」が内法（うちのり＝襖や障子の上端レール材である鴨居《かもい》の下端の高さ＝四章22節参照）よりも高くとられるが、「床脇」上部には内法の高さで「無目《むめ》」を廻す。しかし内法材（鴨居）とは異なり、建具用のレール溝が切られていない。ちなみに、落し掛けと無目の間には床柱《とこばしら》が立って分かたれているが、床柱からは直角に壁がついて床の間は区画される。

字ではなかなか書ききれないが、概略、「本床」とはこのようなものだ。つまり、床の間の隣りに押入れがあるのは、けっして本式ではないのである［★六――イレギュラーな本床］。

もう気づかれたと思うが、「本床」は八帖では取りきれない。少なくとも一〇帖、できれば一二帖ないと、それらしくはならない。その理由のひとつは、書院窓を床の間の左側の隔壁にすぐ切ったとしても、一間幅の書院が終わったところに柱が立ち、そこから三尺（九〇センチ）幅の障子四枚があるとすれば、この方向で座敷の奥行は二間半になるからだ。この外は縁側となるが、ここに「付書院《つけしょいん》」が出っぱるから、その幅も少なくとも四尺五寸（一三五センチ）はいる。主室がこんなに大きければ、次の間も八帖は必要、全体でずいぶん大きな家となろう。

つまり、八帖十六帖が戦前といわれる時代までの通常の家――いまなら３ＬＤＫ――と説いてきたが、本床のある居宅は「邸宅」にほかならない。逆に言えば、邸宅がそなえるべき格式が本床だったのである。天井高は九尺、床下も三尺あったはずだ。その敷地も広大、一般には三〇〇坪（一反歩＝一〇〇〇平方メートル）、少なくともその半分はあった。

家が大きければ主室も大きい。主室が大きければ天井も高かろう。だとすれば相当の装飾性があってしかるべき。こう理解するとしたら、日本間の表象性や神秘性に何も立ち入らなかったことになる。書院から床脇までを含めて、床の間に代表される表象性の面積割合は座敷の大小にかかわらず、むしろ一定なのではないか。格式の表示といえばわかりやすいが、たとえば床の間の高さや落し掛けは高いほど、あるいは平書院より付書院のほうが、格式は高い。だが、そういう手段を全部つくしたとしたら、これは野暮《やぼ》の極みとなる。どこでやめるかのほうが問われる。

床の間と床脇との隔壁に狆潜《ちんくぐ》りをどう抜くか、床柱、違い棚、その端部の筆返しなどに、紫檀《したん》、黒檀《こくたん》、鉄刀木《たがやさん》などの銘木を選んでどう意匠するか、天袋や地袋をどうつくり、その建具（一般に地袋には金・銀箔押しの襖、天袋は梨地蒔絵《なしじまきえ》）をどう意匠するか、工人の心意気は注がれた。凝れば凝るほどキッチュ（俗悪）になっていく宿命があり、工匠における自制もまた、結果に品性をもたらすとい

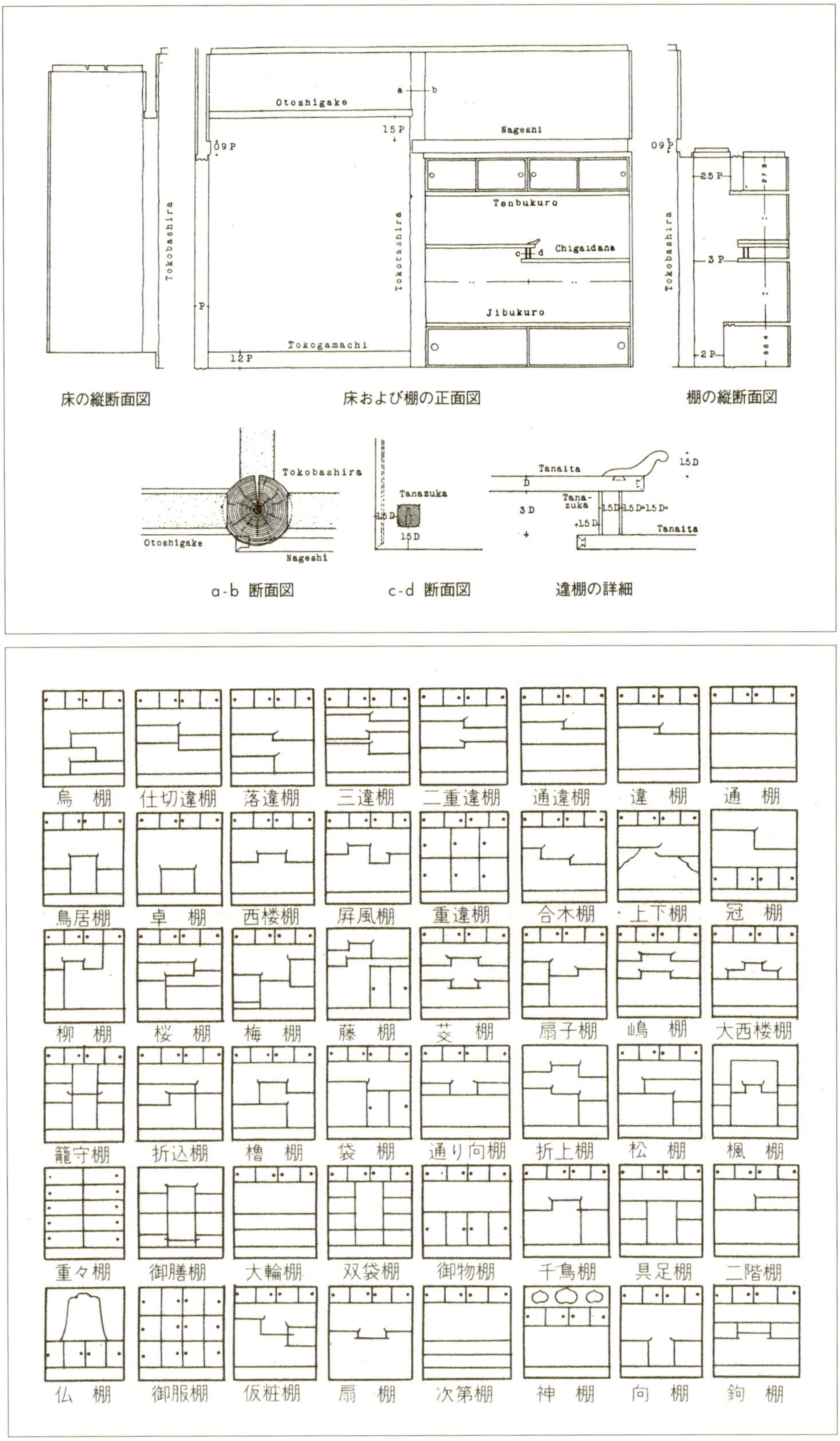

13──上は「本床」の規範｜出典＝吉田鉄郎、前掲書｜下は床脇のバラエティ「江戸千呂床」
出典＝前久夫『床の間のはなし』(鹿島出版会、1988)

うのが、もうひとつの原理だ。

　様式性が明快で、定石が明らかなことは、かならずしも創造性を阻害するばかりではなかろう。床脇はただ空けて建築では何もせず、あるいは天袋だけで、ここに工芸品の「飾り棚」を配することもしばしば行なわれた。これらの場合、狆潜りを抜くのだが、数々の名作の飾り棚もよく知られている。

　床の間がいかに形成されたかは別に論ずるが、結局は、軸をかけ、花を生けて、季節を凝縮する場として定着。そして今日に継承されている。日本人の美意識は、季節の認識に求められてきたのであって、家の大小を超越して、これは日本の住生活に結実し、独自の精神性を育んだのである。

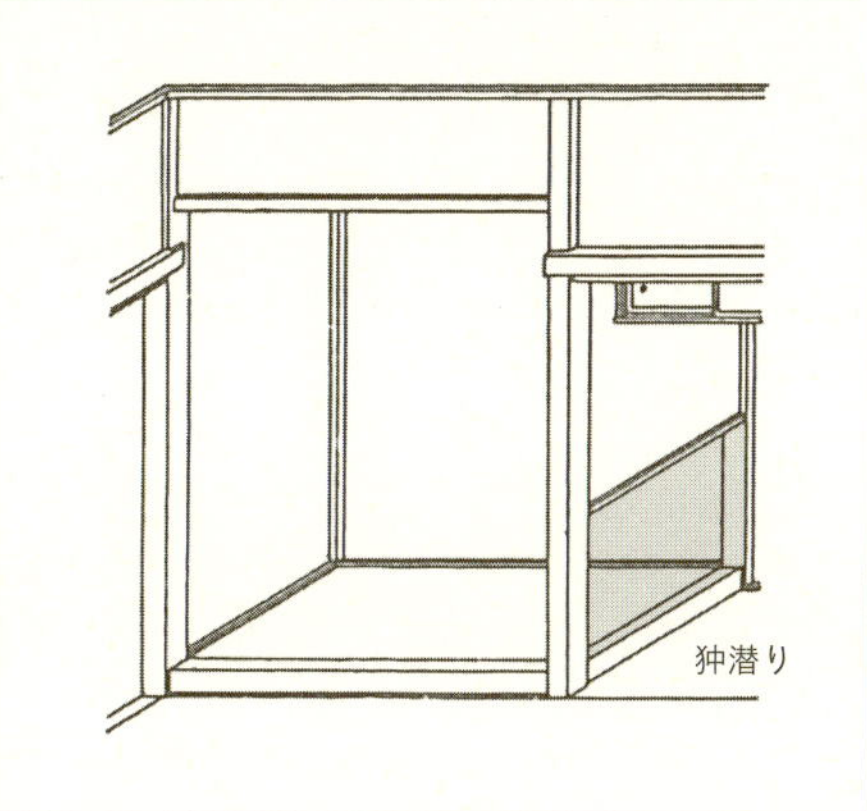

14――狆潜りをぬいた本床

06 長押《なげし》

NAGESHI (Lintel-joist)

「表徴の帝国」の表徴の部位

鴨居（かもい＝唐紙や障子などの建具の上端《うわば》レールになる内法材《うちのり》）の上に載って、座敷を一周する水平材を内法長押《うちのりなげし》という。

　その昔、ここから蚊帳《かや》を吊ったり、額をかけたり、服のハンガー（和語では衣紋《えもん》掛け）をぶらさげたりもしたが、そのためにあるのではない。あるから、利用したまでだろう。それでは、なぜあったか。おそらく、ここが「座敷」だという象徴、あるいは記号として、存在した。

　だからこそ、節《ふし》などのない無傷の柾材《まさ》だけが好んで用いられ、ために、板材断面を斜めに二分して倍の長さにして使った。だから幼少の頃、ここからぶらさがったりして手が痛かった記憶のある人もまだ居るだろう。上端は一センチほどの厚さしかないからである。

　一般の居宅にあっては、長押は、座敷側にあっても、縁側の側にはない。廊下、納戸、台所、便所などにもついていない。やはり、座敷――畳敷きの部屋――の表象なのだと考えてもよい。だからというべきか、畳廊下のあるような場合には、そこにも［★七――長押とされる諸部位］。

　これほど純粋な表象のための部位は、さすがにないのではないか。床の間にしたところで、軸をかけ花を生けたりの実がある。書院や床脇にしたところで、それぞれ用のメタファーを秘めているのだから。

　こういうことになっていった経緯を、実はたどることができる。

　家康が征夷大将軍になって江戸幕府が開かれたのは一六〇三年のことだが、翌々年には家忠が二代目将軍になり、まもなく大船の建造が諸大名に禁じられ、平戸にオランダとイギリスの商館を開かせる。一方家康は大阪夏の陣で豊臣家を亡ぼす。幕府は盤石の安定を得て、「武家諸法度」（一六一五）を布告した。元和期から寛永期にかけて、さらに禁中・公家、社寺への諸法度があいついで整備される。その仕上げが「慶安の御触書」（一六四九）であって、庶民一般も幕藩体制の網の目に組み込まれることになる。

15——内法長押（夏座敷、長押に金具で簾が吊られている）｜黒沢隆研究室撮影

これらは、きわめて具体的な指示であり、禁令だ。床の間、棚、玄関を筆頭に、長押は庶民には許されなかった部位だった。つまり、書院造りとは、武家の住まいであることを示す記号なのである。幕府も各藩も「作事方」という御用工人集団を組織し、作事奉行以下、城下の一般建築の取締まりから御用営繕まで一手にとりしきった。武家屋敷とは、そもそも藩や幕府からの「拝領」だったのである。

おそらく、明治政府に政権が移り、「四民平等」が建前となって重しがとれ、座敷のすべてにいっせいに内法長押は復活した。まさに表象の部位だ。

他方、幕府の作事方周辺の工人たちは、一連の法度を典型化、様式化して理解し意識して、「真」「行」「草」という区分もしたのだろう。ただし、これが意識的に文書化された例は、北尾春道氏の遠慮がちな叙述をのぞけば残念ながら私は知らない［★八——「真」「行」「草」への論及］。表面にあるのは、あくまでも諸法度の体系だ。

「真」とは、大名家以上の公式建築、御殿《ごてん》（宮殿という意味）のとるべき建築のあり方、上段の間が特徴的だ。「真」のなかも再び「真」「行」「草」に分けられ、真の真とは、将軍家第一公式の華麗きわまりない普請を意味したろう。

「行」とは、上級武士の邸宅、「本床」を特徴的とする。図一一にあげた吉田鉄郎の規範矩計《かなばかり》には、9という番号で内法長押が示され、座敷側のみならず縁側の側にも、（そこが板張りでも）長押がまわされている。同じ「行」でも「一の間」周辺の広縁の扱いだ。

「草」とは中下級武士の居宅、押入れとならぶ床の間を特徴とする。すでに見てきた八帖十六帖は、まさに、これにあたる。

このようにして、「書院造り」は一気に体系化された。これほどの体系化はおそらく世界にも例はあるまい。すべては「格式」を軸とする意味の体系となったのである。それがまた、近代日本のサラリーマン序列社会のなかに甦っている。

しかし、こういう四角四面の秩序意識の外に生きたい。それを逃れた居宅や隠居に住んで楽しみたい。こう願う自由人や風流人もまたありうる。つまり、数寄者はあえて「数寄屋」を営んだのである。だから（というべきであろうか）、数寄屋の第一のアイデンティティは、長押（内法長押）をつけないことだ。

だから、数寄屋の意匠は自由、というのは嘘だ。工人たちが伝承してきたルールをよく知り、いろんな約束事に通じて、それをもてあそぶこと、それが数寄の道だ。つまり、意味操作をこととして、数寄屋は成立する。考えてみれば、それこそが「創造」にほかならない。意味を操作することは、創造に根拠があるということにほかならず、根拠があるということは、別の言葉では「合理」という。自由ということそのものも、そこに根ざしているはずだ。

「記号学」の開祖ロラン・バルトは、ヒト（ホモサピエンス）を「ホモ・シグニフィカント」（意味操作をこととするヒト属）と再定義した。六〇年代最後の日本に招かれて遊んだバルトは、やがて『表徴の帝国』（宗左近訳、一九七四）という日本文化論を仮想の異文化への旅行記ふうに記述する。

それほどに記号性にみちた文明を、われわれは生きているのだが、なかでも、日本建築にその傾向は顕著だ。本シリーズは、そこに分け入ることを、意図している。

註

★一――文明と鉄器

旧石器時代（狩猟漁猟・採集段階）、新石器時代（原始農耕段階）、鉄器時代（灌漑農耕段階）という技術史的な時代区分を土台にした唯物史観をもって、われわれは人類の営みを概括してきた。むしろ、こういう見方のできることに、自然史と史学、考古学と史学、文化人類学と史学などの学際的連帯の実をみていた。

だが、文明と鉄器とは、かならずしも直接的なかかわりはない、という説がいま実証されようとしている。たとえば、馬は食べ物か乗り物かという命題をもち出したのはジャレット・ダイアモンドだった（『銃・病原菌・鉄――一万三〇〇〇年にわたる人類史の謎』［倉骨彰訳、草思社、二〇〇〇］）。少なくとも四大文明は、鉄器なしで成立したようだ。家畜を動力源として、それは可能だったとされる。今までよくわからなかった青銅期の意味があろう。

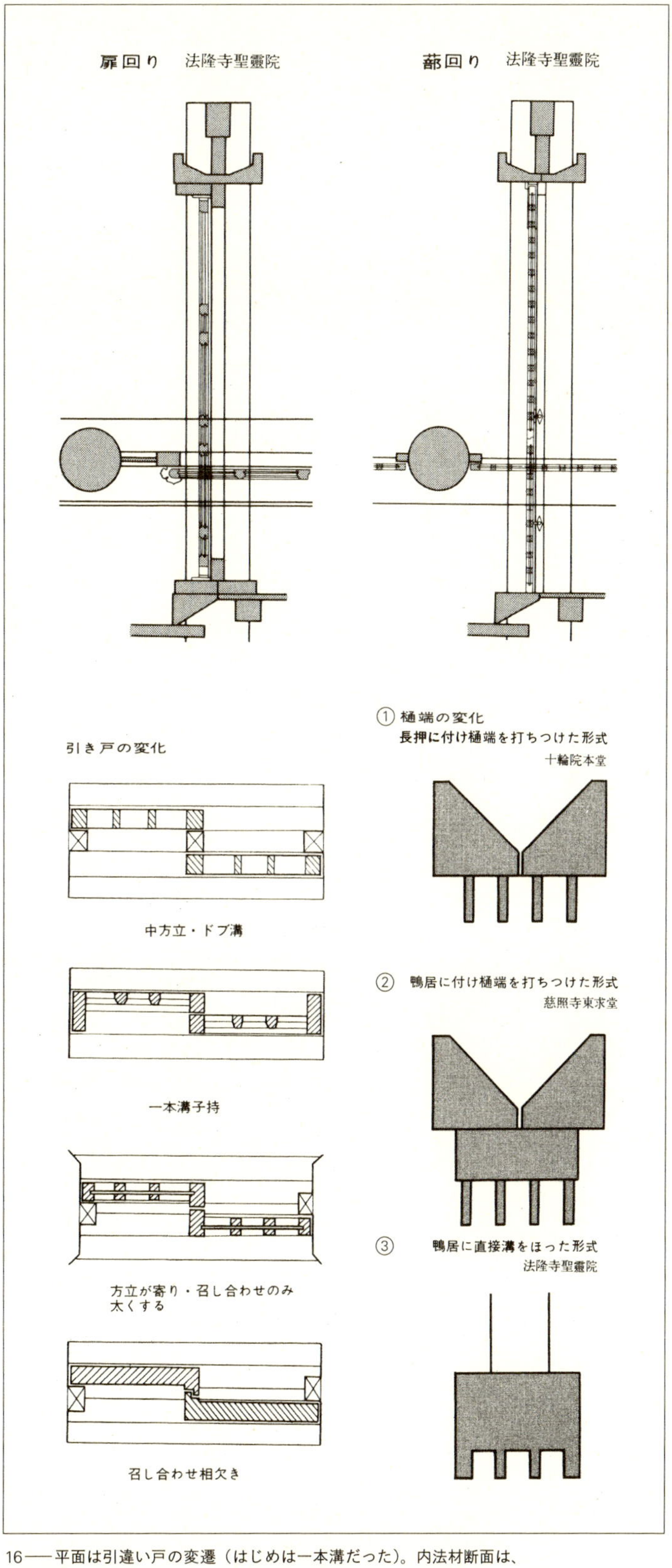

16――平面は引違い戸の変遷（はじめは一本溝だった）。内法材断面は、①長押に直に樋端を植えたもの（十輪院本堂）、②鴨居に樋端を打ちつけたもの（慈照寺東求堂）、③江戸期｜出典＝『伝統のディテール』（彰国社、1974）

時あたかも、NHKスペシャル「四大文明」が始まる。定説化したウィットフォーゲルの見解、超強権的な「治水文明」としての四大文明説をくつがえしている。鉄器は、その後の「帝国の古代」をになった、というのである（後藤健「帝国への道」［吉村作治ほか編著『キーワードで探る四大文明』、日本放送出版協会、二〇〇一］）。ということは、部族社会（原始農耕段階）と国家社会（灌漑農耕段階）との間に、「首長社会」を想定せざるをえない、ということであろう。このことは、国立歴史民俗博物館の春成・今村チームによる弥生土器のC14年代測定のおどろくべき結果（二〇〇三年五月二〇日付新聞報道）と、すぐ共鳴することになる。紀元前一〇世紀に、稲作は日本にも南朝鮮にも伝来していた——。黄河文明にあってこれはまだ青銅期だ。

たしかに、石の板材はかならずしも鉄器なしに得られるが、木材を板材に加工するには、鉄器が必要だ。また、黄河文明とならぶ長江文明にも関心が集まるこのごろだ。ここが東洋の鉄器文化の発祥の地かもしれない。ようするに、最近明らかになった諸事実と旧来の認識との間に段差が大きすぎてとまどい、結局は旧説を軸に、本編を記述している。

★二——関東地方にみる戦前型のすまい

①M邸（海軍将官の居宅）、昭和一〇年頃、鎌倉市御成町（一六頁の本床はこの家のもの）。②M牧師宅、大正一四年、鎌倉市雪の下。③旧M邸、昭和一〇年頃、鎌倉市材木座（草の真）。④現S邸、昭和初年、鎌倉市極楽寺（草の真）。⑤現K邸、昭和六年、鎌倉市小町。⑥旧W邸、昭和初年、鎌倉市小町。⑦旧K邸、昭和六年、鎌倉市小町（海軍尉官の居宅。賃貸）。⑧工場付属住宅、戦後初期、荒川区尾久（管理職用）。⑨二戸一賃貸住宅、戦前後期、荒川区尾久。CAD化は多田豊（日本大学大学院生産工学研究科院生）。

★三——メートル法表示法

日本建築を記述しようとすれば、固有の度量衡を持ち出さざるをえない。しかし、私より若い世代にとってはメートル法が身についていて、尺貫法表記をした場合、メートル法の併用も必要になろう。

この場合、一尺とは三〇三ミリだが、このまま記述すれば、小数点以下に数字が並んで煩雑にすぎる。必要な場合以外は、切り捨てて、一尺＝三〇〇ミリで記述している。なお、黒沢研究室では、常用の設計用数値としても、かねて、これで通してきたことも申し添える。

・一尺＝一〇寸＝一〇〇分《ぶ》→三〇センチ
・一間＝六尺→一・八メートル
・一坪＝一間×一間→三・三平米

★四——タテ穴系住居

地面から直接、屋根を葺きあげる住居は、板材を容易には得られない技術段階にあるものと考えられる。つまり、鉄器以前の技術段階だ。

この場合、降る雨を内部に入れない工夫が要になるとともに、各地における霜柱深度より深い土間の確保も必要だった。タテ穴系住居は縄文期にさかのぼる日本最古のすまいだが、その分布は高台に多く、五〇センチほど掘り下げた土間は小判型、低い腰は盛りあがって、その外に屋根が葺き落ろされた。

見掛けは同じようでも、弥生期のすまいは水田近くの平地にある。掘り下げると五〇センチ程度でも地下水位の上昇する雨期には水が浸み出よう。掘り下げずに盛土を廻して雨水侵入を防がざるをえまい。盛土も二尺程の幅にしなければ浸水を防げないから、屋根を大きくしないですますには、この上に屋根を葺き落ろさざるをえなくなる。しかし、豪雨のとき、はたして排水しきれたかどうか——。結果として、簀子様の床もまた、ここで登場することになった。盛土の土留にも板材が用いられているから、この段階で鉄器の工具も普及しだした、と考えてもよいのではないか。

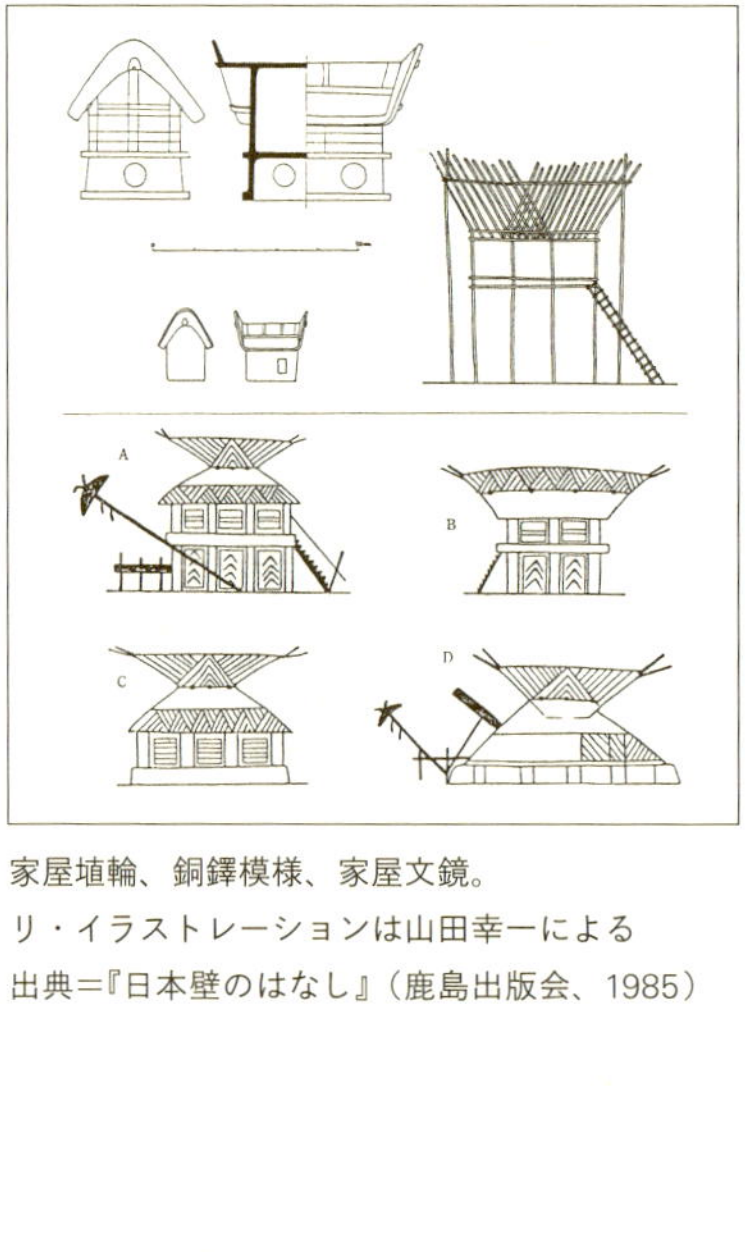

家屋埴輪、銅鐸模様、家屋文鏡。
リ・イラストレーションは山田幸一による
出典＝『日本壁のはなし』（鹿島出版会、1985）

★五——弥生人のルーツ

江上波夫の『騎馬民族国家——日本古代史へのアプローチ』（中公新書、一九六七）は、水耕稲作が江南地方から伝来したことを示し、かつ、日本の国家統一をなしとげた天皇家一族のルーツが南朝鮮に築かれた騎馬民族国家にあることを示唆した最初の刻印だった。一九九一年の改版を機に、その後の高松塚古墳の発掘結果などを踏まえて、江上説はさらに補強された。

一方、ジャポニカ種とされる稲のDNA解明がすすみ、温帯ジャポニカ種と熱帯ジャポニカ種の類別もすすんで、稲作の日本への伝来が多様であったことも明らかになった。

★六――イレギュラーな本床

左から書院・床の間・床脇が「本床」だと論じている。その反対の例も、床の間の両側に床脇のある例も、実は、少なからず存在する。それが「本床」なのかどうか、問われるところだ。

縁側とは、夏の日射をさえぎり、冬の陽光を導き入れる装置だ。同時に、座敷と庭との親和装置でもある。日本が北半球にある以上、座敷の南東側にあって当然だ。そのうえで、南から北、あるいは東から西に登るように、「奥」に向って建物は展開する。聚楽第、『匠明』規範間取り、歓学院、光浄院、二条城、桂離宮などなどに共通するところである。その後の中小規模の造営でも、これが踏襲されて、「書院造り」は成立している。

そうである以上、座敷正面の左側に縁側があり、左から書院・床の間・床脇となって「本床」が形成されることになる。

だが、この座敷で茶会が催されるとき、どこに炉を切っても、いわゆる「逆勝手」の広間とならざるをえない。様式化された茶事のごく一部が営めるだけだ。これを解消するために、茶事を第一義とする広間は、右から書院・床の間・床脇と、とることになる。ちなみに「広間」とは、四帖半をこえる茶室のことをいう。後にも論ずる通りだ。

じっさい、利休自身の広間「色付書院」(一五九〇年頃)や、遠州隠居のために営まれた「忘筌《ぼうせん》」(一六三〇年、大徳寺孤篷庵《こほうあん》)の段階から、こうだった。前者は書院といわれながら長押がなく、あとの「残月亭」の原形となった。また、後者は「密庵」(一六〇八年、大徳寺龍光院)、「燈心亭」(一六二〇年頃、水無瀬神宮)などとともに、当然ながら長押つきの書院で営まれる茶事の席の、原形となった。これ(後者)が「数寄屋」かどうか、おおいに問われるところか。

付言すれば、たしかに茶の湯なしに数寄屋はありえなかったのだが、いったん成立した数寄屋は自律していく。結果として茶道と矛盾することもありえよう。

ちなみに、茶の湯とは茶をめでる精神なのであり、茶道とは家元制度の導入(千宗旦、一五七八―一六五八)による様式化にほかならない。「手前茶人」という言語もある。事実、たとえ堀口捨己でさえ、建築家のつくった茶席は「茶人」に嫌われているのである。

★七――長押とされる諸部位

法隆寺中門の柱は、わざわざ中央に立ちはだかり、それにふさわしくエンタシスに仕立てられて名高い。天平から平安期の建築はいずれも堂々たる太い柱を用い、台輪で頭を継いだだけだった。風や地震に対して、柱の太さだけで対抗しているように見える。

建物の内外で水平材が目立つようになるのは鎌倉時代の仏教建築からだが、用材が細くなってきたうえ、角柱も使われる。良材に恵まれにくくなってきたのだろう。

水平材にあっては、主に構造材を貫とよび、意匠材を長押といっている。今日の用語にしたがえば、長押は幕板に近いだろう。外部では、濡れ縁(回廊)下に地長押《じなげし》、座敷外端の敷居下に切目長押《きれめなげし》、建具の入る鴨居上の内法長押からなる。書院造り成立の初期段階でこうだったが、そもそも、超高価かつ特権的であって、一方、室内側では内法長押と天井長押とが廻った。いずれもが少なからず寝殿造りから継承されている。

「座敷」普及の過程でしだいに床高もさがって落し縁(簀子縁《すのこえん》)は廃され、縁側の屋内化もすすみ、畳面との段差がへって切目長押は消える。

座敷の最初期では、内法の上端に鴨居はなく、内外の内法長押の下端をつないで樋端《ひばた》を植え、引き建具をガイドしたが、やがて鴨居が成立して、内法長押は付け長押化し、外側では省略もされるようになった。かくして、少なくとも座敷側には内法長押を付け長押として廻すようになり、これが書院造りのルールとして残った。だからこそ、さらに天井長押も廻し、外側にも内法長押を流すことが「真」たる表示となったのである。

また、天井長押には、蟻壁長押《ありかべなげし》と、廻り縁長押とがあり、前者は格天井用、後者は鏡板天井用のケースとして様式化される。とはいえ、棹縁天井でも「行」のケースでは小さな廻り縁長押を廻す。内法長押のおよそ五〇―七五パーセントの見付で、廻り縁の見付より一段下げる(図一一の吉田鉄郎の矩計図では15という番号)。現実には、これがコセついて見苦しい。吉田五十八が、日本建築のシンプル化こそ、近代化の道だと説いた訳がわかろうというものだ。座敷のオリジンである東求堂や霊雲院(第二章参照)では、小さな部屋なのに堂々と内法長押と同寸の天井長押を蟻壁までをとって廻している。これを見れば、天井長押そのものが寝殿造りからの継承であることがわかる。つまり、草でなく行、行でなく真と、格が上がるということそのものが、寝殿造りのメタファーをまとうことと思ってよかろう。人のなすことの業とも言うべきだろうが、これも、書院造りのひとつの側面だ。

★八——「真」「行」「草」への論及

別にも論ずるが、今日につらなる日本の住宅史研究は堀口捨己を端緒にしている。堀口捨己「書院造りについて——様式的特徴とその発達」(一九四三、『書院造りと数寄屋造りの研究』[鹿島出版会、一九七八、現二刷所収]論文名改題)。太田博太郎『書院造』(東京大学出版会、一九六六、絶版)。平井聖『日本の近世住宅』(SD選書、一九六八、絶版)。同『日本住宅の歴史』(NHKブックス、一九七四、絶版)。などを基本的な文献として論じられてきたが、いずれも「真」「行」「草」についての論述はない。つまり、学術研究の対象外だったといえよう。

しかし、堀口の『利休の茶』(鹿島出版会、一九七〇、再版)では、『南方録』などの引用文献中に「真の座敷」「草の座敷」などの表記があるが、堀口自身はこれを論じていない。また、数寄屋研究で知られる北尾春道だけは、主に数寄屋を対象にして、「真」「行」「草」の区分をしている。例えば『数寄屋図解事典』(彰国社、一九五九、現一三刷)が広く知られている。また、庭園を論ずるに際しては、風景式庭園を「真」、枯山水を「草」と呼び、歩石の敷き方についても、この区別をする。これについては、別に論ずる。

2 入門編

Being Signified: SHOIN zukuri Style was a ontology of visual signification.
This is the reason why SUKIYA has not been only a free style,
but the creation through semantic shift of every term (elements) which consist of the ontology.

「数奇屋」とは創作建築というほどの意味。定型があってこそ、
これをくずし、意味の転換を楽しむことが、その意図だ。

07 四帖半

4 1/2 sheets TATAMI ROOM

私性はここで育まれた

『四畳半襖の下張り』という春本（好色文学）が知られている。文豪・永井荷風の作だとまことしやかに信じられているのである。

日本銀行中枢のエコノミストだった吉野俊彦は、荷風の研究家として在職中からも知られていたが、公刊された荷風の日記をたんねんに読破して『「断腸亭」の経済学』（NHK出版、一九九九）をあらわし評判となった。日記は荷風の金銭出納帳のような役割もになったらしく、長年にわたる物価の推移がつまびらかな一方、荷風が何を対価としてお金をいくら払っていたかという価値観もすけて読める。ボロ家に住み、見映えしない服装の荷風だったが、文豪の収入はおしげもなく女性遍歴に投じられた。その子細が日記にいちいちつづられているのである。

つぎのような叙述も引用される。

大正一一年八月三〇日

晴。夜清元［きよもと＝浄瑠璃節《ぶし》の一派］秀梅と牛込の田原屋に飲む。秀梅酔態妖艶さながら春本中の女師匠なり。毘沙門祠後《うしろ》の待合［まちあい＝当時のラブホテル］岡目に往きて復び飲む。秀梅欷戯［ききょ＝すすり泣く］啼泣［ていきゅう＝涙を流して泣く］する事頻なり、其聲半庭《なかば》の虫語に和す。是亦春本中の光景ならずや。

ただ一度の叙述だ。ということは、他のケースでは必ずしも、そうでなかったことになる。一〇年ほど前に訪れたバンコクでのことを思い出す。現地駐在の人に、通り裏のあやしげなナイトクラブを案内された。やたらに大きな机を囲んで客は飲んでいたが、やがて明かりを消して、机の上でライブショーがはじまった。薄明かりのなかで、ことの概略は分かったが、出演者の表情も見えず、声さえ漏れなかったのである。これで、よくショーになるものよ、と私はいぶかった。

荷風いうところの「欷戯」や「啼泣」とは、近代人に特有なことではないのか。

先廻りをしていえば、私性（プライヴァシー）なくしてそれはなく、私室なくして私性は育めまい。四帖半とは、すでにみたように、主室と副室とからなる居宅に加わった第三の部屋、はじめての私室だったのである。私室らしい私室だった。その証拠に、六帖でも三帖でもない「四畳半襖の下張り」が春本の表題たりえたのではないか。八帖と六帖とからなる居宅が相当に普遍的だったのだから、当然のことだ。この場合、玄関は三帖、使用人室があればこれも二帖か三帖であって、四帖半とは、ご隠居なり、子弟なり、居候《いそうろう》なりの、私室として使われるべく作られたのである。

もっと想像をたくましくすれば、当時の「赤線」や「青線」などの色街（いろまち）の娼家の客室の主流もまた、四帖半だったのではないか。こういうケースのために、「吊り床」や「置き床」は考案されたものであろう。もし、六帖なら、四尺五寸（呼称＝一・三五メートル）間口の床の間があって当然、三帖ほどの前室もついたろうから、これは高級ヴァージョンであろう。

とはいえ、京間の四帖半は大きい。

文豪・谷崎潤一郎が昭和一一年から一八年まで

住んだ「倚松庵」［★column──倚松庵］の四帖半はよく知られている。四尺五寸の広縁に面し、一帖大の地板張があり（ここに一間巾の地窓がとられている）、ならんで三尺間口の床の間もとられているが、これだけは武骨だ。京間であるうえ、実質五帖半だから、これも四帖半といえるかは別だ。昭和九（一九三四）年『陰翳礼讃』を書いた谷崎の心象世界の具体物として「あかり展」（二〇〇〇）にも再現展示される。ほとんど上限を示すもので

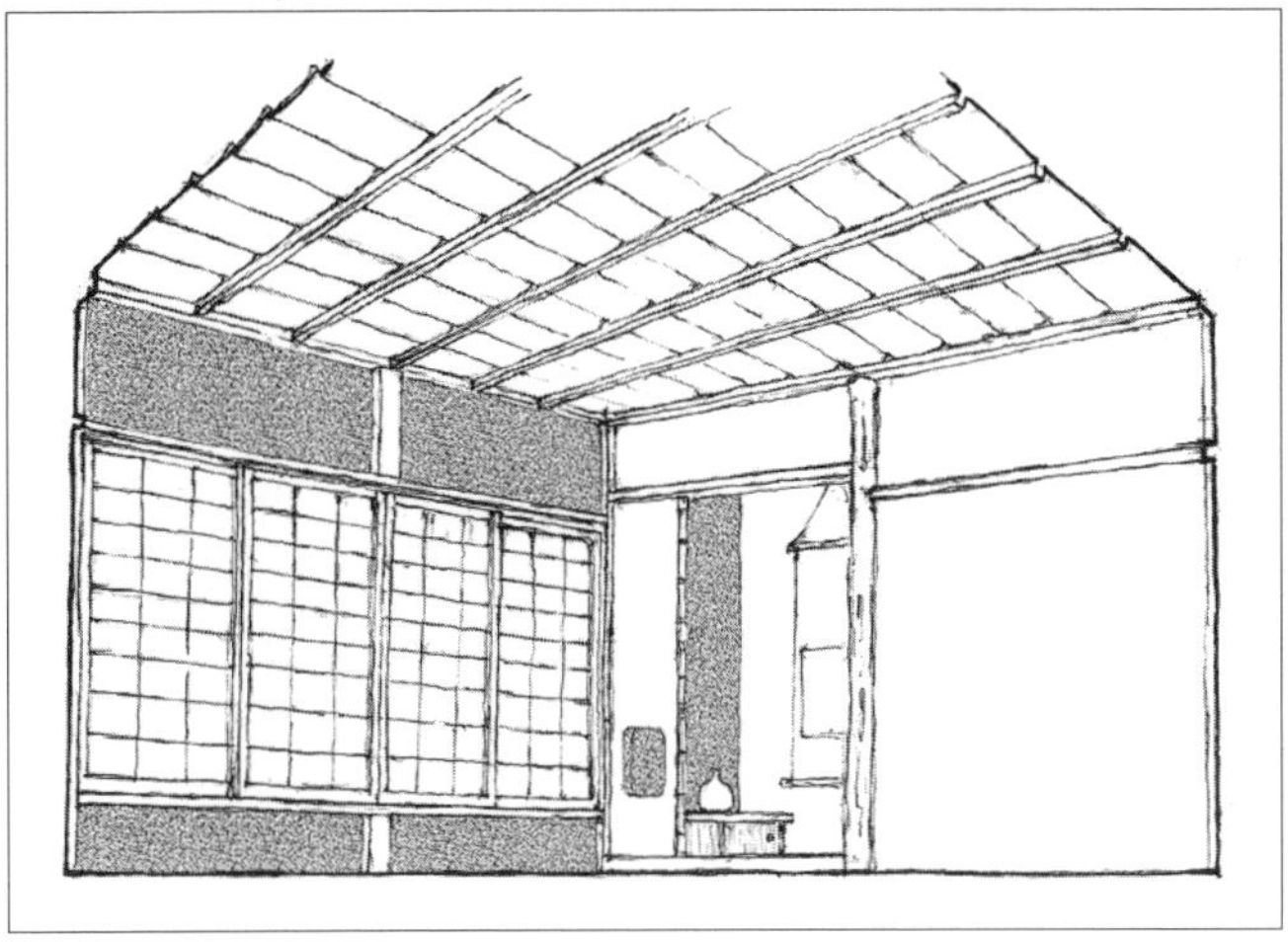

1──吊り床と置き床｜筆者による

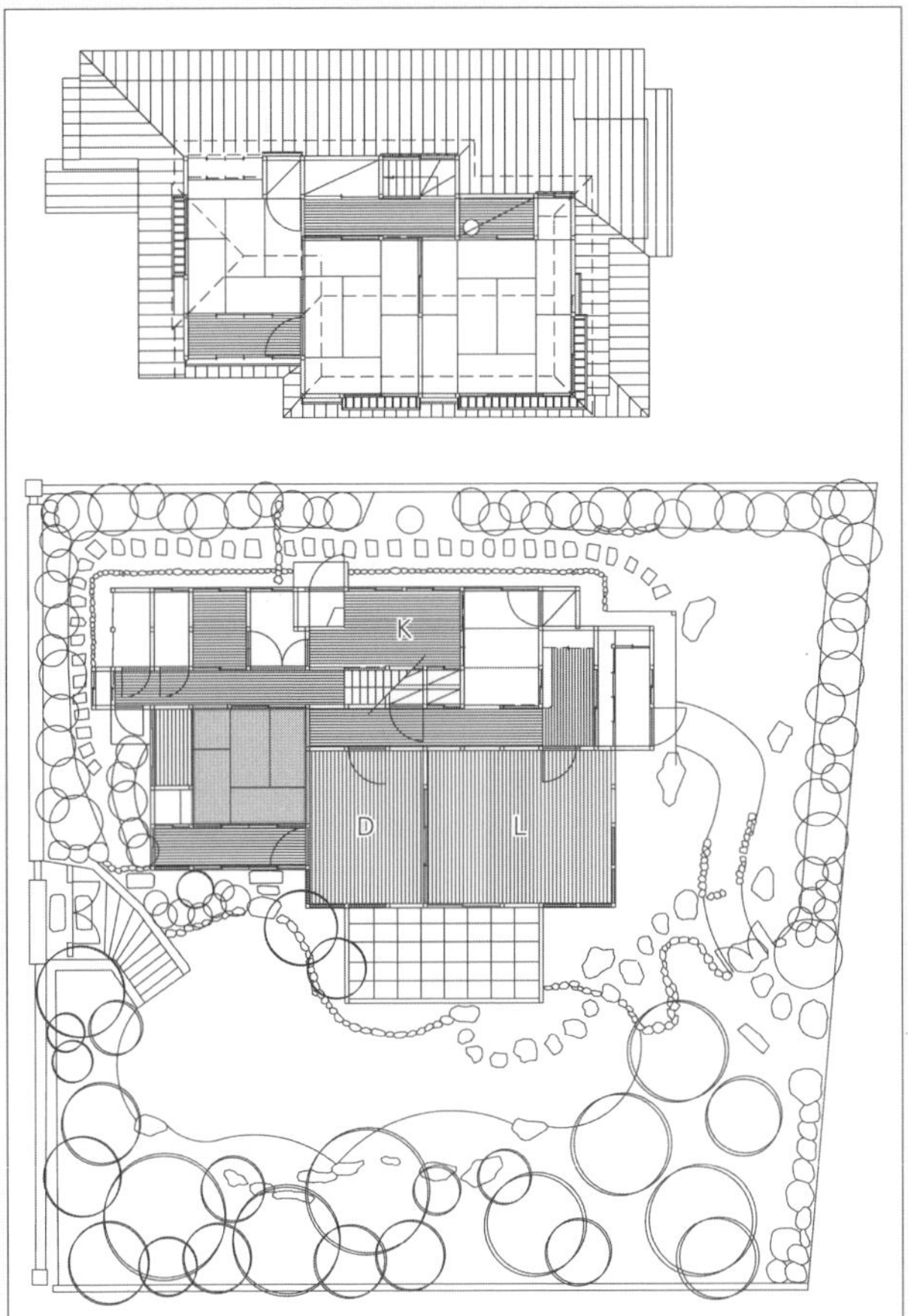

2──「倚松庵」平面図（上：2階、下：1階）S＝1/400
L：居間、D：食堂、K：台所、S：使用人室、
4.5／6／8：各4.5、6、8畳の間。また1階の4.5畳の間（アミ掛け）が、本文と内観写真で取り上げた四畳半である。
神戸市都市計画総局提供の移築後の図面を加工｜作成＝多田豊

★column──倚松庵

文豪・谷崎潤一郎（1861–1965）は東京・日本橋に生まれ、恵まれた環境に育つが、父の事業の失敗で苦学。それでも一高、東京帝大へ進むが、神経衰弱におちいって結局は退学。しかし、『刺青』『お艶殺し』で華々しく文学界にデビューしている。

箱根での避暑中、関東大震災にあって関西に逃れる。最初の妻としばらく京都に住むが、やがて西宮に移る。『卍』『蓼喰ふ虫』などの作品と谷崎のその後の女性遍歴は同期するともいわれる。最終的に富豪の人妻・松子と結ばれ、夙川に気に入った家をみつけ、倚松庵（いしょうあん＝松によりそう家）とよび、ここに7年間住んだ。『細雪』はここで書かれ、この家そのものが舞台だ。

昭和四（1929）年築、延床面積45坪、敷地200坪の和洋折衷、中廊下式間取りのハイカラな家だ。建て主はベルギー系帰化人。谷崎は『陰翳礼讃』を書く一方、自分で住む家は洋館を好んだ。現在では、神戸市が買取り、住吉川西岸に移され、復原して保存、公開されている。たつみ都志『谷崎潤一郎 in 阪神』『倚松庵よ永遠なれ』（ともに神戸市刊）による。

3──「倚松庵」1階四帖半｜撮影＝久冨敏明

あろう。

別に論ずるが、『方丈記』（一二一二）を残した鴨長明は、世をはかなんで出家、洛南の日野に二度目の庵を営む。そのサイズが一丈角だった。だから「方丈」なのだが「丈」とは鎌倉―室町期の地積単位、一〇尺のことだ。ほぼ四帖半となる。「程狭《ほどせま》しといへども、夜臥《ふ》す床あり、昼居《ゐ》る座あり。身を宿すに不足なし」（岩波文庫版）と説かれる。察するに土間ではなく貼床、板貼りの上に一帖大と半帖大の莫蓙《ござ》が敷かれたものと思われる【★一――畳ではない訳】。暖をとり菜を炊く炉があり、仏像を置く一角と書斎的な一角もとられた。世俗を絶ち、大自然を相手に、ここに哲学的な自我は育まれていくのである。

二世紀あと、しかし村田珠光の「四帖半」は京都三条の屋敷に山里を再現、そのなかに営まれる。「草庵」の茶席はここが出発点であり、方丈のサイズは踏襲される。茶席はすでに畳敷きであり、居宅の一部だった。茶の湯の精神あるいは「数寄」の精神に照らして「正式」の茶席などありようもないが、第一章の註六に触れたように、家元制度化による、「茶道」の形成のなかで、四帖半はいっそう定型化される。それより小さな席を「小間《こま》」、大きな席を「広間《ひろま》」というようになるのである。

08 畳縁《たたみべり》

Edging color of TATAMI

色の意味作用

お茶の木は中国原生だが、日本に伝来したのは八世紀（平安時代）だといわれる。薬用としてだった。

日本に禅宗（臨済宗）を開く栄西（一一四一―一二一五）は、元に滅ぼされようとする南宗から、茶の木（種子）も持ち帰る。宗教文化としての茶礼をひろめ、『喫茶養生記』も書いて、禅僧を通じて知識層や武家にこの風を啓蒙した。酒と白湯の間には、葛《くず》湯や桜湯などしかなかったのだから、お茶がどれほどの楽しみを人々に与えたのかは計りしれない。西欧圏がアラブのコーヒーを知るのより、およそ二世紀は早かった。

とはいえ、栄西が京・栂尾《とがのお》で茶を栽培させたほか、宇治などで少ししか産していない。いまでもそうだが、お茶は高価だ。人里はなれて草庵を営んだ隠士たちもまた、茶を楽しんだとすれば、自ら栽培し精製もしたからだろう。隠遁とは「飢餓線上をさまようこと」と石田吉貞（『隠者の文学』講談社学術文庫）はいう。それほどの余裕もなかったのかもしれない。それにもかかわらず、茶礼あるいは喫茶と、禅道とは表裏をなして、武家の精神的な支柱に育っていく。

富国強兵にはげんだ戦国大名たちは、競って自領内の殖産興業につとめた。製紙、養蚕、製綿とならんで茶の栽培と精製も重要な産業となる。なま乾きの茶葉を挽いて湯に溶く喫茶法は、そうとうに日本独特であり、ウーロン茶やプーアール茶などの中国主流の飲法と対比しても明らかだ。紅茶までを含んで、もともと同じ茶の木からの、別々の製品《プロダクツ》なのだ。

戦国期の直前に生まれ合わせたのが村田珠光（一四二二―一五〇二）、その終焉に立ち会ったのが千利休（一五二二―一五九一）だった。ともに茶の湯を軸に、ときの覇者のアートディレクターをつとめた。ふたりを繋ぐのが武野紹鴎《たけのじょうおう》（一五〇二―一五六五）にほかならない。

覇を競い合う戦国大名たちと、隠謀にあけくれる貴族たちに直面しながら、茶の湯を正道にもどし、美学の革新をはたすのである。「草庵の茶」あるいは「侘び茶」とは、そのような意味だ。茶

4——畳職（『略画職人尽』文政9年［1826］）｜出典＝国立国会図書館

席は、日常の生活の場に接してもうけながらも、庭は里山を模して構成、ここを抜けて茶席にアプローチする。手水《ちょうず》で身も心もすすいで、深い土庇《どびさし》から非日常に臨む。ために、躙口《にじりぐち》というような装置まで利休は創案する。「市中の山居」とは、そのような意味だ。

　すでに見たように、侘び茶と座敷——畳を敷きつめた部屋——とは、その成立にあって深く呼応している。さて、初期の茶席で、畳はどう意匠されたか。什器（布団）だった畳が、床材（建材）に転じる過程での諸課題については次章（第三章）でになう予定だが、ここでは畳の敷き方と、畳の縁《へり》とが問題の核心だ。

　今日の茶席では、畳それぞれを「踏込畳」「客畳」「貴人畳（床前畳）」「手前畳」などという。だが、利休の時代まではそうではなかったようだ（堀口捨己『利休の茶室』）。「茶礼」から「茶の湯」への転換は、座敷あってのことだったのである。

絞られてつくるのは、畳縁のあり様だ。

「利休ハ畳ノ縁《へり》モ薄キ高宮ハ悪キ由ニテ、平貫ノ布ニテ被レ仕候」（『慶長聞書』）

「表ハ備後吉、縁ハ布色紺ニ定ル。替タル縁ナト不レ可レ仕」（『織部聞書』）

「畳の縁の幅昔は細し、今時は広く、悪敷と被レ仰候。三斎の縁は七分半に御させ候」（『細川三斎御伝受書』、いずれも前掲書から）。

　高宮縁《へり》とは、近江高宮産の麻、それも細糸の薄い（ガーゼなみ）幅広の織り。座敷用の畳では断って使う。今では、「高黒」「高茶」「黄生《きなり》」がかろうじて生産されている。神社の畳の縁が白いことがある。高宮の黄生が使われているのである。利休はこれを嫌い、厚手つまり木綿の平貫、それも紺を選んでいる。「紺」とはどんな色か。いま使われている光輝縁《こうきべり》のサンプルでは、深い黒だ。深いとは、光のかげんで赤味がほの見えるのである（たとえば福井県織田町の石田織布「麗峰富士」、マニラ麻を主材とした混紡、戦後の代表的な縁が光輝縁）。ちなみに、青く見えるのは「鉄紺」「納戸」など別の色合いだ。

　置き畳の縁は、畳の長手方向で小口をすっぽり被う。時がたち、下座にも畳が置かれるようになると、これに呼応して単色・薄手の高宮縁が登場したのであろう。しかし、「座敷」が形成されるようになり、畳と畳とをピッタリかつ平坦に合わせる必要から、小口の上半分だけの縁を、利休は考案したのである。

　堀口は「座敷ノ畳ノ縁ハカチン色ナルヘシ」という『茶永宗作茶書』の記述をひいて説明する。それは褐《かち》色ということ、艶がありながら黒ずんでいることであろう。ただし、この美意識は今日に継承されているとは言いがたい。

　その後一世紀をまたずに、「座敷」そのものが眼をみはる展開をとげるが、畳縁もまた多くをになった。紹鴎から利休につづく、基軸があったからだろう。これを「行」つまり、日常の最上位において、むしろ恣意的に「真」がその上につくられ、その下に「草」が位置づけられることになったのではないか。

　御殿《ごてん》（宮殿）の大広間は、上段と下段から構成され、次の間にも三の間にもつらなる。その畳縁は紋縁（もんべり＝家紋を染めぬいた縁）を一寸二分幅（三六ミリ）でつける。紋が読めるように幅広だ。

邸宅にあっては、本床《ほんどこ》がある以上、畳縁は「紺」ではなく黒、その幅は一寸。床の間には龍鬢畳（りゅうびんだたみ＝花茣蓙）が敷かれ、その縁《へり》は高麗縁（おめでたい文様を織込んだ縁）を使う。

居宅における、押入れとならぶ床の間をもつ座敷にあっては、溜色（ためいろ＝小豆《あずき》色）が使われるが、この床の間でも書院だけは付いているケースもあり、この場合、黒縁もありうる。一方、床の間の間口が一間にみたない場合（主室六帖以下）、しばしば草《くさ》色にする。畳職の用言では、溜色を「栗」「栗茶」などといい、草色を「玉青」「錦青」などとよぶのだが――。いずれにしろ、その幅も一寸だ。

御殿、邸宅、居宅とは、真・行・草という区分けにほかならないが、それぞれのなかにもヴァラエティがあり、入れ子のように、それぞれがまた真・行・草に分かれる。つまり、「真の真」から「草の草」まで、およそ九段階に対して、四つの色や柄が対応している。

なかでも溜色のカバレージは大きい。関西の私鉄・阪急などはいまでもそうだが、車輛の外装はこの色だ。昭和四〇年代まで国鉄（現ＪＲ）もまたそうだった。たとえば、ベアトリクス王妃を美智子妃が銀座・和光に案内してお買物という時、当時、宮内庁は溜色塗りの車輛を使っていた。

だが、溜色と黒との間に、まだ色がある。潤色《うるみ》や呂《ろ》色だ。くすんでいるが黒ではないという程の意味、潤色は赤味色、真と行との間で使われる漆塗りの色味だ。呂色は青味色、平成天皇の皇太子時代、私用車に使われていた色だった。いずれも、貴人の非公式をレファレントした。

こうしてみると、「紺」は中世の色、溜色は近世の色ということになろう。古代は黒と朱との時代だったのである。だが、いまだに畳縁の種類のなかに、「黒」とは別に「紺」が生きている。茶席で、これが使われ続けているのであろう。それは、日常の中の非日常をレファレントする色として、役割をはたしているのだ。その幅についても堀口は七分（二一ミリ）か八分（二四ミリ）と註釈をたててジャッジしている。これもまた現に生きていて、四帖半やそれ以下の小間には、いかにもふさわしい。

09 漆喰壁

Stucco interior wall

空間構成原理の継続性

会津（福島県）は実は平泉にさえ先がける東国の仏都だ。真言宗を開いた空海と袂《たもと》を分かつように、徳一という僧がこの地に下り、慧日寺と勝常寺を開いた。九世紀初めのことだが、徳一の没後も平安遷都後の奈良仏師や工人を集めて、日本有数の仏都に育った。おそらくは、蝦夷《えみし》勢力への対抗策として、朝廷はここにも楔を打つ必要があったのではないか。

さて、そのほど近くの喜多方に、新宮熊野神社がある。

その拝殿たる「長床」は見ものだ。三〇メートルの長大な屋根が、七間四面の太い円柱のうえに、ただ浮いている。まったく壁のない拝殿だ。原形は鎌倉時代に成り、その後、数次の再建を経た。たしかに、母屋と庇は床のレベル差も屋根の勾配差も省かれた現状だが、その分スカスカにみえる。あたかも木製のユニヴァーサル・スペースだ。蔀《しとみ》を外してしまった寝殿造りとは、ああ、このようなもの、とつくづく思わされる。ただし「塗籠《ぬりごめ》」を度外視すれば、なのだが――。

その、スカスカの空間構成原理は、ほぼそのま

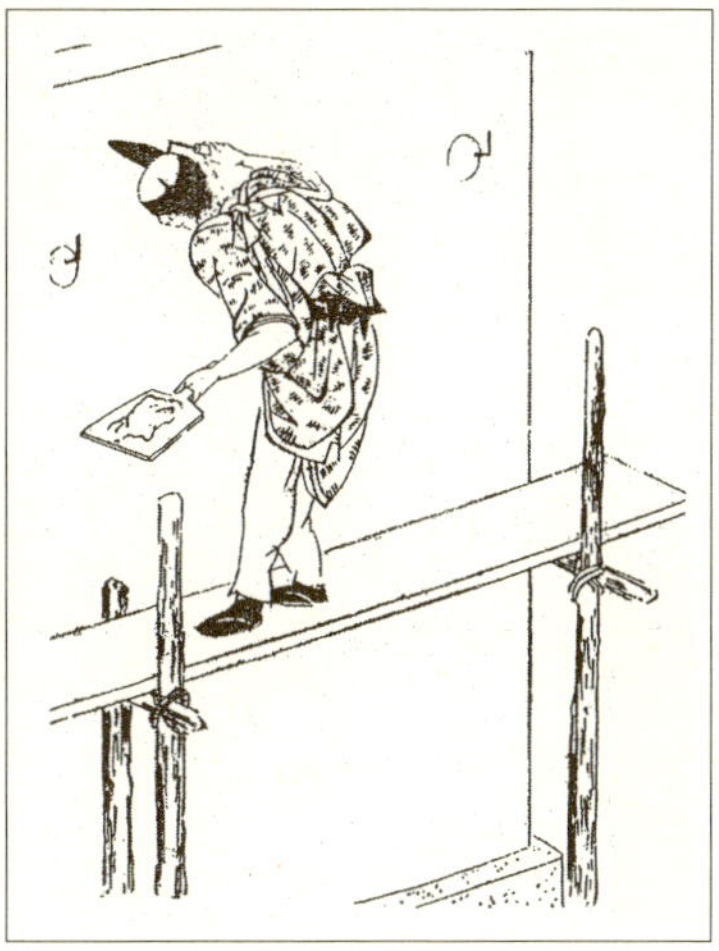

5——新宮熊野神社拝殿「長床」（12世紀、1947年復元）｜6——左官職（『太平記忠臣講釈』享和2年［1802］）｜出典＝国立国会図書館

ま書院造りにも受け継がれている。ただ、畳が敷き詰められて「座敷」が成立したことと、間取りが成立したこととは異なる。あたかも、手をたずさえている。小間割になったぶん柱の本数は増えたが、細くなった。通常の居宅では、三寸角（九〇ミリ角）かせいぜい三寸五分角（一〇五ミリ角）、部屋の三方が建具だから、建具を外して隅にだけ簾をかける夏座敷（なつざしき＝障子を外して簾をかけ、襖を葦戸にかえた夏の座敷、納戸はこのためにある）では、見るからに涼しそうだ、とはいえ、耐震耐力への構造的な不安感が頭をよぎる。この場合、寝るときは蚊帳《かや》を吊るから、これが、プライヴァシーをかろうじて保つことになる。

細い柱は土台や梁に剛接（ごうせつ＝ゆるぎのない接続）することはむずかしい。柱と柱との間に壁をつくり、これで地震などの横揺れに対抗せざるをえない。仮にそんな意識はないにしろ、床の間や押入の裏側は壁だ。

日本の壁は、まず柱と柱との間に貫（ぬき＝柱幅ほどの薄い下地材）を四本ほど流し、篠《しの》竹を割ったタテ材を貫の裏表から交互にこまかにからませ、籐《とう》を縦横にからませる。竹小舞《たけこまい》というが、これを下地に、寸莎（すさ＝つなぎになる切りワラなど）の利いた土壁を表裏から二度ずつ塗りつけて「下塗り」とし、乾いてから、砂漆喰を「中塗り」する。相当量の砂を角又（つのまた＝紅藻類海藻）を煮出し糊《のり》にして固定したもの、固い壁だ。

そして「上塗り」だ。下塗りと中塗りとは、上に塗りかさねるから、木ゴテで表面を荒して塗り終えるが、上塗りは金ゴテをつかって白漆喰を塗ってみがく。耐水性などの性能は塗りを重ねるごとに向上するが、最後にはツルツルに仕上がって味もソッケもなくなってしまう——。

漆喰壁（スタッコ）の素気なさは世界的なものだ。ヨーロッパでは壁と天井との見切りに繰型を複雑につけたり、漆喰壁の天井にレリーフを盛りあげたりする（ロバート・アダムは彫刻的に漆喰をあつかい「アダム・スタイル」とよばれた）。ほかにも、腰《こし》は木材をパネリングするのは常だし、ウィリアム・モリス以来、漆喰壁のうえに壁紙を貼るようになった。

日本の座敷でも事情は同じだ。

江戸幕府が成立した一七世紀初頭の遺構はわずかだが、徳川家の京都別邸たる二条城（二の丸御殿）では、大広間、黒書院、白書院とも、漆喰壁は「襖仕立」で覆われている。金箔を押した真塗り縁の襖がハメ込まれ、内法長押《うちのりなげし》以下には、あくなく濃絵（だみえ）が描かれる。狩野永徳（一五四三—九〇）に源を発する絵師集団は、徳川幕府にもつかえて、壮大な仕事をなしとげた。遺構からみるかぎり、西本願寺対面所、黒書院もこうなっている。おそらく「真の真」と「真の行」でこうなのだろう。だが、「真の草」と思われる例から、内法長押の上の小壁は襖仕立てではなくなる。漆喰が見えるようになる。

考えても見られよ。床の間はそもそも軸をかけ、床脇は飾り物を置く場所だ。その壁にまで絵が描いてあるとは、まともとはいえない。「行」では、絵は間仕切り襖だけとなり、床の間の奥などの襖仕立ても箔押《はくお》しから小紋などの「唐紙袋貼り」に変わって、見なれた座敷に近づく。それで当然だ。袋貼りとは、重ね貼りしてふっくらと仕上げるのである。

つまり、便所や湯殿や納戸、あるいは中廊下などで、漆喰ははじめて目立ったものになる。そこには、舞良戸《まいらど》などの板戸が多く使われもする。一方、座敷でも市井の居宅に近づく程、小壁や欄干に漆喰壁は見えてくるのだが、それでよしとする質実剛健さが、実は書院造りの本懐でもあろう。とくに「行」以下のケースでそうだ。書院造りに聚楽壁を塗るなどは、だから、禁忌事項の筆頭といえよう。

10 砂壁

Sand finish interior wall

意味作用と美意識

名論「書院造りと数寄屋造りについて」（第三章で改めて論ずる）の付記で、あたかも隠し玉のように堀口捨己が披露している作例がある。妙心寺霊雲院の行幸の間だ（一五四三。後代の改修も予想される遺構ではある）［★column――霊雲院］。

東求堂の七七年後の造営なのだが、その規模は同じほどコンパクトだ。四帖半の前室、五帖半の昼御座の間、その帳台構（ちょうだいがまえ＝寝殿造りの塗籠《ぬりごめ》の入口を始源とするおおげさな引分け戸構成。第三章参照）から入る三帖の寝所という構成、その庭側（南）に雁行した半間の濡縁がまわり、この右側（東）に外接して母屋につらなる広縁がある。これに中門廊（ちゅうもんろう＝寝殿造りに特有の人工装置。玄関の前身。第三章参照）を彷彿させる屋根が載るとともに、四帖半には、本邦最古の「床の間」がある。

最初期の数少ない「座敷」の遺構だが、この段階では、「座敷」とはコンパクトなもの、だったことをうかがわせる。

その内部意匠だが、内法下は襖仕立、障壁画にほぼ埋められながらも、内法上は砂壁で仕上げられている。申し添えると、内法長押も天井長押も堂々と廻し、五帖半には蟻壁《ありかべ》（漆喰壁）さえとられ、天井高は八尺ほど、他は七尺五寸でおさえられている。

これを前に、堀口捨己はたじろぐ。すでに茶席の影響があるのか、と自問するのである。たしかに「紹鴎の四帖半」は東求堂に少し遅れてできた。遺構こそないが、『南方録』に仔細に記録されている。成立期にあって、まだ定型に達していない「座敷」は、その後の「書院造り」と「数寄屋造り」とを両棲させていた。いや、それぞれはいまだ不分明なのであって、ふたつは、ここから分かれていったのである。

書院造りは武骨も好む側面があり、「真の真」をのぞけば、欄間小壁《らんまこかべ》などに平然と漆喰壁は使われてきた、と説いたばかりだ。内法以下の壁も「襖仕立て」にするのは「真」だけのこと、それは「真」たるの記号に育っていく。もともとは、寝殿造りの後期、母屋と北庇とが壁で仕切られるようになり（第三章参照）、そこに賢聖障子《けんじょうしょうじ》がはめられたのが、襖仕立ての始祖だろう。ことほど左様に、「真」の記号のほとんどは由来を「寝殿造り」にもとめて意図的につくられている。実は、これもまた書院造りの実相だ。

それでは、「行」や「草」の場合、床の間周辺でとくに目立つ壁はどのように意匠されてきたのか。一般に、ここに限定して用いられたのが砂壁だった。下塗りと中塗りは他の壁と同様にし、上塗りだけを砂壁で仕上げる。砂壁とはサンドペーパーのような仕上げだ。今のように吹き付け仕上げができるのなら容易だろうが、金ゴテでこれを塗りつけるのだからたいへんだ。ほとんどの例で黒に近い暗い色調、粒材は砂鉄だ。ガラス質の粒材も含まれているのだろう、光の加減でキラッと輝く粒もある。

いうまでもなく、この壁仕上げは弱い。掃除は、ハタキをかけ、ホウキで掃くが、これだけでも砂はボロボロと落ち、どこの家でも壁の裾はハゲかかっていた。現実の問題として、軸の掛け替えなどでしか人の登らない床の間だけに許される仕上げだ。たとえば中塗りに用いられる「砂漆喰」では相当量の砂を混ぜるが、漆喰にのまれて表面から砂は見えない。「砂壁」とは別のものなのである。

なぜ、こうまで黒いか。おそらく砂鉄でもなければ、粒状を浮かす仕上げにできなかったのだろうが、部屋のなかで、ただでさえ暗い床の間に軸が掛かるのだから、これを浮き立たせる意図もなかったはずはなかろう。はるかに時代はズレるが、蛍光灯を落し掛けの裏にしのばせて床の間を浮き立たせたのは、吉田五十八だ。最新の話題の灯具の出番を、和室にも与えたのだった。

京都の町家では、あまりに暗いこの壁を嫌い、紅殻（べにがら＝もともとはインド・ベンガルに産した酸

★column——霊雲院（京都市右京区）

臨済宗妙心寺は、本山大徳寺（京都市北区）とならぶ規模を誇り、ともに、山門ー仏殿ー法堂ー庫裡が直線にならぶ独特の伽藍配置を今日に伝えている（1337–）。

霊雲院（りょううんいん）は、いまでは、40をこえる塔頭（たっちゅう＝退役高僧の隠居所を始源とした院内小堂）のひとつだが、開祖は大体和尚、時の後奈良天皇（在位1526–56）の妙心寺参禅に、あわてて方丈（ここでは庫裡、住職居住施設の意）を拡充している。また、同和尚に帰依した清範尼が、私費を投じて霊雲院をつくったと伝えられ、その年代は1543年とされる。

藤岡通夫によれば、この建物は明治45年に解体修理を受けたことが明らかにされ、帳台構の三帖は、天皇が天皇であるかぎりついてまわる「剣璽（けんじ）」の置き場だったのではなかったか、と問われている。天皇家に伝わる「三種の神器」のひとつだ。

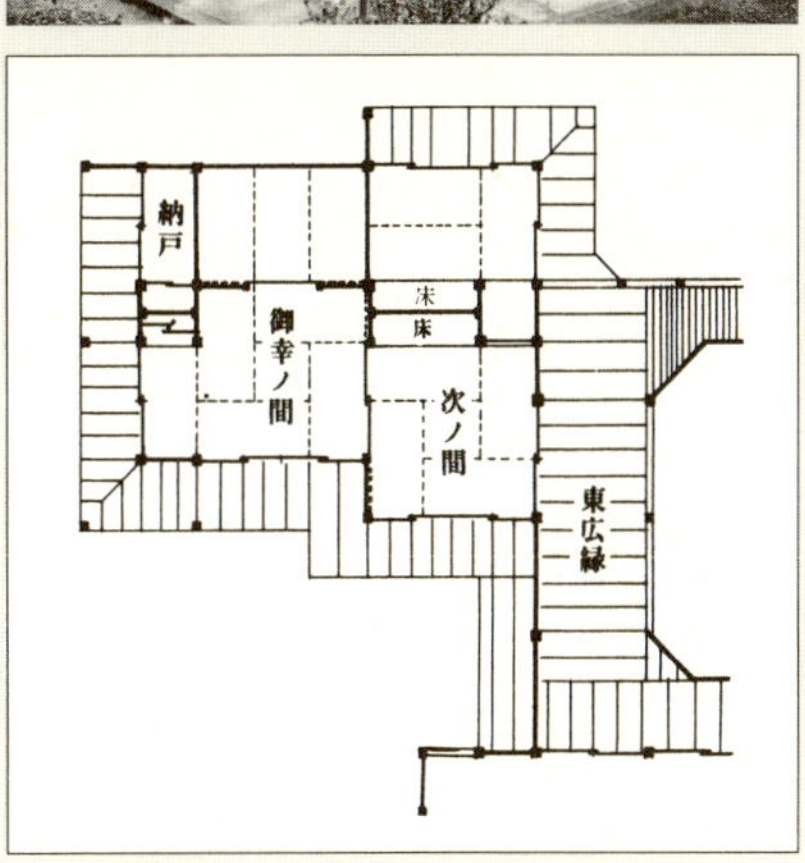

上——霊雲院次の間より御幸の間を見る
中——霊雲院西南側外観
下——霊雲院書院平面図｜出典＝藤岡通夫＋恒成一訓『書院I』（創元社、1977）

化第二鉄を成分とする顔料、日本刀の防錆手入れに使われた）を大量に混入する「紅殻漆喰」で上塗りした。崩落の心配がないから、座敷ぜんぶに拡大していく。ただ、これが「書院造り」なのかどうか。慶安の御触書から、そもそも庶民には禁じられているのである。しかし、お武家様ご用度の施設であることを理由に、旅籠、遊郭から高級商家にまで、床の間・書院・床脇などは恐る恐る普及していく。その壁も紅殻漆喰で塗られた。

それにしても、といいたいのである。

床の間を襖仕立や唐紙袋貼りにする。あるいは砂壁や紅殻漆喰で仕上げる。つまり、神棚や仏壇よろしく、神々しくして、その意味作用を強調したのだろう。だが、軸を掛け、花を飾り、燭をともす場としてふさわしかったのかどうか――。たとえば、徳川慶喜が諸大名を二条城黒書院に集めての大政奉還の図が残されているが、背景の床の間（押し板）には、軸は何もかかっていない。いまも老松の盆栽が置かれているだけだ。今日の美意識からすれば、当然、こうなろう。

11 下地窓

Lattice punching window

別世界の表象

少し前に『南方録』に触れている。

ちょうど利休一〇〇年忌をむかえた元禄期に発見された利休直伝の茶書とされる。七巻からなり、福岡藩黒田家の藩臣、立花実山が、まず五巻の写しを手に入れ、後半二巻は本人が書き写した。今も岩波文庫にも納められる重要古典だが、実は、実山の著作なのではないか、とかねて噂されていた。堀口捨己はそれ（擬書たる）を文献的に実証している（『利休の茶』一九四一。鹿島出版会、一九七〇再刊）。

喫茶の風は日本では禅宗とともにあり、武家の素養だったが、足利義満が将軍職にあるころ（一五世紀後半）、上層階級に広く普及し、唐渡りの茶器もまた玉石混交でもてはやされる。なかでも貴人の遊山に際して催される「闘茶《とうちゃ》」は、派手な賭博と化し、世俗の覇を競うまでになった。

にがにがしく思う義満は、文化顧問団「同朋衆」をあつめて、筆頭に稀代の唐物目利（からものめきき＝舶来美術品鑑定家）能阿弥をあて、まず、将軍家コレクションの品定めをさせた。『君台観《くんだいかん》左右帳記《そうちょうき》』（一四七〇）は、そのレポートだった。同じ頃、能楽の完成者・世阿弥もまた、家伝書『風姿花伝《ふうしかでん》』をまとめている（一四六八）。ともに日本の美意識の骨格を言語化した偉業として名高い。ふたつがあってこそ、その後の日本文化は華麗な花を咲かせる。カントの「美意識」に三世紀先立つものだ。こういう解釈の筋道をつけたのは水尾比呂志だ。合理の美、用の美学だと、彼は言う［★一――『デザイナー誕生』］。はるかに後のことだが、東アジア文化の語り部となった関川夏央は、アジアのなかで、実用に即し「事をなすのは日本だけだった」とも説いた（『韓国における〈歴史〉と〈歴史認識〉』『「世界」とはいやなものである』NHK出版、二〇〇三）。

さて、村田珠光は「同朋衆」のメンバーとして、このただなかで「茶の湯」の再編に向かうのであ

10――茶室の下地窓（妙喜庵待庵東壁、1582?）

る。

やっと成立する「座敷」はもともと小空間だったのであって、これが最高位の貴人たちから始まったのだから、実に華麗だったことは、妙心寺雲霊院にすでに見ている（前節）。その茶礼がものものしかったであろうことは想像に難くないのである。当時の文献で、これを「真の座敷の茶」と呼び、台子（だいす＝茶道具を置く棚）の前身の棚に唐物の茶器類を並べた。この場合の「真」の飾りは舶来品という意味だろう。

「真」に対して「草」の茶を主張することが、珠光の本懐だった。これを「草庵の茶」あるいは「侘び茶」とよんだ。この段階で「数寄屋」の成立をみるのだが、ここでは、それは「草」として意識された（ほぼ二世紀後、「慶安のお触書」によって武家の居宅と庶民の居宅とが分けられたとき、真―行―草は書院造りの格式分類となり、その範囲外に「数寄屋造り」を位置づけざるをえなくなる。それが固定して、今日に至るのである）。これが、いろいろな誤解をいまだによぶ――。

当然のことながら、「侘び茶」は空間のアイデンティティを求める。それらしい茶席というような意味だが、その達成者こそ利休にほかならない。もともと狭いはずの「座敷」をさらに狭くし、ために、空間の原理を閉鎖系にもとめた。どう閉じるかが問われる。冷たい漆喰壁と実用に劣る砂壁とがあるだけだ。新素材の発見なしにはありえまい。

利休の着眼は、市井の建物、それも納屋や畜舎などの簡易な施設で用いられる土壁にあった。すでに見たように、これは、一般的な壁の下塗り用の肉つけ材だ。どこにでもある土を基材に、多量の藁《わら》を刻み込んでツナギにし、少量の石灰や布海苔《ふのり》を糊としている。塗り終われば寸莎《すさ》が表面にも浮き出てパタンをなし、面白い、と利休は認めた。用例の本質からして、これは内外同材だ。これを利し、塗り残して小窓をつくり、換気や採光にあてていた。芯の竹小舞がそのまま見えて面白い。「下地窓」と呼んで茶席の七礼［★三――茶席の七礼］の過半に、これをあてる。内側に「掛け障子」を思いつき、外にツキ上げの雨戸を吊って霧除け（きりよけ＝ひとつひとつの開口につけた小型の庇）にしている。

モダン・デザイン用語では、このような壁をベアリング・ウォールとよぶ。カーテン・ウォールは自立できない単なる内外区画だが、それのみの薄さで自立する壁という意味だ。打ち放しコンクリートの積極活用で道がひらかれた。当然、内外同材であって、当時の理論家レイナー・バンハムは、これをブルータリズム（野獣派）とよぶ。ル・コルビュジエはガラスブロックを鋳込んで採光にあてたが、きっと、日本に来たとき、下地窓を見て思いついたのであろう。

つまり、利休は概念を実体に架橋して論理的弁証的に「囲い《かこ》」をつくりあげた。すぐれて近代的な思考というだけではすまない、囲ってこそ成立するという、積極的な意図と意志があった。

寝殿造りの成立以来六世紀以上も続いたスカスカの空間性は、一転して別の閉鎖系が創案されたのである。高度に人為的、つまり数寄屋だ。

とはいえ、人は知らないことをなしえない。創造とは『引用の織物』（宮川淳、筑摩書房、一九七五）だという認識は、構造主義の浸透以後、普遍的だ。利休は何をみていたのか。それは南蛮船のキャビンだという解釈が八〇年代の日本をかけめぐった。下地窓の四隅の丸みは型板抜きとりの必然かもしれないが、キャビンの窓に由来しているとも思える。この見方を補強するように、表千家（利休の直系）の袱紗（ふくさ＝茶道用の布巾《ふきん》）さばきは、カトリック神父の秘蹟所作と酷似するという発見も九〇年代をかけめぐる。人は、知らないことはなしえないのだ。

同時代の欧州の宮殿や教会は、まさにバロックの時代だが、突然のように日光東照宮や二条城本丸御殿をかざった華麗きわまりない装飾様式と、バロックとの関連はすでに論及されてもいる（田中優子『江戸の想像力』筑摩書房、一九八六）。「近世」という同じ社会システムを共有して国民国家に向っていった極東日本と極西諸国（ヨーロッパ）は、想像をこえる交易に結ばれていたのである。

付言すれば、土壁用の土材は、さまざまな色味を求めて、各地から集められるようになった。鶯《うぐいす》色が好まれ、やがて「聚楽壁《じゅらくかべ》」として展開するようになる。ザラザラとしていても砂壁のように崩落しにくいのが身上だが、それでも狭い茶席では裾貼りが欠かせない。

いっておくが、土壁は、数寄屋だけに用いられる素材だ。

12 水腰障子

Full lighting slide screen

明るく暖かい冬は近世の所産

家の作りやうは、夏をむねとすべし。冬は、いかなる所にも住まる。暑き比《ころ》わろき住居《すまい》は、堪《た》へ難き事なり。

深き水は、涼しげなし。浅くて流れたる、遥《はる》かに涼し。細かなる物を見るに、遣戸《やりど》は、蔀《しとみ》の間より明るし。天井の高きは、冬寒く、燈《ともしび》暗し。造作は、用なき所を作りたる。見るも面白く、万《よろず》の用に立ちてよしとぞ、人の定め合い侍《はべ》りし。

『徒然草』（岩波文庫版）五四段の全文である。

高校の古文の授業で、誰でもこれを習う。これが頭にこびりついて、建築家も建築史家も「夏を旨とすべし」こそ、日本建築の本懐と思いこんできた。よく読めば、冬はどこにでも住めるという前提があってのことだ。冬眠とはいわないまでも、「冬ごもり」しているのである。ならば、夏を旨として当然ではあるまいか。

塩野七生の大長編『ローマ人の物語』を拾い読みして、いまさら思ったのは同じようなこと。この時代の戦争は、冬には停戦に入る。わりに暖いラテン諸国でさえこうだった。西欧でも日本でも、年間を通じて人々が同じように暮らしていけるようになるのは、思えば、近世という時代以後の特徴だ［★四――「近世」という概念］。

『徒然草』が書かれたのは一三三〇年頃、鎌倉時代の最末期だ。すでに遣戸《やりど》が普及していることもわかる。初源的な引戸、後の雨戸のような板戸を、柱から柱へ引き違いに入れたものだった。雨戸は内側は裏であるかのように作られているが、繊細な桟を内側にも外側にも流して、素地の杉の薄板をはめている。框《かまち》や桟は漆《うるし》の真塗り（黒塗り）、この部位も素地になるのは近世だが、舞良戸《まいらど》とよばれるようになり、縁側や板の間だけで用いられる。

前章でも触れているが、初期の引違い建具は、太い一本溝幅のなかに、建具二本をおさめた。閉めている時、両端部で建具がバタつかないように外側の框に工夫があり、太い溝いっぱいの桟を足して「子持ち障子」とよばれる（障子とは建具という意味）。おそらく、蔀《しとみ》の見込み（厚さ約五センチ）

のなかに、遣戸二本（見込み約二・五センチ）を建込んだのだろう。涼しい季節になってきて、採光しながらも風の吹き込みを防ぎたいとき、あいかわらず御簾《みす》をさげていたのである（蔀については第三章を参照）。もっと寒くなれば、冬ごもりしか方法はあるまい。近世に入って、簾《すだれ》は夏の風物詩になったが、そもそも風を防ぎながら採光する装備だった。

それでは、明かり障子の始源は何か。

仏堂の出入口にはしばしば大陸風の扉がついている。だから「唐戸《からと》」というが、その上のほうに採光用の小窓が切られてもいるが、たとえば、そこに紙を貼ったような用例がなかったはずもなかろう。とはいえ、「半紙」として知られる透光性の薄く強い紙、杉原紙（播磨［兵庫］杉原村の特産）

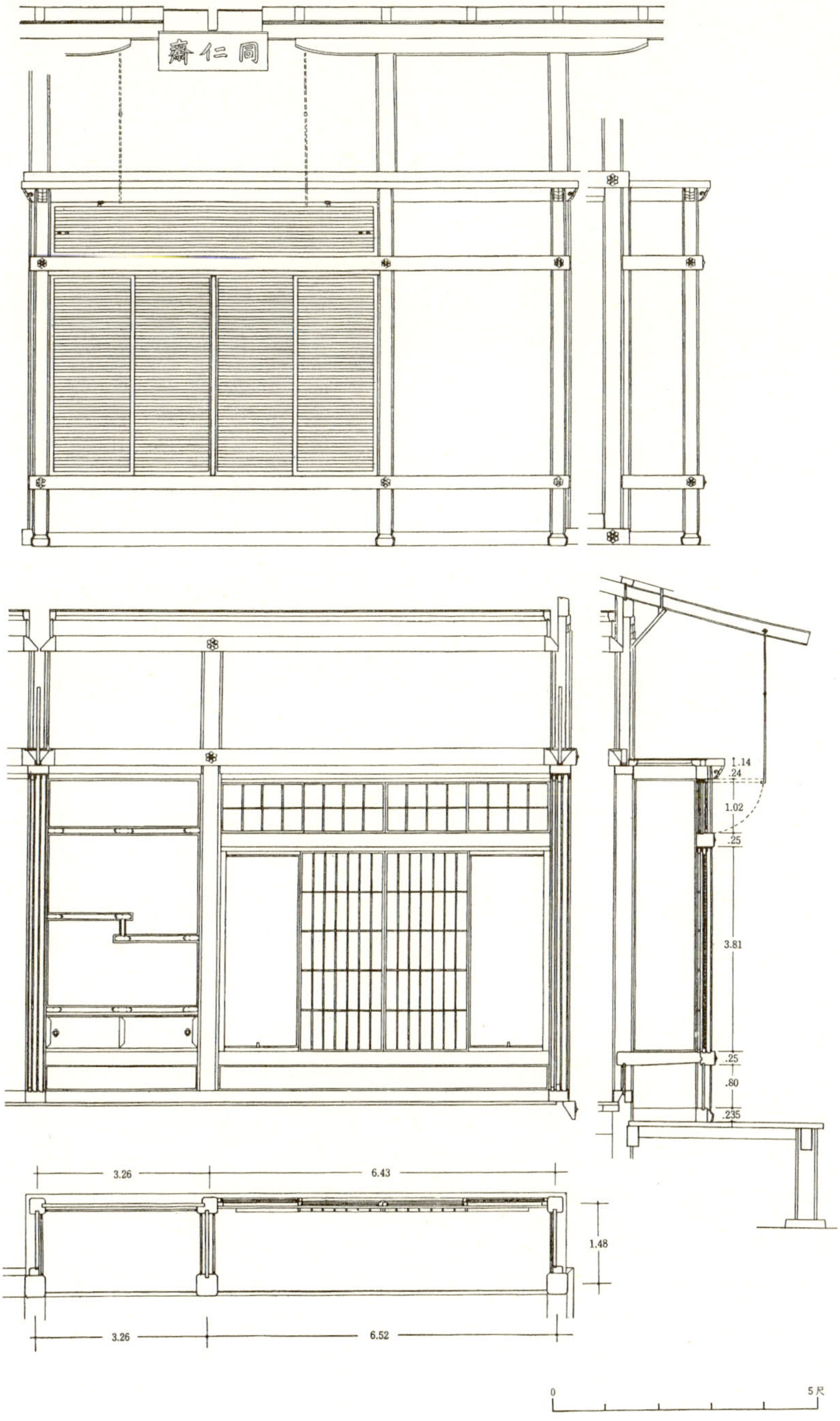

11——東求堂「同仁齋」詳細図
書院と脇の棚とを中心とした詳細図だが、タテ断面には、廻り廊側の建具廻り詳細も示されている。いずれも、舞良戸（板戸）を4枚引分けで入れ（その内側は襖仕立てになり、間仕切り襖と同じ白い献上紙で仕上がっている）、その内側に2枚引分けの水腰障子が上がっている。つまり、溝は3本だが、すでに鴨居をいれていても、そこに上溝は切らず、桶端が4枚植えられている（第1章図16を参照）。ただし、書院上の欄間だけは引分けで、明り障子をいっぱいにいれ、蔀と同じ方法で、フタのような建具を吊り上げている。｜出典＝太田博太郎編『日本建築史基礎資料集成16』（中央公論美術出版、1971）。慈照寺（銀閣寺）部分の著者は川上貢氏。

★column──東求堂（京都市左京区）

足利幕府下の日本は、3代将軍・義満の治下（14世紀後半）で栄えた。

元・高麗連合軍を「文永の役」（1274）に敗り、元の東路・江南両軍を「弘安の役」（1281）に壊滅させて、鎌倉幕府こそ力つきたものの、日本は、東シナ海の制海権を得て東アジア海上交易の覇者となった。その果実が、実は義満の「北山文化」だった。

その半世紀後、幼少で八代将軍を担わされたのが義政だった。権謀術策の渦中を生き、はからずも「応仁の乱」（1467–77）の引金を引くことになる。焦土と化した京都市街をはなれて、東山に山荘を営まざるをえなかった──。

まず西芳寺（第7章参照）にならった作庭から始め（1482）、常御所がなって義政は移り住み、さらに諸堂の普請がすすむ。おそらく「普請道楽」を超えた才や能力が義政にはあった。どこから同朋衆・村田珠光の参画があったかは明らかではないが、その協力も得て会所（東山文化の基幹施設として今日に語りつがれている）や持仏堂（東求堂）は成ったろう。普請の最後は観音堂（銀閣）だったが、完成をみることなく、義政は没した。

この全体を東山殿（どの＝人ではなく殿舎、あるいは勢力）という。没後、義政を弔う仏寺（東山慈照寺、臨済宗）として営まれたが、江戸期初期、幕府は常御所などを解体、東求堂と銀閣だけを今日に伝えている。

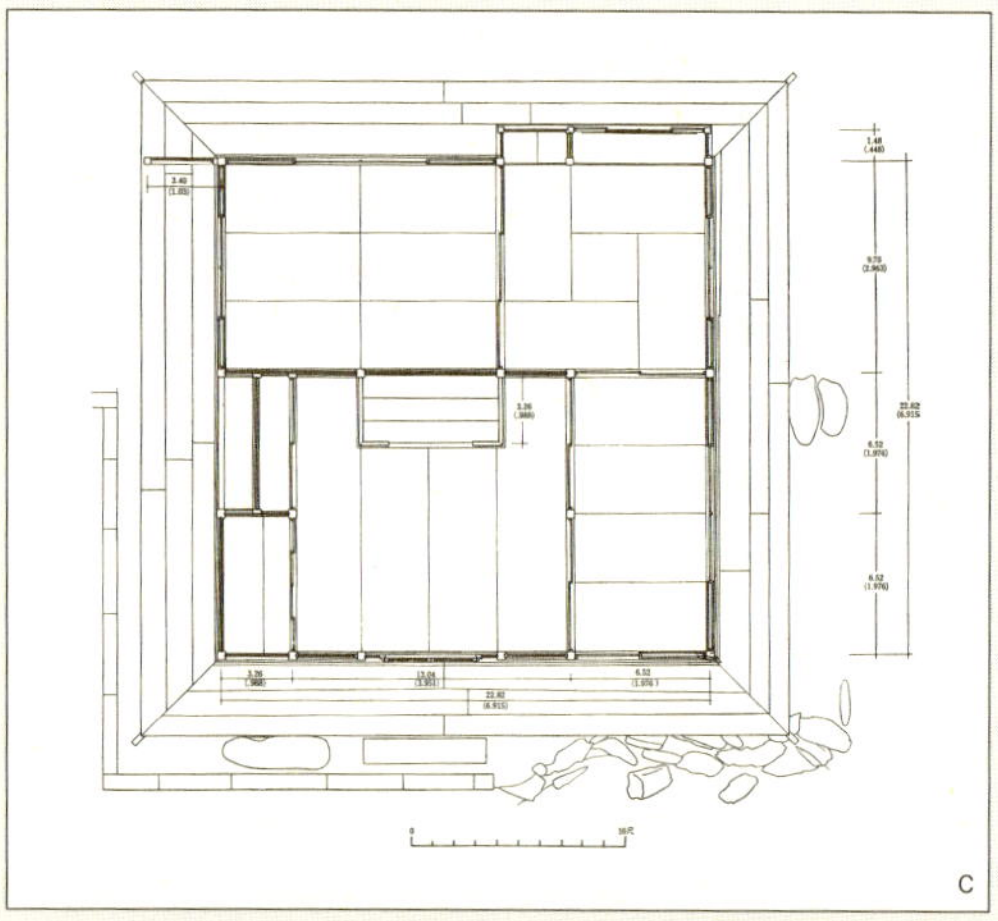

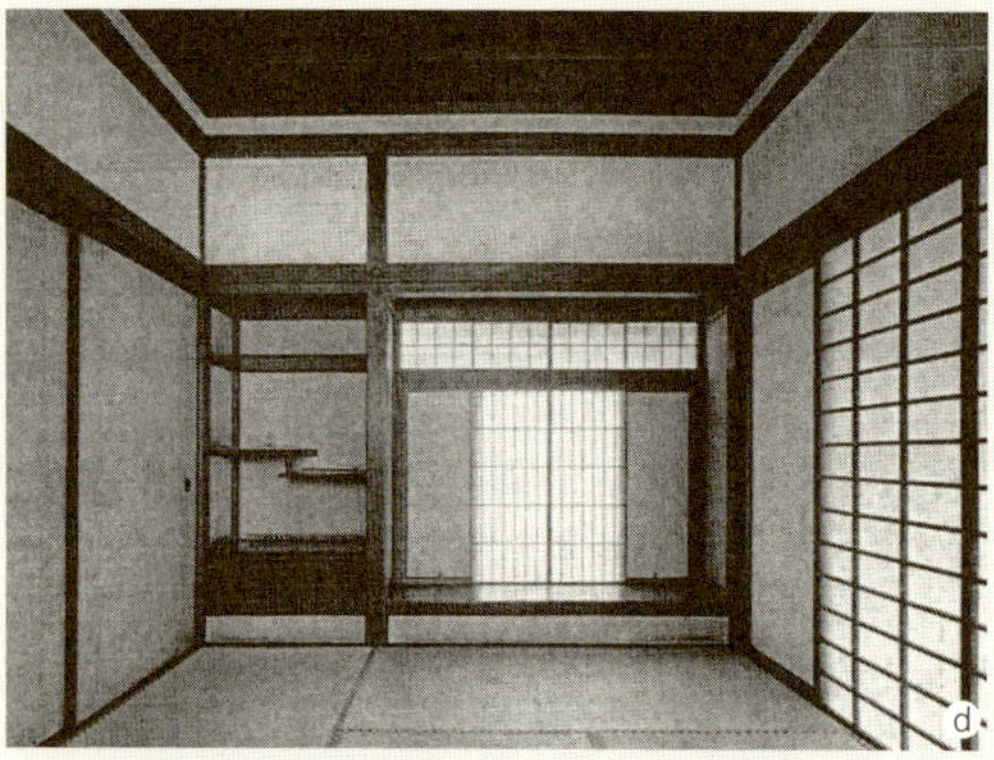

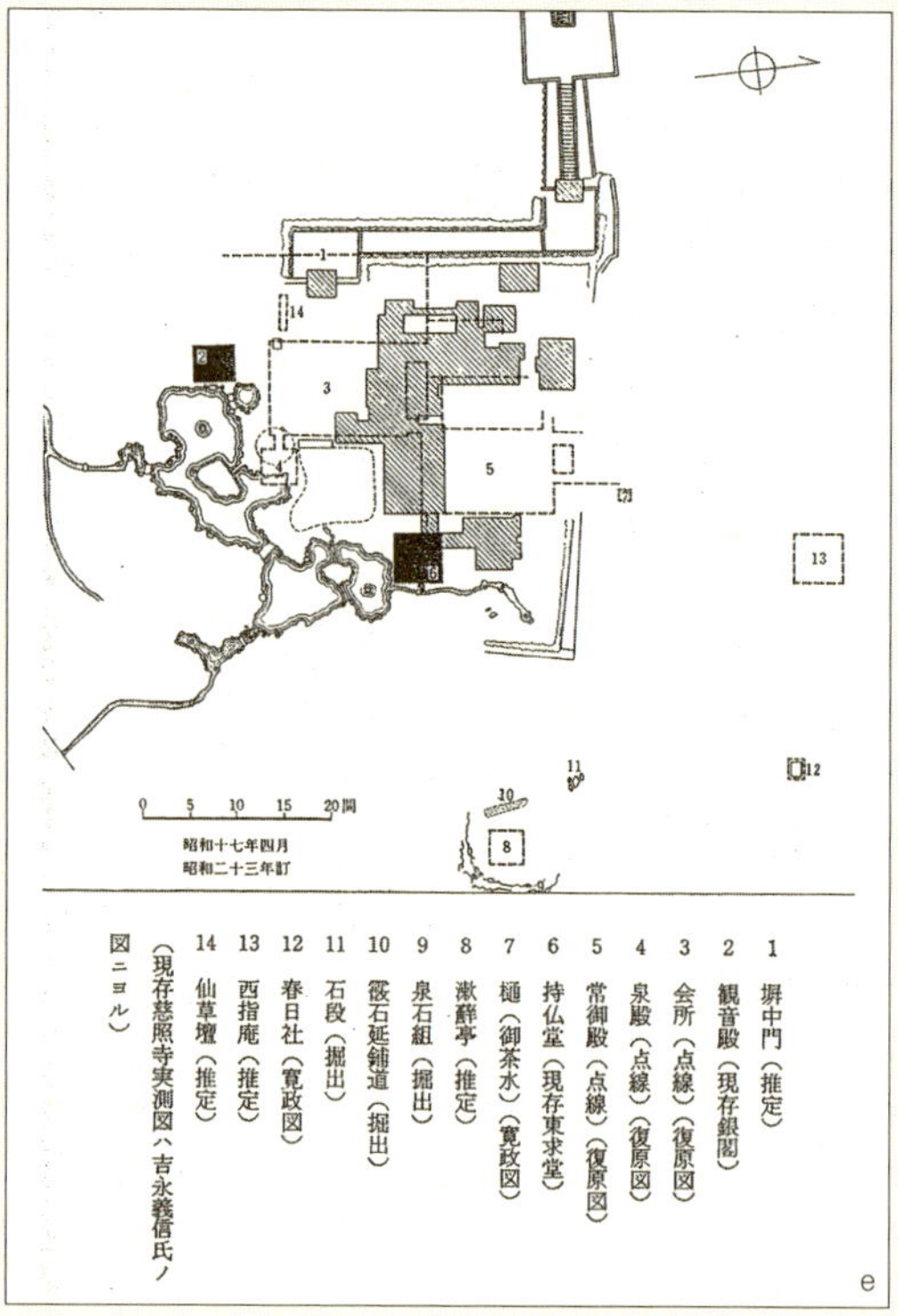

16a–c──慈照寺東求堂平面図、立面図（4面）1486
16d──同、同仁斎｜a–dいずれも出典＝太田博太郎『日本建築史基礎資料集成16 書院Ⅰ』（中央公論美術出版、1971）
16e──東山殿復元図｜出典＝堀口捨己『数寄屋造りと書院造りの研究』（鹿島出版会、1978）

12——腰高障子（聖衆来迎寺客殿、大津市）｜出典＝『書院Ⅰ』｜13——水越障子（三十三間堂蓮華王院、1164）

は鎌倉末期にならないとできない。問題は、そういう小型の採光窓がしだいに大きくなり、ついに「明り障子」に育った、そういう経過をたどっていないところにある。

いきなり、上から下までの半紙貼りの「明り障子」は出現したのである。言うまでもなく、それが東求堂だ［★column——東求堂］。あとから、状況と実用とに即して腰がつき、むしろ、その腰は高くなっていった。

東求堂にあっては、遣戸《やりど》引違いの内側に障子一本を建込んでいる。建具三本を入れるために、ここで鴨居《かもい》がつき、そこに樋端《ひばた》が植えられ、建具三本をガイドしているのである。まさに新規開発、一大技術革新だった。それだけではない。遣戸の内側は襖仕立てとなり、四帖半に対応した、まことにルーミーな空間が成立した。つまり、柱間の半分を採光にあてているのだから、上から下まで半紙貼りにして当然なのである。将軍義政は、ここで日本で初めて、暖かく明るい冬を過ごしたのであろう。近世に向かって駒は動いた（第一章図一六参照）。

これを見習って、いろいろな建物が「明り障子」を入れだした。たとえば、京都・三十三間堂は鎌倉時代の数少ない遺構のひとつだが、三五セットある両開きの「板唐戸」の内側に、あとから上から下までの明り障子を引違いにして入れている。雨が降りだして荒模様になってきたら、小僧さんがあわてて唐戸を閉めないと、障子はだいなしになる——。板唐戸は実に荘重なプロテクターだが、東求堂の場合、遣戸は脆弱にみえる。すぐ外に広めの深い縁がまわり、大屋根が延びて、これを被っているだけなのだ。嵐や雪の日、どう

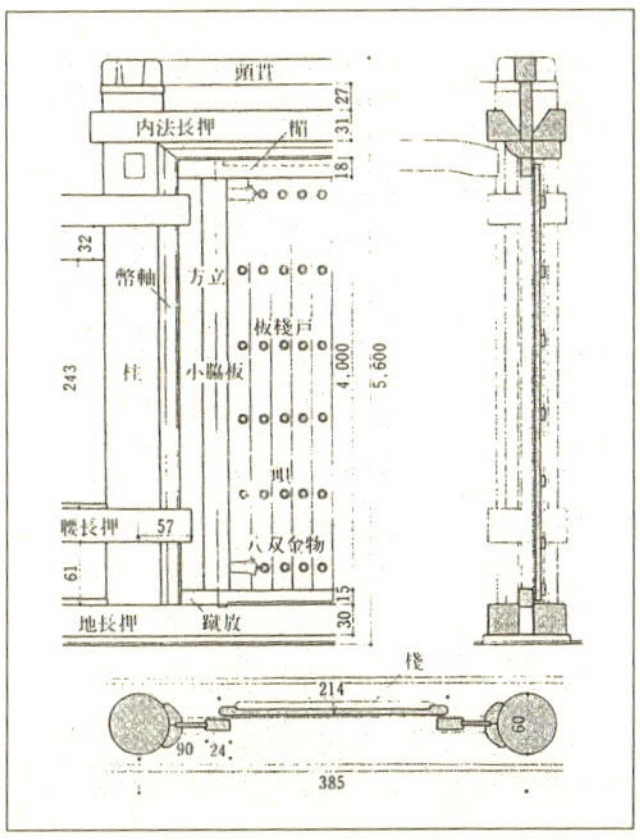

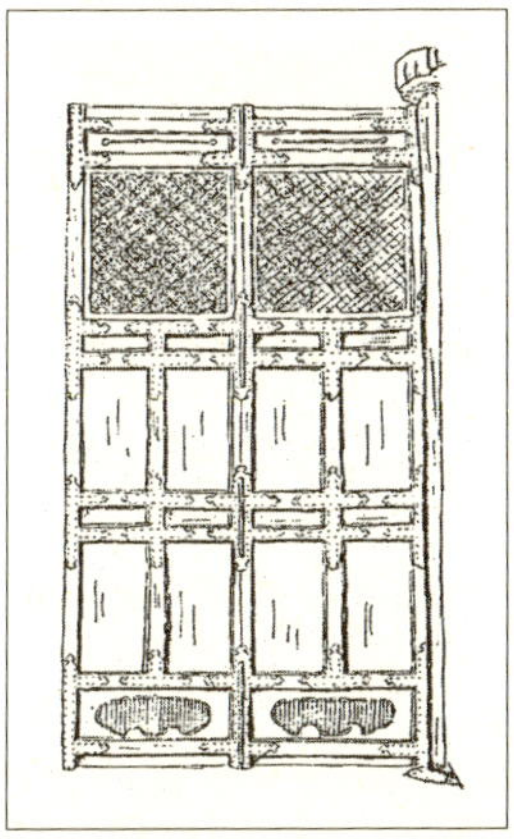

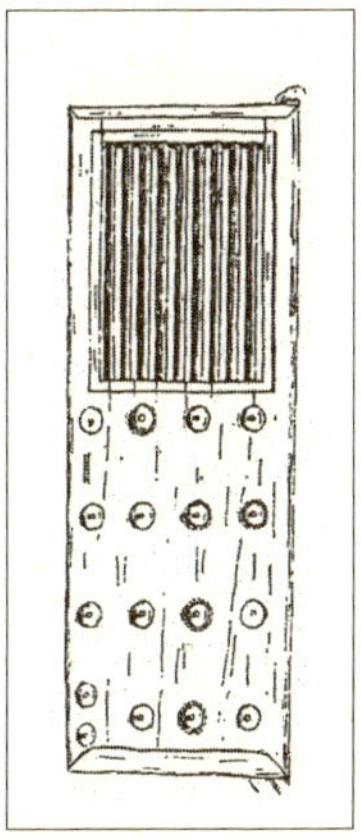

14——板桟戸（唐招提寺金堂、780頃）｜出典＝『伝統のディテール』（彰国社、1972）
15——桟唐戸（妙心寺大方丈、1654）｜16——板唐戸（法隆寺金堂、再建、693?）
ともに出典＝川勝政太郎『古建築入門講話』（河原書店、1966）

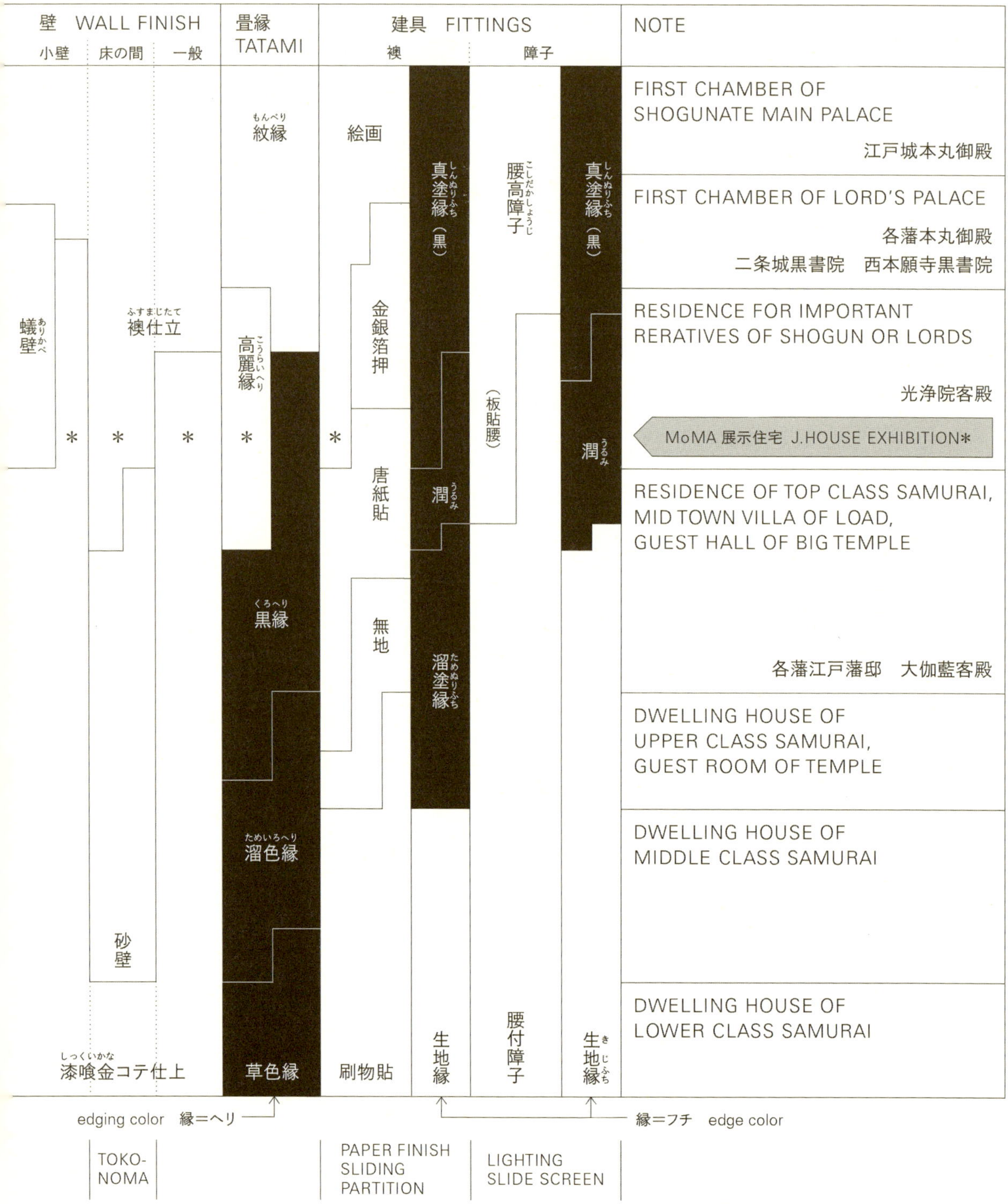

壁 WALL FINISH
小壁
床の間
一般
畳縁 TATAMI
建具 FITTINGS
襖
障子
NOTE
FIRST CHAMBER OF SHOGUNATE MAIN PALACE
江戸城本丸御殿
FIRST CHAMBER OF LORD'S PALACE
各藩本丸御殿
二条城黒書院 西本願寺黒書院
RESIDENCE FOR IMPORTANT RERATIVES OF SHOGUN OR LORDS
光浄院客殿
MoMA 展示住宅 J.HOUSE EXHIBITION*
RESIDENCE OF TOP CLASS SAMURAI, MID TOWN VILLA OF LOAD, GUEST HALL OF BIG TEMPLE
各藩江戸藩邸 大伽藍客殿
DWELLING HOUSE OF UPPER CLASS SAMURAI, GUEST ROOM OF TEMPLE
DWELLING HOUSE OF MIDDLE CLASS SAMURAI
DWELLING HOUSE OF LOWER CLASS SAMURAI
蟻壁《ありかべ》
襖仕立《ふすましたて》
砂壁
漆喰金《しっくいかな》コテ仕上
紋縁《もんべり》
高麗縁《こうらいへり》
黒縁《くろへり》
溜色縁《ためいろへり》
草色縁
絵画
金銀箔押
唐紙貼
無地
刷物貼
真塗縁《しんぬりふち》（黒）
潤《うるみ》
溜塗縁《ためぬりふち》
生地縁
腰高障子《こしだかしょうじ》
（板貼腰）
腰付障子
真塗縁《しんぬりふち》（黒）
潤《うるみ》
生《き》地《じ》縁《ふち》
* * * * * *
edging color 縁＝ヘリ
縁＝フチ edge color
TOKO-NOMA
PAPER FINISH SLIDING PARTITION
LIGHTING SLIDE SCREEN

武家諸法度などから類推される書院造りの主な組成

SEMIOTIC ONTOLOGY OF SHOIN ZUKURI STYLE（1625 -1950）

		TYPE / SIZE OF MAIN ROOM	書院 STUDY	床の間 TYPE OF TOKONOMA	納戸 CLOSET	天井 CEILING
真 FORMAL	真 F	上・中・下３段	上々段《じょうじょうだん》			二重折上 / 天井長押
	行 N	上・下段２段		押《お》し板《いた》		折上《おりあげ》格天井《ごうてんじょう》
	草 C	18 帖＋12 帖		＊	帳台構《ちょうだいがまえ》	格天井
行 NORMAL	真 F	＊ 15 帖＋10 帖	＊	本床 AUTHENTIC TOKONOMA / ＊	＊	＊ / ＊
	行 N	12 帖＋8 帖	付書院《つけしょいん》			鏡板貼《かがみいたばり》 / 廻り縁長押
	草 C	＊＊ 10 帖＋8 帖	平書院《ひらしょいん》		なし VOID	
草 CASUAL	真 F	8 帖＋6 帖		床脇		
	行 N	6 帖＋4 帖半		床の間		
	草 C	4 帖半＋3 帖	なし VOID	吊《つ》り床《どこ》＋置床《おきどこ》	押入	棹縁《さおぶち》天井

FORMAL（F）→'SHIN'　NORMAL（N）→'GYOH'　CASUAL（C）→'SOH'
（F / N / C　English naming was given by Prof. Architect Junzoh Yoshimura, for his student's easier understood）.

＊──TYPICAL JAPANESE HOUSE EXHIBITION of MoMA N.Y. in 1954–55, which was designed by J. Yoshimura Arch., official supported by Prof. Mitsuru Sekino（architectural historian）and his staff.
拙稿「日本のすまいの典型とは」（『住宅特集』2004年８月号、新建築社）参照。

＊＊──10 帖＋(8 帖＋6 帖) layout is the most common layout of early Showa era civilian residences. c.f. plan ① in chapter 1.
Dimensions of lintel-joint（uchinori NAGESHI）, that is laid or not, signifies on the ontology or not, conscious lack; SUKIYA.

していたかが気になる。
大津・三井寺の勧学院、光浄院二つの客殿は、この一世紀後の遺構だ。座敷外周の三本建て建具は同じだが、軒桁を縁側外縁に架けてまで深々と庇を延ばす。ために、広縁の外に落し縁（簀子縁）を足している。プロテクションはすすんだが、その分、座敷は暗くなる。上から下まで半紙貼りの障子は健在だ。

雨戸ができるのは江戸期に入ってからだ。何枚もを戸袋《とぶくろ》に重ねて納め、昼間の縁側はフルオープンに近い。夜や荒天には縁側の外縁でプロテクトできるから、座敷外周は障子だけで画されるようになる。縁側の幅も軒の出もほどほどでよくなった。この機に臨んで障子は実用を追求して、腰がつく。

襖と異なり、障子はもともと素地だった。しかし「真」の座敷では、襖なみに塗り縁《ぶち》を使うようになる。さすがに組子だけは素地だが、塗り縁に沿ってさらに一本組子を流す（付子《つけこ》という）。このような場合、腰は襖仕立てになり、ために腰も高くなって「腰高障子」とよばれる。「真」の意匠とは、なんとも人為的なのである。こうなればこそ、とでも言おう。数寄屋は、障子に腰をつけない。こういう、上から下まで半紙を貼った障子は（ロールの「障子紙」は産業革命以後の製品）、やがて「水腰障子」とよばれることになる。

一方、ゴシック寺院のステンドグラスで同じ課題に先駆的な回答を示したのは西ヨーロッパだった。しかし、都市型宮殿 palace の展開は、鉛ガラスの小片を角切りして鉛でつないだケースメント窓なしにはありえない「★column——一三世紀のステンドグラス」。極西と極東とは、時代と課題とを共有しながら、それぞれ別の回答に達したのである。中東の大理石の透かし彫パネルも同じようなもの、と思われるだろうが、目的は反対、通風にある。そのうえ、これは奴隷的な労働の所産であって、どこまでいっても「民」には届かない。史学上の区分における「古代」の所産だ。

★column——13世紀のステンドグラス

シルクロードをはるかに東に渡ってきた数少ない物産のひとつが、ビードロ（ガラス器）やギヤマン（切子ガラス器）だった。ガラスの始源は古代バビロンやエジプトだという。瓶、杯や装身具に使われてきた。

紀元前後の4世紀にわたってローマンガラスの最盛期をむかえる。「吹きガラス」製法がはじまり、透光性や色の種類も増えている。現存のパンテオン（ローマ、118）は、この時期の後半に建つが、しかし、クーポラの頂上に巨大な開口があるだけ、ランタンさえ載っていない。一方、カタコンベを始源にもつクリスト教会は神秘的な採光のために色ガラスを使ったようだ。これがバシリカ教会に継承された。とはいえ、外気との遮断という意図も機能もなかった。

西ローマ帝国の崩壊以降、ローマンガラスの技術は、東ローマの首都コンスタンティノープルに残ってビザンツ教会のモザイクタイルの華麗な展開につらなり、その陥落（1459）以後はヴェネツィアに継承された。

イル・ド・フランスでロマネスクからゴシックへの転換がはじまるのは10世紀も終わりだ。リブ・ボールトこそ、その構造的な特徴だが、時を追ってリブに集った重力は柱に流され、柱にかかる横方向重力は、その外に組んだバットレスにもたせかけられるようになる。身廊は、組積造としてはありえないほどの開口に富むのである。ここを埋めるのがステンドグラスだが、それは色ガラスによる宗教画にほかならない。それを得るために構造が進化したのか、構造の進化が巨大なステンドグラスを必要としたのか、おそらくニワトリが先か卵が先かという論議だろう。ガラス工費は組積工費に匹敵するほどだったと伝えられている。しかし、石工のギルド（座）はしっかりとして今日に諸資料を残しているが、ガラスの技術資料はない。発掘や組成分析にたよっている。

ゴシックは13世紀に頂点を画する。以前に完成した大会堂も、この時期に増築をして、たとえば巨大なバラ窓のある入口をつけた。大会堂の建つ地の発掘でつぎつぎにガラス片が発見され、各地にガラス工房が営まれたとも説かれるが、そうではなかろう。イル・ド・フランスにそのセンターがあり、ここからケルンにもウィーンにもヨークにもトレドにも送られたのではないか。各地に工人もまた派遣され、現場対応した。その遺跡が発掘されているのではあるまいか。

ステンドグラスとは、色ガラス片を鉛のH型ガスケットでつないだものだ。顔の表情などは手書きして焼き込んでいる（グリザーユ）。巨大になるほどに鉄の力骨を格子状に組んでいるが、見込（厚み）も増えて数センチにもならざるをえない。12世紀後半から、石材の窓枠（トレーサリー）にこれをはめた。巨大な開口のわりに内部が暗いのは、このためである。

このようにゴシック建築の展開をみるとき、まさに、第1回（1096）から第7回（1270）にわたる十字軍の派遣と呼応するのであって、ビザンチンやイスラムの建築を知りえたからこそ、これはありうるのかもしれない。人は、知らないことをなしえない。

註

★一——畳ではない訳

『広辞苑』によれば、他人の言動に非難や揶揄の声を発するという意味で、「半畳を入れる」「半畳を打つ」などと言われたという。

(江戸時代の)芝居小屋で見物人が敷いた小さな茣蓙をさし、見物人は役者の演技が決まった瞬間、「七代目!」などと声をかけて称賛する一方、拙い演技には遠慮なく「大根!」「引っ込め!」などと悪罵を浴びせ、敷いている半畳を舞台に投げ——「言葉の玉手箱二〇」。

この場合の茣蓙とは、今日の薄縁(うすべり=畳表にへりをつけたもの)のような薄手ではなく、ある程度の保温力のある厚手のものだったろう。これなら丸めて輸送もしやすいが、今日の機械縫の畳床でも一枚当り三五キロの重量があり、かさばる。これを梱包して人里離れた山間の隠居に持込めたとも思えない。

すくなくとも、鎌倉時代いっぱい、畳そのものが、高貴の寝具だったろう。

★二——『デザイナー誕生』

「デザイン」という概念が明確なかたちで日本に定着するのは、一九六〇年の初頭だ。それは純粋芸術 fine art との対立軸のなかで認識される。

急に起ったことではない。まずは「分離派建築会」の成立(一九二〇)にはじまり、バウハウス出身者たちの運動がつづき、東京高等工芸(千葉大の前身)、商工省工芸指導所(一九二八、仙台)、工芸研究所(一九三二、自由学園)などがあいつぐ。伝統工芸の近代化・工業化を通じての国民生活の改善に、意識は燃えていたのである。これがならず、敗戦となったのだが、そもそもモダン・デザインと日本の意匠とは、その原理を同じくすると気づくのが五〇年代だ。本論では、第八章でこのことを論ずる。

さて、六〇年代に近づいて日本の経済成長は明らかなテイクオフ(離陸)をとげる。デザインとファッションの時代が始まっていた。

もとより純粋芸術とは西欧近世に局限される特殊現象だと、盛期モダン・デザインの論客たちはやっと気づくのである。観念論美学、なかでもカントの相対化だ。戦前にラジオ・ミシン・自転車の工業段階を達成していた日本は、当時、白黒テレビ・洗濯機・冷蔵庫から、さらに、カラーテレビやクーラーの段階に向かおうとしていた。コミュニケーション媒体論がはじまり、メディア産業が時代の寵児にのしあがっていく。

この機をとらえて、水尾比呂志は、近世日本の美の本質はデザインにほかならない、と説いた。

①アート・クリティーク=能阿弥・紹鷗・利休
②スポンサー=町衆・納屋衆
③インテリア・デザイナー=永徳
④クラフト・デザイナー=織部・乾山
⑤アート・ディレクター=光悦
⑥レイアウト・マン=宗達
⑦アイディア・マン=光琳
⑧テキスタイル・デザイナー=友禅
⑨イラストレーター=師宣・政信・春信
⑩フォトグラファー=北斎・広重
⑪デザイナーなきデザイン=民芸

と章を重ねる。まことに衝撃的な視点だった。美術出版社による「美術選書」の第六回の配本にあたる。六二年のことだった。

当然のことながら、ちくま学芸文庫なり、講談社学術文庫なりに復刻されるべき文献だが、いまだになされていない。残念なかぎりだ。本論の遠い起爆点のひとつもまた、この本にある。

★三——茶席の七礼

方丈に畳を敷きつめれば四帖半、禅僧の茶礼から出発した茶の湯が、この広さの座敷を軸に展開して不思議はない。だが、「座敷」そのものの成立期にもあたって、利休の時代の後半になって、侘び茶の席は、そのアイデンティティをやっと明らかにしている。

ここに至る過程では、縁側から遣戸+障子の四枚立引分けで四帖半につらなる「四聖坊四帖半」、縁側のかわりに土間のある四帖半なども文献上では知られ、ついに「不審庵」にいたった(現「又隠」は千宗旦による再建。一六五三)。

次代を担う意匠リーダーとなった古田織部(一五四三—一六一五)は、これをさらにすすめ、興福寺大乗院の茶席「金翠亭」をつくる(現「八窓亭」奈良国立博物館)。ずいぶん親切かつ手の込んだ四帖台目席だ(台目とは四分三帖大の畳、一般に点前畳として位置づけられている)。この後につづく小堀遠州(一五七九—一六四七)もまた侘び茶の席、つまり「囲い」としては、八窓を好んだ。

入り口はなくてはならない開口、躙口はまさに穴だが、貴人口(裏千家独特のいい方らしい)がとられる侘び茶の席もある→①(番号は図一七・一八参照)。

床の間の採光用に墨蹟(ぼくせき)窓をとる→②。

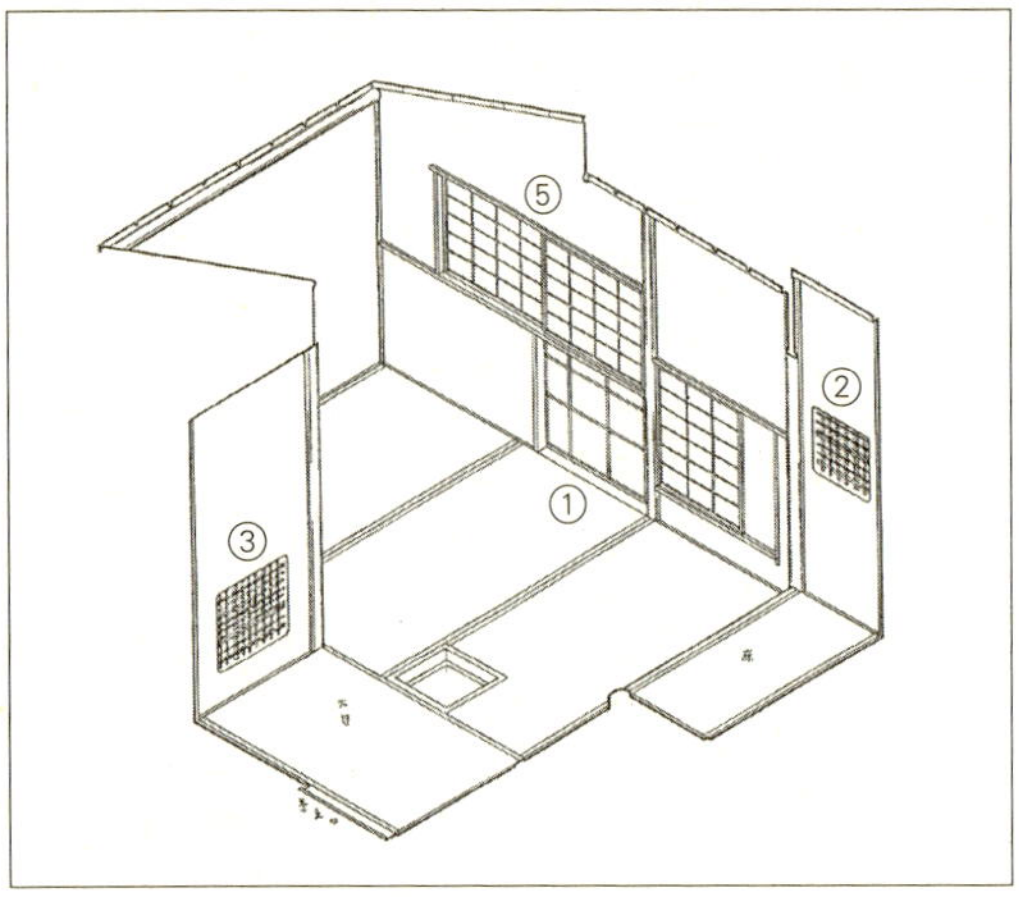

17――「新町屋敷の茶屋」アイソメトリック
出典＝堀口捨己『茶室研究』（鹿島出版会、1987）

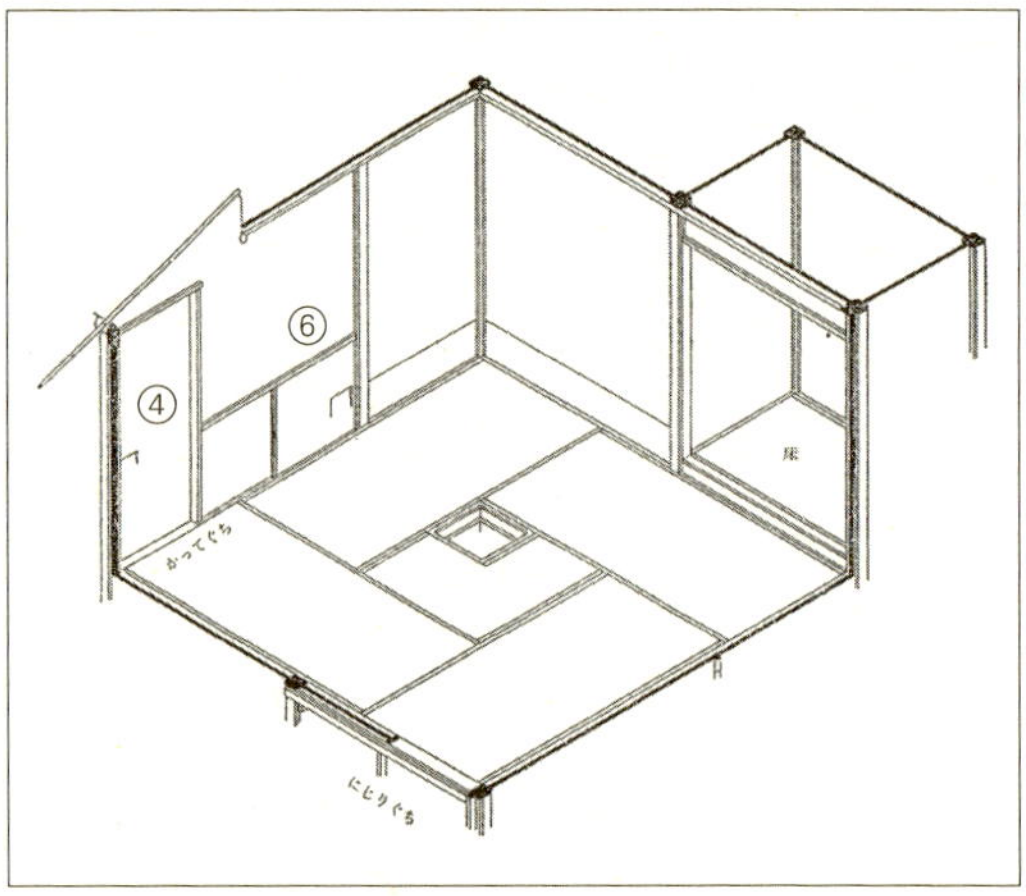

18――「利休不審庵」アイソメトリック
出典＝堀口捨己『利休の茶室』（鹿島出版会、1977）

床柱や中柱などに花掛けをとるが、その採光用に花明り窓をとる。

点前畳の採光用に窓をとる→③。

ここに勝手口、茶道口など襖を一本引きまたは引違いでとる→④。

茶道口は亭主用の出入口として、別に給仕口をとることもある。

炉の上部などの屋根にツキ上げの煙抜（けむりぬ）きをとる。

このように茶室は部分照明の集積なのだが、一般採光用に、二、三窓をとる→⑤。

ほかに、身体不自由な亭主のために、点前畳から使える地袋のような道庫をつけることもあるが、このフタは開口に数えない→⑥。

★四――「近世」という概念

ユーラシア大陸の両端ギリギリに位置する西ヨーロッパと日本だけが、なぜ歴史的発展の諸段階を踏んで今日に至ったのか――。梅棹忠夫の『文明の生態史観』（中央公論、一九六七）がユニークにこれを説明したのも六〇年代だった。

今の視点でこれを整理すれば、封建制という政治機構をつくったことが大きい。領主連合というような意味だ。まとめ役に西欧では王制をとり、その戴冠者にローマ法王をあてた。日本は幕府制をとり、将軍の任官者に天皇をあてた。古代を奇妙なかたちで残しながら、別の世俗権力機構をつくった。それは相当に地方分権的であって、領主は有力騎士（武士）にまた領地を分けて分治させた。

一四世紀に入ると交易がすすんで、中国、東南アジア、インドなどに厖大な富が流れ、この流通や再加工にたずさわった町人はおおいに潤った。これもまた東西は同じだ。農本的な封建制は足下をすくわれ、天下統一による経済再建は急務になる。起こるべくして戦国時代に突入するのである。

フランスではブルボン家、英国ではチュダー家、日本では徳川家による天下統一がなる。強大な国王のもとに国民国家の形成がすすみ、国外に対しては重商主義をとるのである。「鎖国」は徳川家による海外交易の独占であって、いまでは重商主義の一形態とみなされている。のみならず、幕府はことあるごとに大名の国替えをして領地は幕府からの拝領であることを思い知らせるとともに、武家の「公人」としての立場を維持しつづけた。今からみても良くできた制度だ。

「近世」とはこの段階のことをいい、その政治内容を絶対主義 **Despotism** という（近世＝Despotism Ages）。なお、封建制が持続したドイツと、都市国家が続いたイタリアには、この時期がない。しかし、絶対主義は個の認知（ルネサンス）の上にあるところから、一七―一八世紀にかけて政治革命が起こり、資本主義の時代に移行した。日本では明治維新がこれにあたる。独・伊もこれにならう。資本主義が民主主義に移行するのは、各国とも二〇世紀を待つことになる。

なお、その国の産業革命に先立って政治革命をなしとげた諸国が「近代」を制したと説くのは、今村仁司だ（『近代性の構造』、講談社、一九九四）。「列強」とよばれたのは、この諸国だった。たとえばロシアから、この順序が逆転、社会主義革命に至ったと今村は説いた。しかし、「国民国家」そのものの命運が、いま問われている。

3 成立編

Toward off shoes floor civilization: A historic review

夏を旨にするのが日本のすまいだと説かれてきた。調べるほどに逆のようだ。
耐寒を軸に、日本のすまいは進化してきたのでは——。

13 一堂一室

Plan was the plot: 'ARCHITECTURE' was brought within proselytism

布教を鍵に文明はもたらされる

面積で世界最大といわれる仁徳陵は、おそらく五世紀はじめにできた。九州政権にすぎなかった天孫族勢力（倭《わ》）が瀬戸内海を渡って難波（なにわ＝大阪の前身）に進出、全国征覇の足掛りにしたと考えられている。

03節（第一章）でみたように、もともと「倭」は加耶《かや》（任那＝みまな＝古代朝鮮半島の一国）の植民政権だったろうが、いまや、版図も拡大、前途も有望だ。この頃、朝鮮半島各地からの帰化や専門家の集団移住もあいついだ。

技術や学芸の伝来をよろこんで、政権もこれを厚遇する。いつものことだが、半島情勢は緊迫していた。大陸の覇権闘争の波を、まともにかぶっていたのだ。

百済からの仏教伝来（五三八）は、まさにこの頃のことだった。とはいえ、新羅への伝来は五二七年、ほとんどすぐ、百済の聖明王は仏典と仏像とを倭王に伝えたのである。

この仏教の受容をめぐって、天孫族への抵抗勢力は最後の死闘を試みる（壬申の乱、六七三）。だが天孫族は、仏教を受容するだけではなく、律令制という法治主義をかかげ、グローバリズムを推進して、国際的認知をえながら、一方、列島の奥深く東国の平定を果たして、全国征覇をなしとげようとする。天孫族は勝つべくして勝ちとげるのである。当然、漢字・漢文の日本化による、文字の普及をともなっている。

とはいえ、半島情勢は深刻だ。幾度にもわたる「倭」からの援軍派遣の甲斐なく、百済は新羅に亡ぼされ（六六八）、大陸中枢の「隋」政権も建国二〇余年で命脈はつき、「唐」が樹立されている（六一八）。大陸の戦役は民をまきこんで凄惨のかぎりをつくす。幸いにして日本では権力者相互の争いでしばしば事は終わっている。これが続々たる帰化者を誘い、この気風がその後の日本をつくったのではなかろうか。

さて、建物 building と建築 architecture とをことさら区別して論じたのは、N・ペヴスナーだった（『ヨーロッパ建築序説』新版、小林文次ほか訳、彰国社、一九八九、原著一九四三）。

「建築」を日本人が知るのは、仏教の伝来を待つことになる。『日本書紀』によれば、大化改新（六四五）までに、飛鳥寺、四天王寺、法隆寺、各国分寺、国分尼寺など四六の仏寺が建っているのである。ただし、全部の完成は平安期に入ってからのようだ。「文明」の証左を寺院で示すことによって、天皇家による日本征覇はすすんだ。

瓦葺きの屋根、丹（に＝朱）塗りの堂々たる軸組、ヒンジ吊りの板唐戸《いたからど》、敷瓦《しきがわら》貼りの土間、切り石の基壇と基礎、その上に敷かれる土台、そこから建ちあがる架構、闇夜に灯明を絶やさない灯籠《とうろう》、回廊で明確に画されて灯明を照り返す白砂……。第一章にみた「家屋文鏡」に刻まれたのは、それまでにあった建物だが、自然発生的なその姿と、あまりに対比的だった。

永続性ある堅牢で本格的な構築、自然に対して屹立する文明の営為、区画して行き届いた人為――あたかも浄土！――、これこそ「建築《アーキテクチャー》」の概念にほかならない。これらは百済系の工人集団の手になるものだが、実はそこにも仏教は入っ

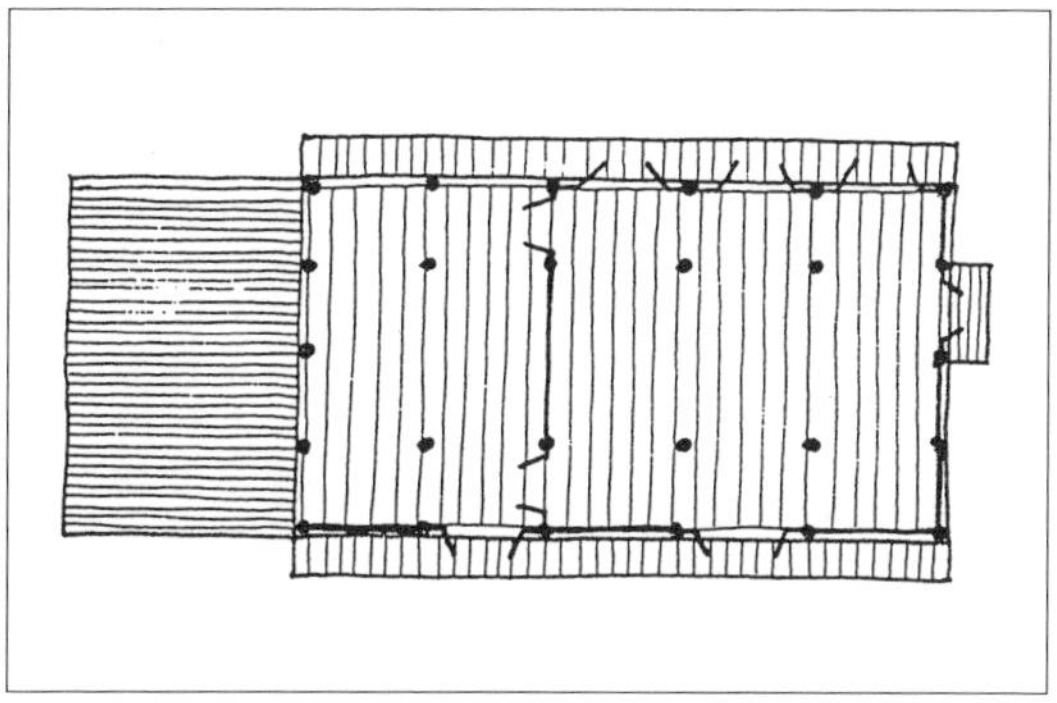

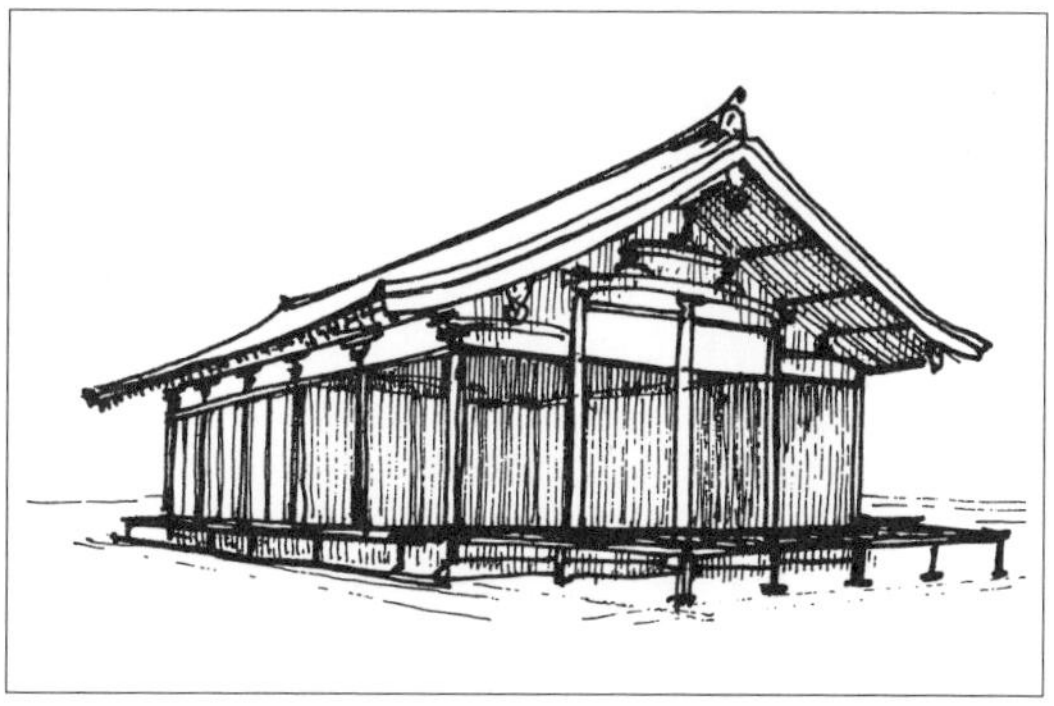

1――伝法堂前身建物の復原図｜左：平面　右：南側からの外観。
復原は浅野清、ドローイングは平井聖。出典＝平井聖『図説・日本住宅の歴史』（学芸出版社、1980）

たばかり、むしろ大陸的な構築とでもいえようが、倭人にとっては仏教の所産として、それは見えたのである。とくに国分寺や国分尼寺の建設で各地に派遣された工人たちは、それぞれの地に革新的な技術をもたらし、土着人（縄文人）や倭人との通婚もすすんで、日本そのものが文明圏に昇格してゆく。

さて、これを範として覇者の殿舎（最高権力者の住居兼用宮殿）をどうつくるか、これが次の課題だ。

しかし、奈良時代は一〇〇年にみたない。遺構として残るのは橘夫人の殿舎だったといわれる法隆寺「伝法堂」（の一部）と、平城（京）内裏《だいり》跡などだけだ。うち、伝法堂前身建物の復原が度々試みられている。南北に長い二室住居であり、その南には大きなデッキがついていたとされるのである。

平安内裏では主な殿舎は東西に長い。が、対屋（たいのや＝附属屋）には南北に長いものもある。では、橘夫人の殿舎はどうなのか。これを解く鍵はデッキだ。家屋文鏡に刻まれた建物のうち、高床式だけには、床と地盤との中位に広いデッキがある（二二頁参照）。ここから水田耕作を見守ったのだろう、と平井聖はいう（後出書）。平城京跡の発掘からは、条里のおよそ三割にしか建物跡は出ないとも言われる。残りは田畑だったのだ。とはいえ、この殿舎のデッキもまた田畑に臨んでいたとは考えにくい。「建築」である以上、それが面するのは「庭園」であろう。文明段階で営まれるのは、当然ながら二室住居であり、その内実は、デイルームとナイトルーム、それが南北に連なっているというのも、ごく自然なことだ。

ただし、この時代に畳はない。せいぜい厚手の筵《むしろ》が寝具だったろう。部屋の六面に何の断熱処置もない冬の寒さは想像を絶する――。だが、明確な「建築」への志向があり、瓦葺きの屋根は切妻《きりづま》にして、非仏寺を表示しているのだろう。殿舎の展開は確実だ。

一方、平城（京）内裏跡の発掘からは、仏寺の伽藍配置に似た左右対称の、回廊で囲われた殿舎配置が見てとれる。ここでは、主な建物は仏寺に似て東西に長かったが、各建物は充分に廊で接続させているとは言いがたい。これは仏寺風だ。大化改新以後、宮廷風俗もまた百済風から唐風へ一新されたが、といって土間に家具を置く習俗に転じたわけではない。遺跡が高床系であることを明らかに示しているのである。寒く不便、かつ不自然な宮廷生活が展開されたに違いない。

権威を表示しようとすればするほど、「建築」たらざるをえなかったにしても、その範は仏寺に求めざるをえなかったのが、この時代だ。そこが最高権力の表示装置であったにしろ、住宅である以上、高床建物であることはまぬがれていない。

もともとは植民者であれ帰化者であれ、何世紀にもわたって日本に住みついて現地通婚を重ねた相手もまた、もともとは江南出身者が主流だ。さらに言えば、人間（ホモサピエンス）そのものが、北東アフリカに出自し、どこにもかしこにも、たどりついている——。江南の、湿潤の酷暑を生き、その風土に根ざした水稲耕作を日本にもたらした人々の日常は、当然、涼しい高床でもともと営まれていたろう。すでに見た通りだ。おそらくは、この生活文化を軸に、日本では「文明」は新たに編まれる。上足と下足との儀式的ともいえる峻別の様相を、時を追って深めていくのである。

江南を逃れた人々の一部は朝鮮半島の南部にもたどり着いている。「東南アジア・モンスーン帯」からやや外れた、より寒冷の気候で、どのような上足文化が営まれたか、のちほど再び触れる機会があろう。

14 蔀《しとみ》・御簾《みす》・軟障《ぜじょう》

SHITOMI, MISU, ZEJYOU: Pillar to pillar fittings of earier Japanese type

建具の前期日本型

平安遷都から鎌倉幕府成立まで、実に四世紀（三九八年間）の命脈を保ったのが「平安時代」だった。政権のこれだけの長命は、世界史的にみて類例が少ない。この間、最初の一世紀は遣唐使も派遣している。だが、唐の衰亡を前に、充分な時間のなかで育まれるべくして国風文化は育まれた。

建築における国風文化とは何だろう。

緻密に検証できる例がユーラシア大陸の両端部に展開される。西ヨーロッパの場合、ゲルマン系（サクソン人）のキリスト教改宗が、ケント王エセルバートのもとで顕在化する。五九七年のことだ。日本への仏教伝来の年代、五三八年と近似する。ローマ帝国の前線基地としてかねて築かれた城壁 **city wall** は、スコットランドにもデンマークにもあった。

豊かな森林資源に恵まれて暮らす彼らにとって、改宗のあかしは木材によってではなく、石材をもってローマ風に教会を築くことだった。つまり、ロマネスクは白鳳・天平文化と時を同じくするものであって、その生硬さにおいて、まことに類似するのである。

のみならず、ついでゴシックの文化と、弘仁・貞観文化もまた同時期に花を咲かせる。いずれも、グローバルな技術と美意識とに長じているうえ、独特かつ芳醇な領域に達している。しかし、ともに居住性に大きな課題を残してもいる——。

とはいえ、ゴシックの組積造でさえ、たとえばフランスでは一九世紀にヴィオレ・ル・デュックの大改修を経て今日に姿を保っている。まして居住の場をかねた木造の寝殿造りが、そのまま今日に継承された例がある訳ではない。京都御所さえ、同じく幕末の復古・復原的な再建によって、その中心部分を今日に伝えているのみだ［★一——「安政度御造営」における考証］。

「寝殿造り」は、それが時代の規範となって今日にまで影響の残る遺構、たとえば平等院鳳凰堂、法界寺阿弥陀堂、宇治上神社などの非居住建築を通じて計り知るしかない。あるいは文献的・考古学的な研究の成果を参照するしかわかりようのな

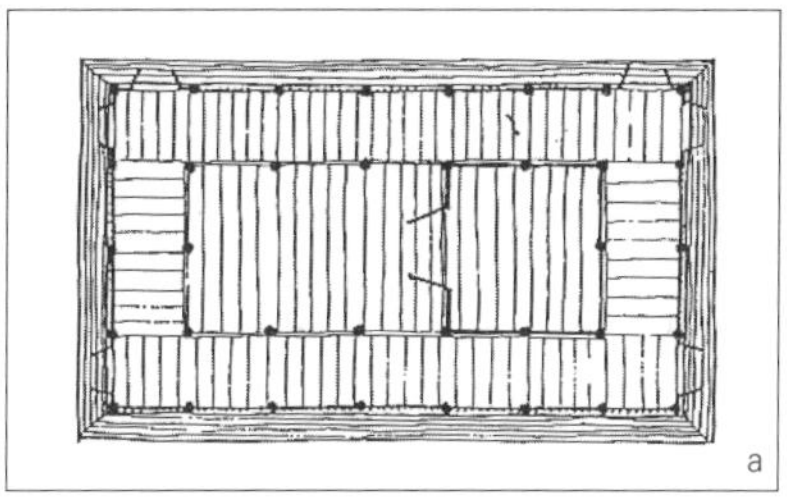

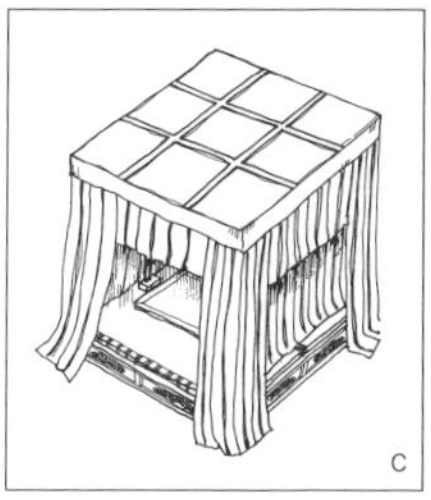

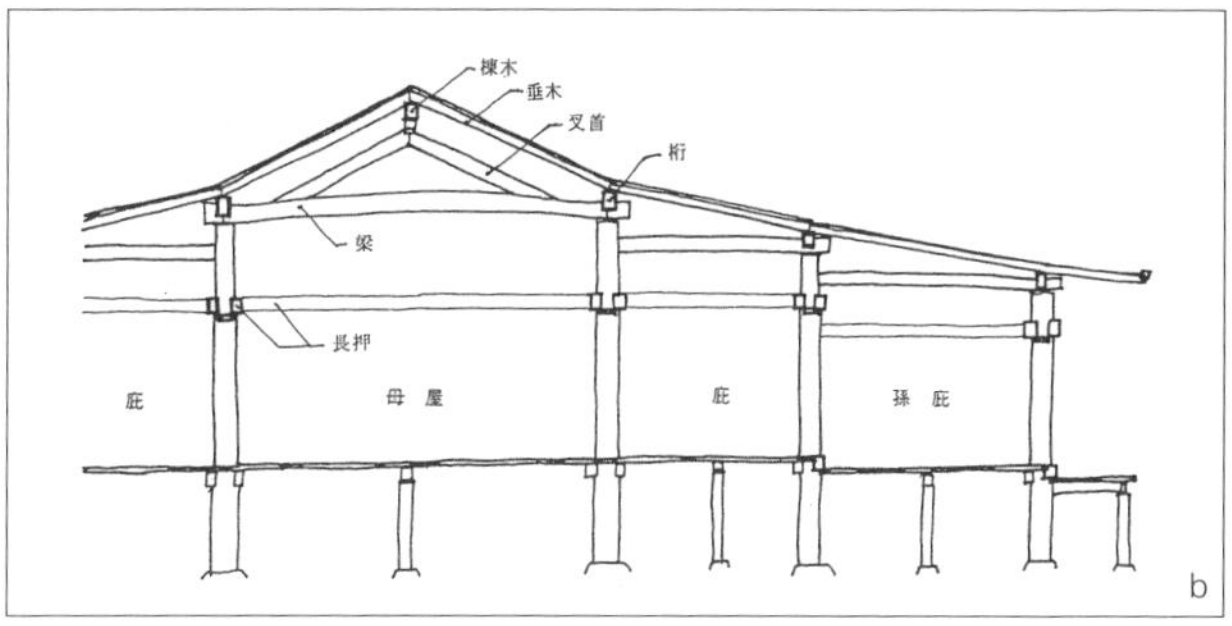

2――寝殿造り
a――平安時代の小規模な寝殿の基本平面（想定）。
b――寝殿の梁行方向の断面図。
c――御帳（みちょう）。塗篭に置かれる
貴人用のキャノピーつき寝台、夏は外に出す。
d――法住寺殿復元図＝最初に院政をひいた
白河法皇の御所として使われた。
a、b、c、d――出典＝平井聖『図説・日本住宅の歴史』
e――京都御所紫宸殿をモデルとして描かれ、
また1930年代の認識であるため、塗篭が省かれている。
出典＝近江榮ほか訳編
『建築家・吉田鉄郎の『日本の住宅』』（SD選書、2002）

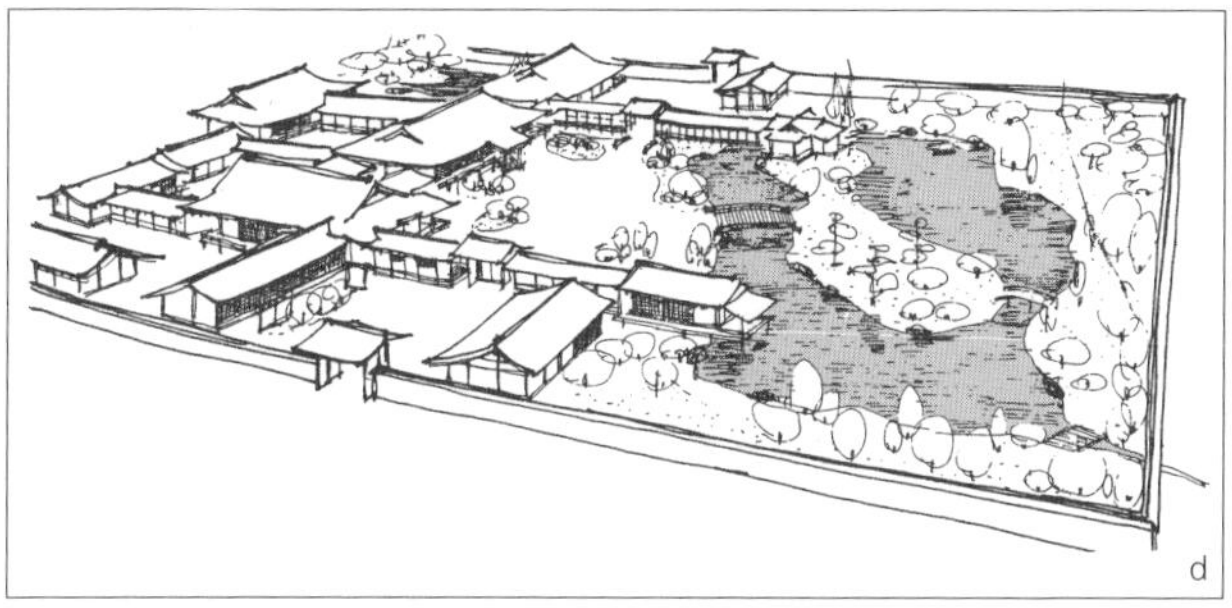

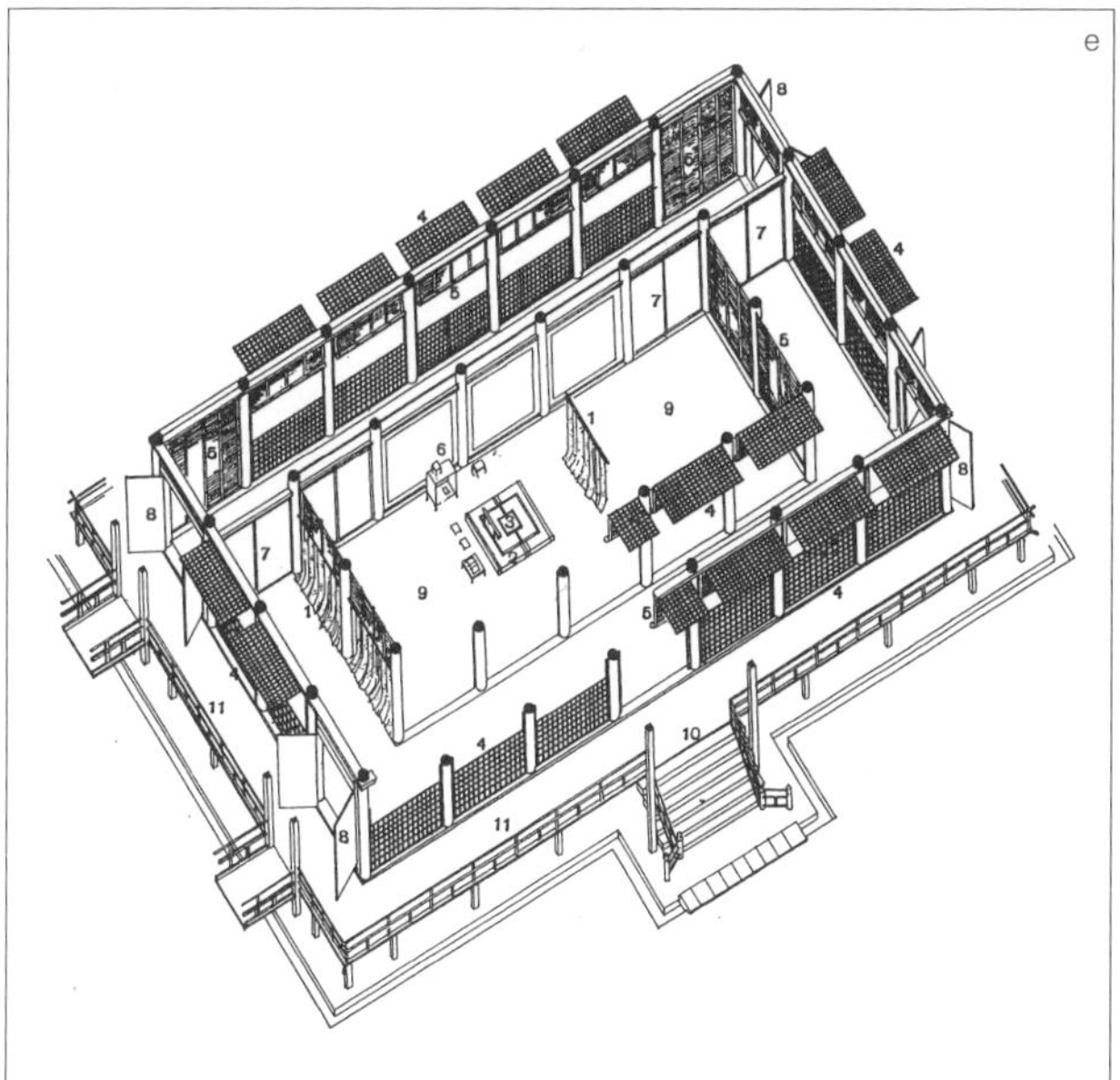

1――几帳（きちょう＝可動の風よけ仕切）。2――置き畳。3――茵（しとね）「地敷」をまず敷き、その上に茵を置いた。4――蔀（しとみ）。この場合、当然だが、外開きの半蔀が描かれている。5――御簾（みす）。置畳をはさんで几帳の反対側に軟障（ぜじょう）が見える。この外側にも御簾を吊る。6――台子（だいす＝棚物（たなもの）の一種）。7――堅聖障子（けんじょうしょうじ）10節参照。8――板唐戸。12節参照。9――貼り床。10――階（きざはし＝昇殿口）。11――廻り縁。
番号は原著のままを使ったが、解説は著者による。

いのは少し残念なところだ。

つまり、奈良期の殿舎が仏教建築から深く影響を受けて成立しているのに対して、平安期の場合、寝殿造りという殿舎建築から、逆に深い影響を受けて宗教建築もまた姿を得ていることが特徴的なのである。弘仁や貞観文化に代表される王朝風俗とは、成熟によってもたらされた独自にすぎる（かならずしも合理で説明をしきれない）感性と美意識だ。国風文化は、あたかも成立したのである。

外から見て、とくに特徴的なのは蔀《しとみ》だ。アクソメに見る通りである。

当時の柱間は約一丈（一〇尺＝三メートル）、南面して三―七スパンが並ぶ。円柱から円柱へ少なくとも二分された蔀が柱間を埋めている。よく知られているのは、さらに六対四程度にそれぞれが上下分割され、上の蔀は吊り上げ、ぶら下がった金具で開状固定する。下半分は締りを外せば必要に応じてとれる。こういう蔀を半蔀《はじとみ》と呼ぶ。蔀は、見込（厚さ）五センチほどの框《かまち》に、見付二センチほどの格子を五―六センチほどの間隔で組んだもの。これは漆で真塗りされ、中板（厚さ一五ミリほどで胡粉《ごふん》塗り。胡粉とは貝殻などを粉体にした白色顔料）をはさんで内外に組まれる。仏寺の「板唐戸」や「桟唐戸」とくらべて見るからに軽いが、吊り下げたり外したりするには男二人の力がいる。

学校で建築を学ぶと「日本建築史」は必修、だれでも「間面《けんめん》記法《きほう》」は習っている。この時代の建築は、軒行《けたゆき》三―五スパンの母屋《おもや》（奥行きは二スパン）から「庇」を出して内部空間を拡大したのだが、これが何面に回されているかを簡潔に表示したものだ。さらに、その外に「孫庇」を出し、その下に濡れ縁をまわす。

蔀は、「庇」外周の柱間を覆うのである。そのすぐ内側に御簾（みす＝すだれ）を吊る。さらに、

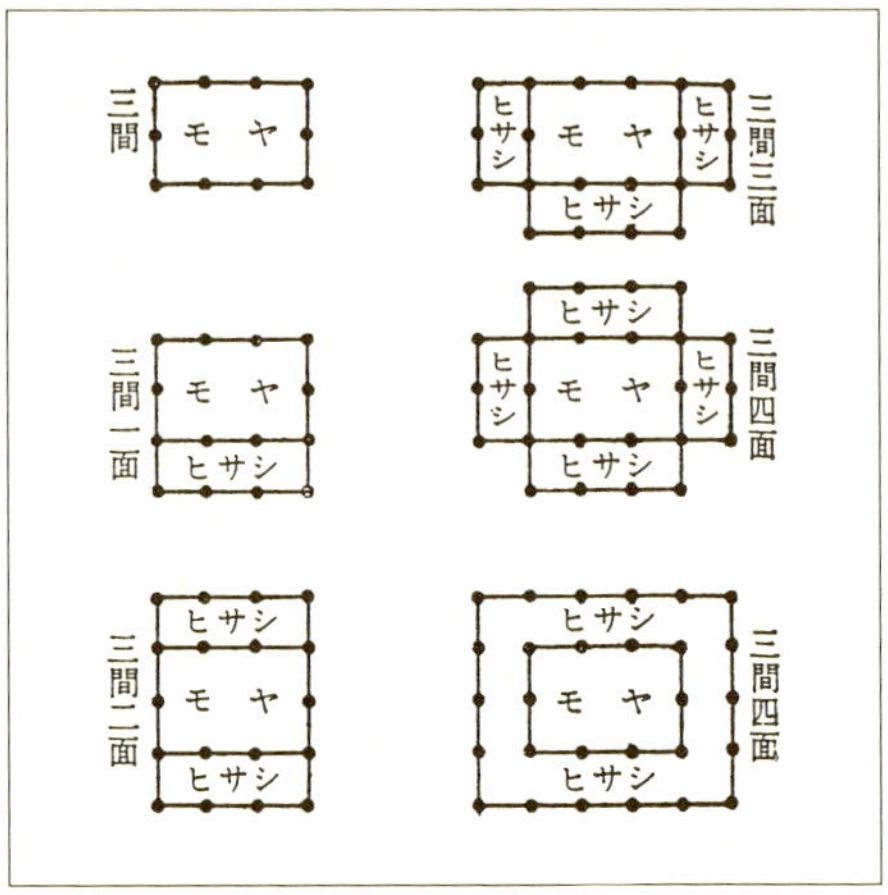

3――間面記法｜出典＝太田博太郎
『日本建築史序説』（増補第2版、彰国社、1989）

★column――京都御所（京都市上京区）

まず、★1（「安政度御造営」における考証）をご覧いただきたい。

現在の「京都御苑」は南北に1250メートル、東西700メートルの緑地帯をなし、都市公園、大宮御所、仙洞御所庭園、宮内庁京都施設などが点在するが、その中心をなすのがここにプランを挙げた京都御所にほかならない。

その、さらに中核が紫宸殿を中心にする「安政度御造営」の一帯、建礼門、承明門と軸を合わせて紫宸殿（a）が建つ、そのプランはcに示したが、固禅による復元プランはdに示した。この案には、西庇に「塗篭」がとられている。同様にeが現状の清涼殿だが、fが固禅によるもの。この施設は、昭和天皇の即位にも現に使われた。

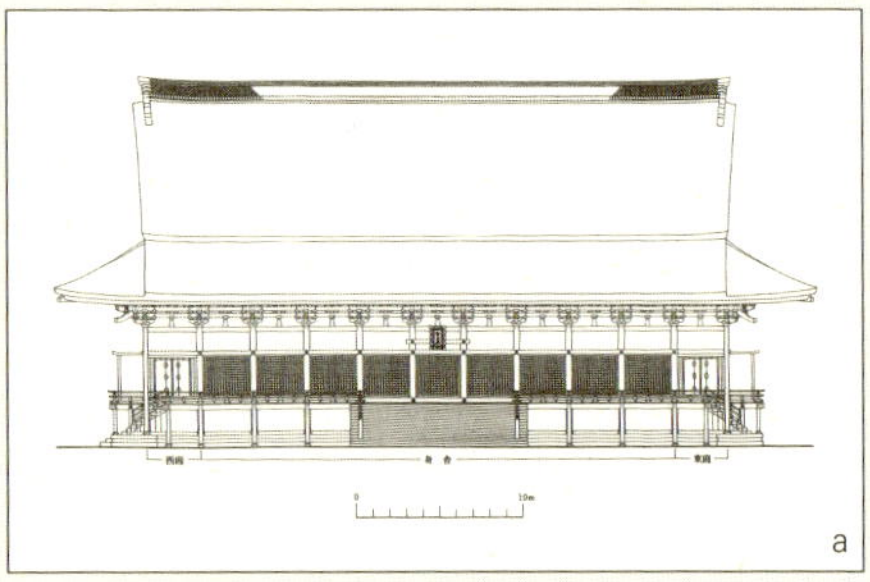
a

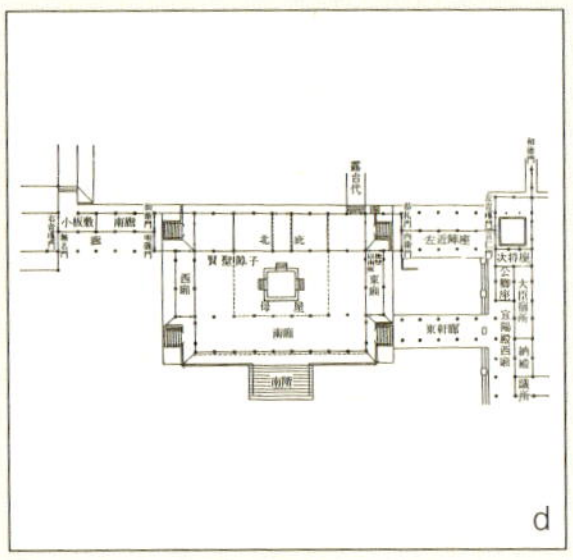
d

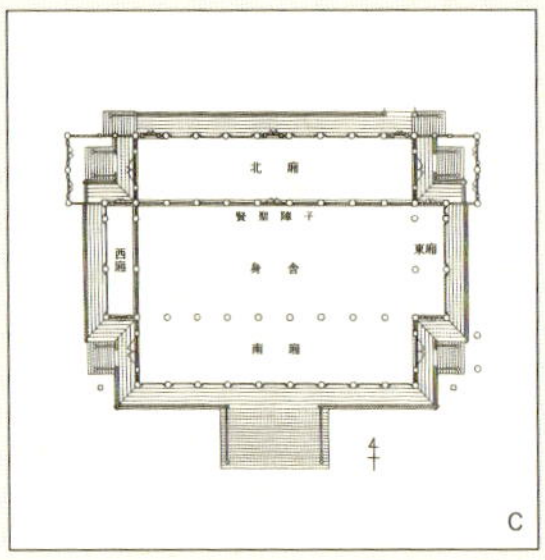
c

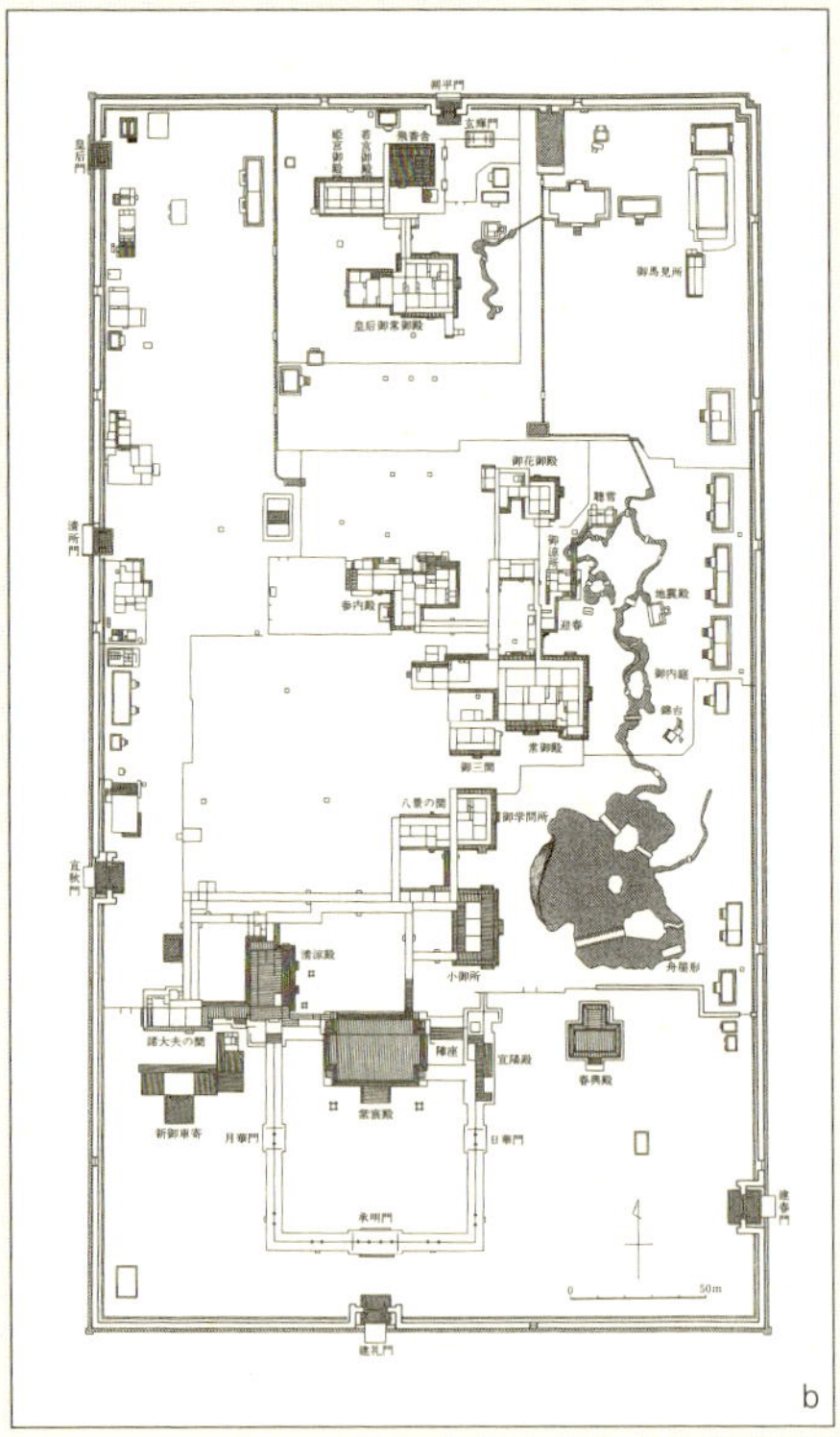
b

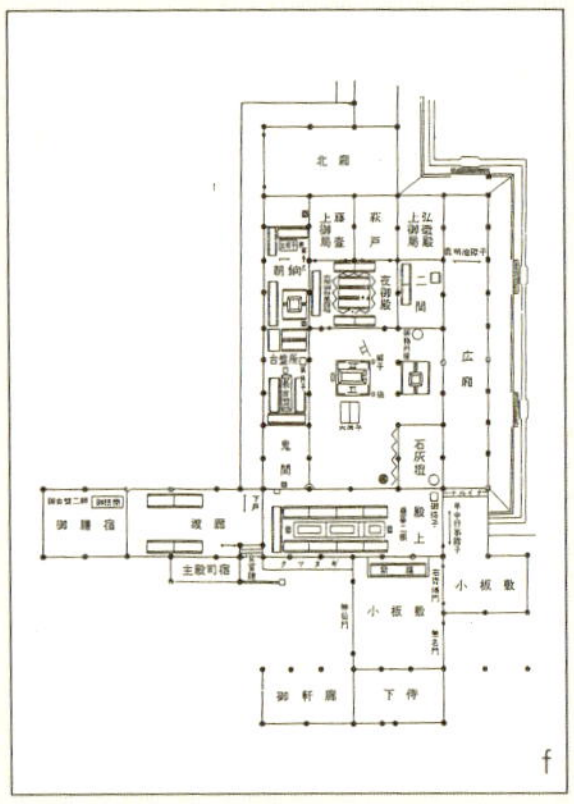
f

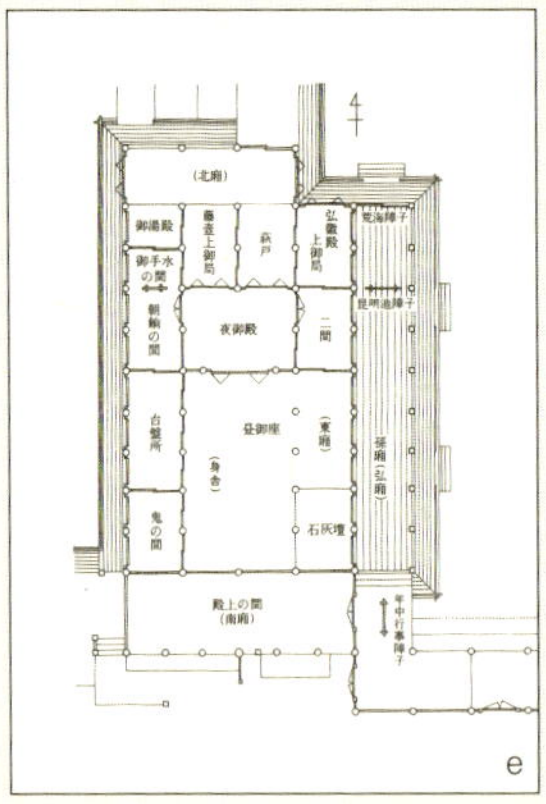
e

出典＝d、f――藤岡通夫「寝殿造と京都御所」
（『世界建築全集 第1巻 日本Ⅰ・古代』、平凡社、1961）。

母屋の外周で御簾をもういちど吊り、そのすぐ内側に、薄絹《うすきぬ》でできた長のれんのような軟障《ぜじょう》を吊る。さらに生活圏のすぐ傍らに几張（きちょう＝自立ハンガーに絹布をかけた風除け）をめぐらす。度々論じてきたように、冬はこれでもどうにもならない。塗籠に逃げ込むしかないのである。

塗籠《ぬりごめ》は母屋の一―二スパンを塗り壁で囲ったもの、「寝殿造り」とは、これがあって住みうる。実在する塗籠は各地に残る古民家のなかの「でい」「納戸」などのほか、京都御所・清涼殿の「庇」の一部にかろうじて残されたが本来は「母屋」のなかに取られる。

京都御所の場合、中心施設である紫宸殿は国家行事の最高位執行所だ。この南に左近の桜、右近の橘が配された白洲（しらす＝白砂利敷き）が広がり、行事の際には高官が居並ぶ。しかし、武将は昇殿を許されない。殿上人《てんじょうびと》は皇族と公家だけだったのである。おそらく、すさまじく仰々しい儀式こそが、当時、「支配」の実態だったのではあるまいか。

何が言いたかったか。こういう第一公式儀式用建物だけが、蔀を内に上げ、その外に（！）御簾を吊っている。少しでも実用性のある舎殿は、こうであるはずがなかろう。

寝殿造りの成立する敷地は、一町四方を単位としたと言われる。一町とは一〇九メートル、実に三六〇〇坪だ。条里制の都市構造と深く関連しよう。平安遷都（七九四）の段階では、南北一七五三丈、東西一五〇八丈の都市規模、つまり五・二キロ×四・五キロが想定されていた。仮に二〇〇（町）単位があてられて貴族や高官の寝殿造りが営まれていたとすると、これだけで規模の一割にもあたる。巨大な大内裏や幅八二メートルにも及ぶ朱雀大路などインフラを差し引くと、残りはわずかだ。東三条殿の復原図などを見ると大規模な造営では三―四単位も使われたろう。

敷地全体を築地塀で囲って南半部に巨大な池を掘って風景式庭園をつくり（第七章参照）、白洲に連続させる。ここに南面して主殿たる「寝殿」は位置する（こう定型化されたとき「塗籠」は形式化されるか、なくなっているか、どちらかだろう）。この両脇と奥に「対屋《たいのや》」が建ち、両脇の対屋から渡り廊下（高床）を池までまっすぐに延ばす。その先端に「釣殿」「泉殿」がついて池に張り出している。渡り廊下の中央には白洲に連なる門がつく。だから「中門廊」というが、外門から入ってきた牛車（御所車）をここで降りて廊に移り、対屋の廻り縁を経て寝殿に達する昇殿口になっている。それなら中門はなくてもよさそうなものだが、白洲に居並んで儀式に参列する人たちは、中門から直接、白洲に入ったにちがいない。

寝殿造りで特徴的なのは、外門から中門までの外庭と、左右の中門廊で画された白洲と二重の中庭で構成されていることだ。その意味では大陸の宮殿形式が踏襲されているが、しかし、左右の中門廊はしだいに非対称化し、左右の対屋の対称性がなくなっていったことが明らかにされている。

国風文化たるところとはいえ、平安期のある時代を輪切りにしてみて、こういう典型的かつ広大な寝殿造りが、日本中に何件営まれたことか。それこそが、「古代」という時代にほかならない。

平井聖が説くように、各地の地侍たちの造営は明らかに寝殿造りの影響下にはあったろう。西側からだけ短い中門廊を出し、柱と柱との間を蔀と御簾で被った姿だったろうという。平井は、これを「ミニ寝殿」と呼ぶが、むしろこのほうが普遍的と言えるかもしれない（『図説・日本住宅の歴史』学芸出版社、一九八〇。名著として知られるＮＨＫブックス同名書――一九七四、絶版――の拡充版）。

申し添えるが、西欧にあっても事情は同じだ。中世の全期間を通じて、民家では、部屋にひとつあて穿たれた小さな窓には、小穴をあけた板戸を外開きにヒンジ吊りし、風を除けて明かりを入れる薄地のカーテンをまず吊り、さらに防寒用の厚手のカーテンを吊った。これが、今日のケースメント・カーテンとドレープ・カーテンとのダブル吊りの始源だった。

15 置き畳

PUT ON TATAMI: As a leg-less furniture

貼り床文化の文明化過程

一九八〇年代に入って、ドイツでは、BAUBIO-LOGIE（バウビオロジィ＝建築生物学）なる実学が広がりだした（岩村和夫『建築環境論』SD選書、一九九〇）。

ローマクラブの「地球有限論」にはじまる七〇年代以降は、二度にわたる石油ショック、スリーマイル島とチェルノブイリの原子力発電所大事故などに続々と襲われる。省エネルギー社会の構築こそ、文明の最後の生き残り策だという認識がしみわたった。

高度工業化社会の一方の雄、日本もまた、真剣かつ深刻だった。

戦後、一貫して製品小型化を通じて高性能化を達成、国際価格競争に競り勝ち続けた実績がある。結果として、一人当たりのエネルギー消費量を優等生ドイツの四分の三にまで切り下げ、さらに省エネ製品を普及させることで、国内市場の活性化さえ維持した日本だ。

内断熱から外断熱へ、低質エネルギー資源の活用、コ・ジェネの推進など、日本の建築エコロジーの中核を担ったエンジニアに葉山成三がいる。空気温度の制御を軸に展開してきた近代の暖房や空調の技術体系を疑った人だ。床暖房は日本が最先進国だが、そもそも室内空気温度の制御ではない。それがなぜ利くのか、と葉山は問う。

当時、すでに実用段階だったデジタル・サーモグラフ（表面温度計）を駆使、戸外にあって人間の温感はたしかに気温に左右されるが、室内にあっては、床の表面温度が第一義的だったことをつきとめる。もともと、人は白熱灯一〇〇Wほどの発熱体であり、その排熱が適切ならば「快」、排熱速度が速すぎると「寒」、遅すぎると「暑」と体感される、と解き明かした。ちなみに、床の表面温度二五℃のとき、人はもっとも快適だ。体温より低いエネルギー源（たとえば排湯）で、暖房は可能だと説いたのである［★二──エクセルギー理論］。

長々と、なぜ、こんなことを書いてきたか。寝殿造りの床は、書院造りよりもずいぶん高い。しかも床が床である以上、用材は堅木（かたぎ＝広葉

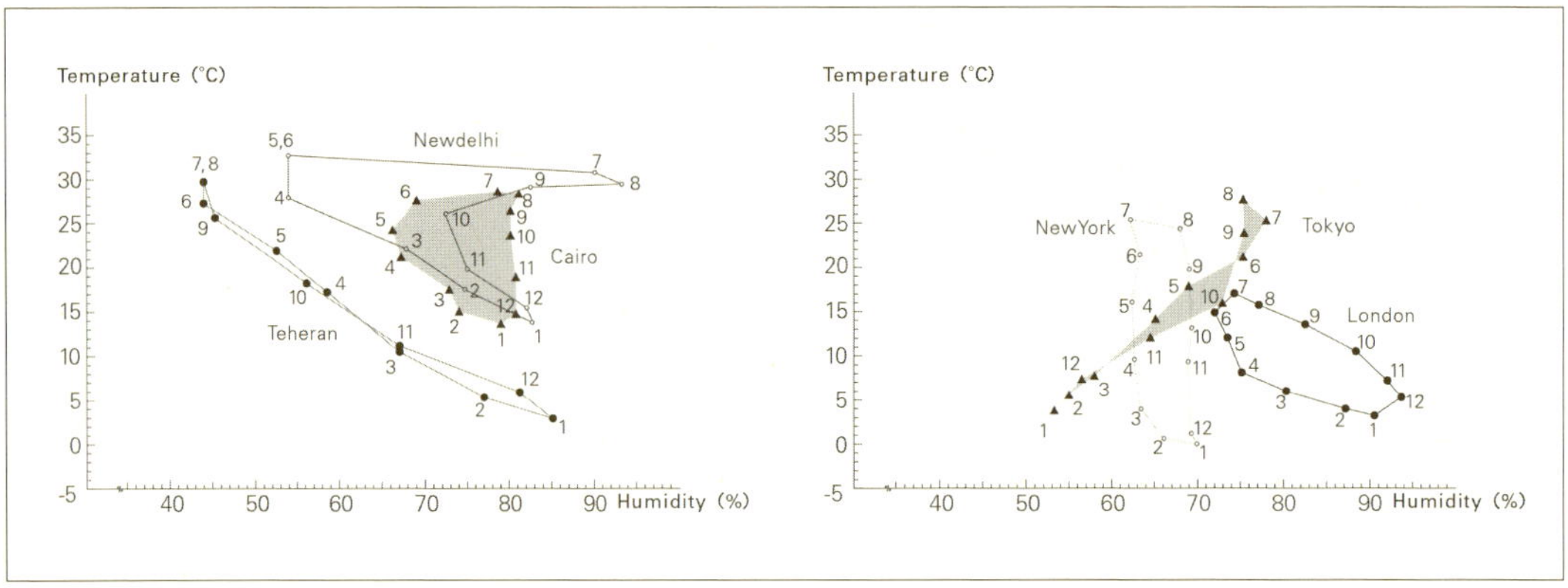

4──四大文明諸都市の気候と近代諸都市の気候
グラフ中の数字は「月」を示している。後者は日本の気候にあっての冷房の必要を説くための、葉山成三によるもの（拙著『集合住宅原論の試み』［鹿島出版会、1998］所収）。
同様の方法によって、四大文明諸都市の現在の気候を図解したもの（JMA-WMOの資料から多田豊が作製）。

樹材）で高密、比熱が高い。吹き抜ける寒風で外気温近くまで冷やされた貼床に暮らすことがどれほど酷か、認識を求めたかった。しかも、日本の冬は乾燥をきわめる。京都や東京でも、ロンドンやパリよりも寒く、体感では北欧並みだったことを葉山は明瞭にした。床の表面温度が一〇℃を割れば、室内の気温は三〇℃ほどに上げなければ常態ではしのげまい。それを可能にしたのは、世界的にも、ストーブが登場する一八世紀を待つのである。

畳が、今日に似た形をとるようになるのは、平安期も中期だろう。干した藁《わら》を束ねて打ちかため、寝床《ねどこ》のサイズにまとめる技術にはただならぬものがある。しかも六センチもの高さにである。そして表面を畳表《たたみおもて》で被う。藺草《いぐさ》を密に編んだシートだが、藺草のしなやかさと細さから、備後（びんご＝広島）産や備前（びぜん＝岡山）産が全国的に有名だ。それで表も裏も被い、継ぎ目にあたる小口（厚さ）に布の縁《へり》をまわした。この段階の縁を繧繝縁（うんげんべり＝有職《ゆうそく》故実の文様にいろどられた絹や麻の縁、表面の幅は一寸にみたない）という。大陸から渡来した繧繝錦《にしき》に由来したといわれるが、雛かざりの内裏雛の座の縁の文様として、広く知られている。

雛人形では一人一枚だが、二枚あわせて、これを貴人の座としている。だから高さにこだわったのだろう。そのうえに、さらに茵（しとね＝クズ繭《まゆ》をのばし、絹布の袋に一五メートルほどにうすく封じた敷きものと想像される。一メートル角ほどで、広い縁と内張りとの対比が特徴的）を重ねて、貴人は座した［★三――畳縁の階層表示］。

葉山成三ふうに説明すれば、人体からの放熱速度を遅らせる断熱材として畳があり、さらに、畳《たたみ》床《どこ》より比熱の高い畳表への人体からの熱伝導をお

★column――東福寺龍吟庵方丈（京都市東山区）

東福寺は明治期に大火災にみまわれるが、三門は室町期のものが残り、龍吟庵も最古の方丈（住宅的建築）として昭和の大修理を経て国宝指定され、オリジンは1388年と確定された。連続する置き畳の、ほぼ唯一の遺構である。

つまり、高山寺石水院（鎌倉時代、板貼り床）と、銀閣寺東求堂（1465）との間にあるもの、「座敷」の成立過程を示す生き証人だ。

とはいえ、小規模な部屋ではすでに畳の敷き詰めがありえた。その通りのプランが、ここに成立している。中央の主室だけが連続する置き畳だ（その北側は仏堂）。主室を主室たらしめる仕掛けとして、古式に由来をもたせたのではないか。

ただし、玄関は大徳寺大仙院（1531）に成立したとすれば、この場合、後日の附加なのであろう。

図版出典はいずれも太田博太郎編『日本建築史基礎資料集成 16 書院1』（担当＝川上貢、中央公論美術出版、1971）

aは東立面、cは南立面、ともに玄関が見える。

bのプランは畳をアミで示している。

dとeとは主室南東と西北。図像加工＝多田豊

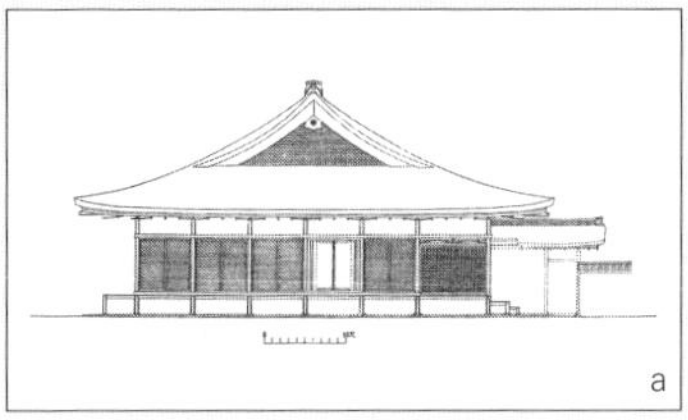
a

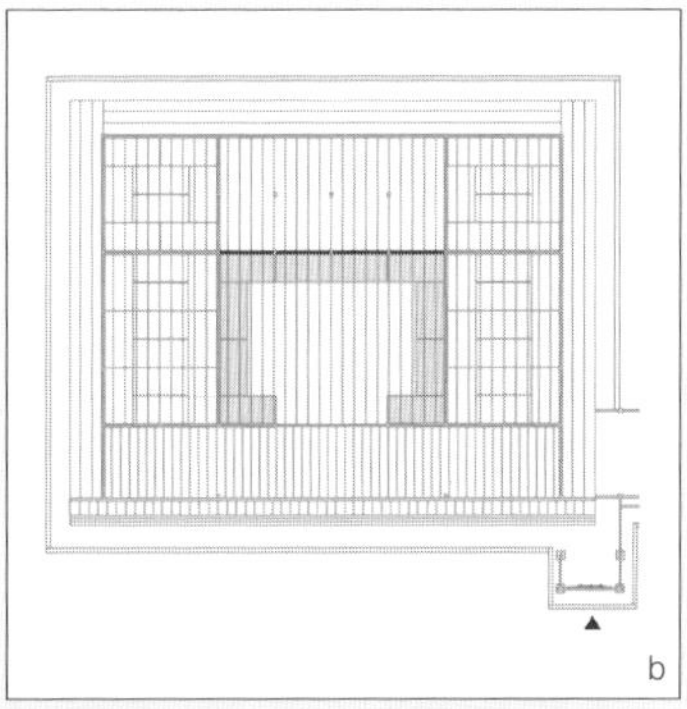
b

c

d

e

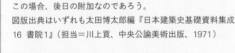

さえて「茵」がある、となる。じっさい、旧技術期にあって、世界的にみても最も優れた断熱材こそ畳なのであろう。

そもそもは地位の表示だったにしろ、畳と茵の組合せは「御張《みちょう》」の床にも用いられる。御張とは、低い台に畳二枚を敷き、支柱をたてて天蓋《てんがい》を載せ、そこから絹をたらして囲ったもので、「塗篭」の中に置かれ、夏は、外に引き出されたという。西欧中世における天蓋（キャノピー）つき寝台（ベッド）と同様なものだ。つまり、貼り床の上に展開された平安期の生活とは、同時期の西欧の生活実態ときわめて近い。几張（前出）もたて、厨子（ずし＝両開きの戸棚）や台子（だいす＝飾り棚）も置いて暮らした。ただ、イス座の西欧に対して、ユカ座の日本では、家具に「脚」はない。それを「調《ちょう》度《ど》」「什器《じゅうき》」とか「設《しつらえ》」とか呼ぶ。その後の日本文化の端緒は、すでに芽ばえているのである。とはいえ、貼り床の文明、その出発点は、はるかに湿暑の地・江南にあったはずだ――。

附言すれば、貴人のもとに参ずる臣下や家人は、円座にすわった。藁《わら》、蒲《がま》、菅《すげ》、藺《いぐさ》などの茎や葉で渦のように編んだシートだ。せいぜい二センチほどの厚さしかなく、断熱材としての性能は低い。戸外の腰掛（たとえば茶席の待合）などに現役で使われるが、夏は涼しい。これを冬の高床で使うのだから、お尻のシモヤケは常態だったのではないか。

畳は、鎌倉時代の中期以降、もう少し違う使い方になる。

おそらく、禅宗の教学（宗教学）は論談的、論争的になされたのではないか。畳は、方丈（この場合、住職など、中高位僧の生活の場）主室の三方向に連続して置かれるようになる。逆に、そのサイズをモデュールに、建築そのものが建てられていった形跡もある。東福寺龍吟庵方丈は、大徳寺大仙院とともにこれをただひとつ今日に伝えている。しかし改修や再建がつのり、一九六一年の大規模な解体修理と復原のあとに、国宝指定された事情もある。おそらく室町期一四三〇年頃、と川上貢は推測する（日本建築史基礎資料集成一六『書院一』中央公論美術出版、一九七一）。

日本で畳が今日に近いかたちをとったのが一〇世紀とすれば、西欧で暖炉が築かれだすのも、その頃であろう。居住環境として石造を嫌ったゲルマン系の人々も、煙を排出しながら屋内で火が焚ける装置としては受け入れた（一二世紀の英国には、まだ煙突という意識がなかったと、ローレンス・ライトはいう『暖房の文化史――火を手なずける知恵と工夫』八坂書房、二〇〇三）。

文明の寒地対応は、こうして姿を明らかにしだす。ただ、畳はパッシヴ、暖房はアクティヴとはいい切れない。いまでも、煙を戸内に漏らさない暖炉の構築法は建築家の秘伝だ。トランプに描かれた王様が戸内でも長いコートを羽織っているのは、何よりもの証拠だろう。これが、日本では十二単衣にあたるのではあるまいか。

16 押し板

OSHI-ITA: ORIGIN OF TOKONOMA; Towards tatami room

座敷の形成過程と床の間

王朝の守護者として出発しながら、王朝から政権を奪った武将が平清盛、その政権構想に「宋」との交易強化があった。

大輪田の泊《とまり》をはじめ瀬戸内海航路の整備につくす。平家の氏神《うじがみ》として宮島に厳島神社をまつり、そのメインアクセスを海路にとる必然もあったのである。唯一の水際神社としてユニークなものだが、延長一〇〇メートルの回廊は中門廊や透け廊をいかにも彷彿させ、仁塗《にぬ》りの寝殿造りそのもののようにみえる。

朝廷から平家追討の密命を受け、それを果たし、はるか東国に「幕府」を開いて「征夷大将軍」に任じられたのが源頼朝だった。その地がなぜ鎌倉だったのか——。一九八〇年代、大きな話題となった鎌倉の御成小学校校舎の保全問題の附録として、大規模な郡衙《ぐんか》跡の発見があり、鎌倉は奈良期からの地域支配の拠点だったことがわかる。清盛が交易しようとした（北）宋は、すでにツングースに征圧され、「金」が華北に樹立されている（一一二七）。追われて「南宋」となるが、その命運も、もはや風前の灯だ。栄西や重源のような留学僧も、宋僧や工人たちをつれて逃げ帰ってくる。

だが、それにとどまらない。

チンギス汗が蒙古を統一（一二〇六）、世界帝国への野望がすべてを飲み込んだ。道元はここで帰国（一二二七、曹洞宗を伝えた）、元寇のはざまで無学祖元も逃れてくる。たとえば、円覚寺舎利殿の「唐様」はこうして新風を吹き込んだ。

すでに見てきたように、武家社会は禅の文化を快く受け入れ、自らの精神的アイデンティティに育てた。とはいえ、極東における封建制——中世——の成立は、他方で大陸における最大無二の古代帝国の建設と同時並行もした。両者の命運はここでも分かれるのである。二度にわたる元の侵略に辛勝したものの（いまでは勝つべくして勝ったと評価されている）、鎌倉幕府は力つきて倒れる。しかし、封建制は室町幕府に継承された。その意味については、すでに触れてきた——。

さて、鎌倉時代一五〇年を通じて、帰国僧や渡来僧が、とりわけ、持ち込んだのが「軸物」という新形式の書画だった。

漢字文化圏では、もともと、書をよくする。それは文化人の基本的な素養だ。これを保全するために、額装、屏風装、折本、帳本、巻物などにしてきた。軸物とは巻物の一種、短文短句の書や文人画を壁に掛けて見られるようにタテに表装したものだ。つぶれない芯としても、かけて丸まらない重しとしても、水牛の角などを筒状に加工して軸がつけられた。したがってコンパクト、持参して土産や献上品に適する。亡びようとする宋から、最上級の書画が大量に持ち出されて、保全の場を日本に求めたはずだ。

当時の日本は、これをどう受容したか。実は、この軸物に刺激されて国内でも絵巻物が多く描かれるようになる。描かれた僧侶や武家の日常のなかに、軸物の当時は活写されている。

もともと四周が建具ばかりなのが日本のインテリアだが、軸を掛けるためにわざわざ壁をつくった形跡があり、ここに軸をかけ、その前に出文机（だしふづくえ＝手紙や文書を書くための机、間口七五センチ×奥行三六センチ×高さ三二センチほど）を置き、燭台、生花、香炉をかざった。この三種を三具足《みつぐそく》といい、仏《ほとけ》への礼だ。当初の軸物は仏画が多く、三具足を置くようになったという説があるが、むしろ「かざる」ということの定型だろう。

だが、お堂などに尊い仏像を安置するとき、本《ほん》尊《ぞん》を中央に置き、両側に脇侍《わきじ》も添えている。これにもならったのだろう、軸を三本かけた例も描かれている。今日でも、お正月とか婚礼とかの第一公式の日に、旧家では三本の軸をかけたりする。本床《ほんどこ》の役割りのひとつだ。だが、こうなれば床の間の間口は一間では足らない。

とはいえ、絵巻物に描かれる内実がクセモノだ。絵巻の内容と書かれた時期とがズレると、今日の風俗のなかに昔日が描かれることになる。たとえば畳の敷きつめられた寝殿造りのなかに、十二単衣の女官たちが描かれるのが『源氏物語絵巻』だが、これでは史料にならない。

その点、たとえば『慕帰絵詞《ぼきえことば》』は同時代を、しかも吹き抜け屋台の画法で建物や風俗を克明に描いた貴重な史料、美術的にみても傑作で、北斎漫画の原形のようにも見える。（西）本願寺の第三世・覚如《かくじょ》上人の八二年の生涯を、その没年（一三五一）中に、一〇巻にまとめているのである［★四

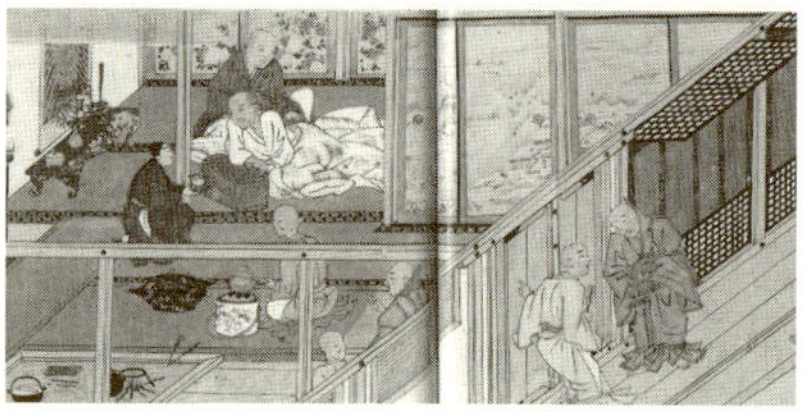

5――『慕帰絵詞』第6巻｜6――同、第10巻
ともに出典＝国立国会図書館

――『慕帰絵詞』の史料性」。

時あたかも、置き畳から座敷への転換期、しかも、東福寺「龍吟庵」成立の八〇年前のことだ。それにもかかわらず、ごく一部には畳をしきつめた例も、水腰障子も描かれている。だが、出文机《だしふづくえ》を建築化したといわれる「押し板」は一四八二年といわれる補作部分にだけ現われる。完備した「座敷」はここで成立し、押し板の背後はすでに襖仕立てだ。

畳面から小壁をとり、板の厚みを見せるのが「押し板」だ。だから、明らかに座敷の成立以後のものだろう。だが、その後、これは上段の間にだけ用いられる床の間のあり方と化す。下段の間から見上げて、ちょうどいい高さなのだ。

それでは、床の間そのものはどのようにしてできたか。

太田博太郎によれば、これは茶室オリジンだと説く（『床の間』岩波新書、一九七八）。それも、上段の間のメタファー、現にそう使われたという茶会記も紹介される。棒を飲むようなところもある説だが、板貼りと畳敷き、どちらが本格的な床の間かという建築家の悩みに、いちおう決着はつく。その畳表には竜鬢畳（りゅうびんだたみ＝花ゴザやガマゴザ表の畳）に高麗縁（こうらいべり＝吉祥文様を織った縁）をつけることになっている。これは、繧繝錦のメタファーであることは確実だ。当然ながら、床框《とこがまち》は真塗りだったが、一方、「蹴込《けこみ》」というクセモノもある。蹴込とは階段の段と段との間の垂直距離のこと、ふつう、ここに板をはめて蹴込板という。畳面から蹴込板を立ち上げて、床《とこ》板《いた》の厚みを見せた床の間が蹴込床だ。「押し板」の一種なのかもしれない。使われた例を見て、たしかに格の高い床の間だ。

さて、どっちがどっちか、誰か教えてくれまいか。

17 座敷

TATAMI ROOM: As a thermal insulated environment

貼床系「文明」の完成

木綿の樹の原生地はインドだ。

薄黄色の花が咲き、実を結ぶと、はじけて白い綿が風に舞って吹雪のようだという。これを集めて洗い、糸に縒《よ》って織った繊維が木綿cottonだ。インドの特産品として南アジアで広く用いられてきた。薄くも厚くも織れ、大量生産性があって安価、強く美しい繊維として便利に使われたのである。

四大文明はそれぞれに繊維を生んだ。メソポタミアは毛織物、エジプトは麻、インドは木綿、中国は絹だった。日本では、太古から麻と絹とが使われてきたが、東アジア一帯は、まだまだ木綿を知らない［★五――律令制度下の「租・庸・調」における「綿」］。

だが、川勝平太によれば、一三世紀には中国南部で木綿の大量生産が始まり、一四世紀末には朝鮮で、一五世紀末までには日本で、木綿の生産が始まった、という。実は、兵装、帆布、火縄などに欠かせない軍需品が木綿でもあり、戦国大名は競って、自領内での栽培、撚糸、織布の一貫生産を奨励、木綿の確保に必死だった。天下統一が一段落すると、木綿は大量に民需にまわるようになり、人々の生活を大きく変えてゆくことになる（川勝平太「木綿の東方伝播と日本産業革命」『日本文明と近代西洋──「鎖国」再考』ＮＨＫブックス、一九九一、同「〈鎖国〉と近代世界システム」『文明の海洋史観』中央公論社、一九九七）。

つまり、畳が敷き詰められて「座敷」が成立する過程と、木綿の普及過程とは、正確に同期する、といえよう。

そもそも日本人が高床あるいは貼床の住まいを選択したということは、畳という断熱材の補完なしにはありえまい。その畳は、敷かれる枚数を少しずつ増やしてきた。より多くの人々にもより充実した防寒対策を与えていったということを意味する。畳が敷き詰められるようになり、「座敷」を形成しだしたのである。

つまり、畳は一般断熱材（表面仕上つきの）に意味を落とした。何らかの個別断熱材が「坐」として、あるいは寝具として、別に用意された、ということを意味している。それこそが、綿入れの布団、木綿ワタを綿布に封じたものにほかなるまい。それ以前は、絹の「地敷」（じしき＝数枚重ねる敷物の中の下敷きに使うもの）と茵《しとね》しかなかった。サイズからいって坐寝兼用であって、今でいえばシーツの類だ。

かつて「塗篭」の中に「御帳」を組み、カーテンを吊りめぐらして寝た。掛け布団というものがなかったことを意味している（これも、座敷の成立以後、蚊帳《かや》として夏の風物に変わったのだろう）。布団という寝具があれば、畳の上ならどこにでも暖かく寝られる。「塗篭」は「納戸」に、つまり形だけの存在に転ずるべくして転じた。その表象が「帳《ちょう》台構《だいがまえ》」だったはずだ。

こうして、高床あるいは貼床の生活文化はいよいよ行きつくべきところまで行くことになる。あと一世紀も待たずに、あたかも完成の域に達するのである。

座布団、脇息、茶卓子、貴人台、高杯、食膳、書見台、文机、二月堂……。重箱、縁高《ふちだか》、呂寸、お敷、蓋物……。もしかすれば、一部はあたかも「進化の袋小路」に入り込んだようにも見えるが……。

「什器」という言葉はこのためにあるのだろうが、他言語にはほとんど翻訳不能な工芸品の文化がいっきに花開くことになった。いずれも、座敷があることが前提の生活調度だ。他文化に例を見ないもの、つまり、土間文化のなかにはありえない生活の体系だ。

逆にいえば、日本に「家具」はほとんどない。厨子《ずし》、台子《だいす》がある程度だ。同じ頃のヨーロッパは、

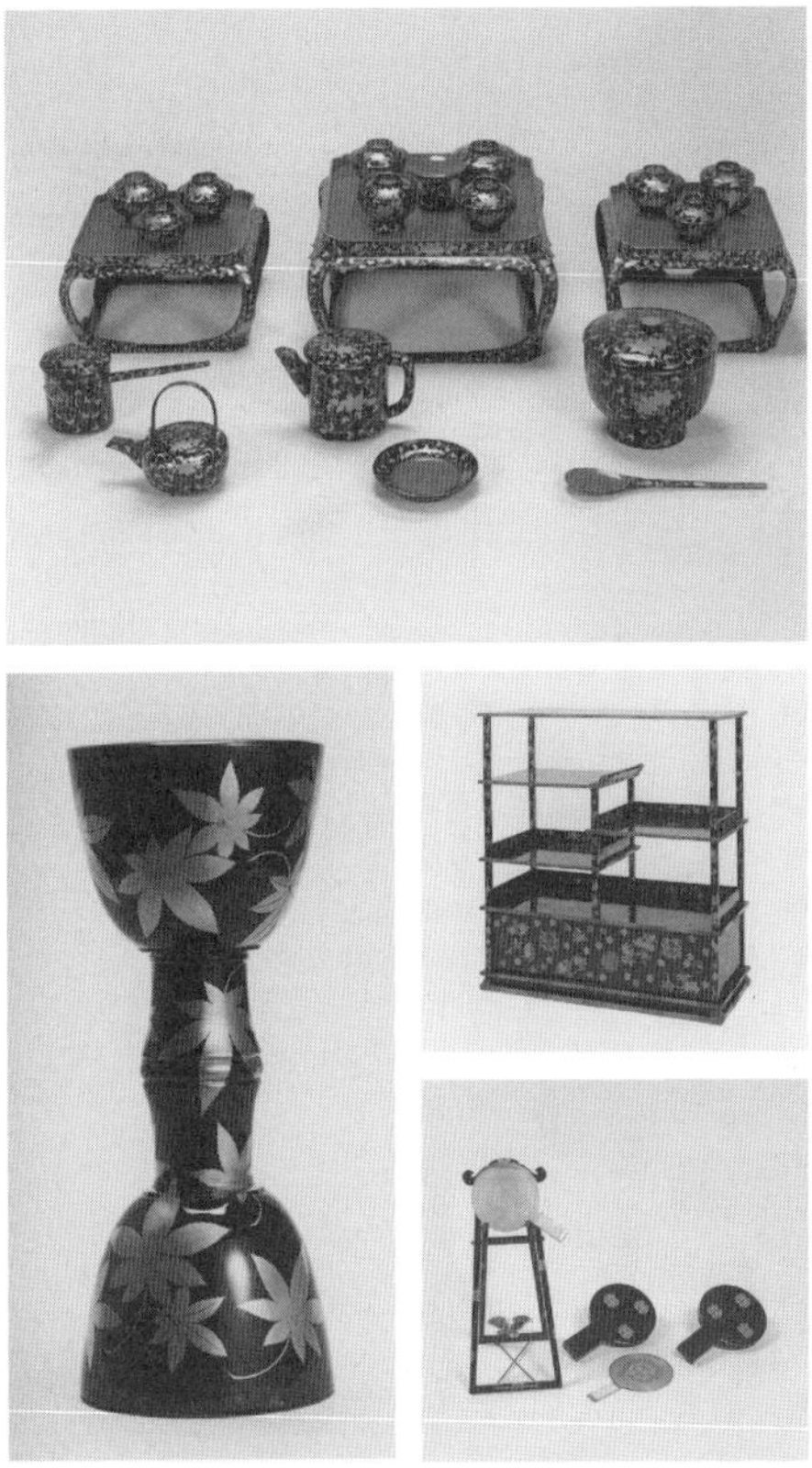

6──江戸時代後期の大名家の什器
膳椀類、大鼓胴、書棚、鏡台と鏡。
いずれも伊達家遺品、仙台市立博物館のカタログ
（『木漆工』1992）所収。
木漆工編から。鈴木弘二（仙台）の協力取材による。
まことに美しく、見とれるが、ここまでくると
「袋小路に入りこんだ進化」のようにさえ見えてくる
（竹内海南江「キウイがぴょこぴょこ歩く島」
［『朝日新聞』2005年2月12日夕刊］）。
「座敷」の普遍性を、もう一度考えてみたくなるのである。

ロココからアンピール（革命様式）への展開のなかで、おぞましくも家具だらけの生活文化に陥っていた。

まことに対照的だが、もともと「家具」とは脚付きだ。脚は座敷にありえない。そのうえ、納戸やその普及版「押入れ」までがいまや建築化されている。カラッとして清々しい室内は、もうすぐ諸外国を驚かせ、称賛を集める。後の近代建築運動のなかに収納の建築化の推進が試みられ、「座敷」の空間性そのものが、モダンデザインのなかに継承されていく。

一方、布団などの綿入りの防寒具について、もうひとつ検証しておくべきことがある。

いま見たように、木綿ワタは座敷の成立を促したが、上級武家や高僧（禅宗を除く）は、絹の装束を常用した。この習慣は、真綿《まわた》を絹布に封じる布団も作り出し、愛用した。真綿とは、絹用のクズ繭などを煮て引き伸ばして（「打つ」という）作ったワタだ。木綿ワタより軽く暖かい。

絹は『魏志倭人伝』にさえ記録された古来からの特産品だ。しかし、寝殿造りに展開された生活文化を見る限り、真綿を打っていたとしても厚さ一センチに満たない茵《しとね》であっただけだ。面白いことだが、木綿からワタを作る用法の開発に刺激されて、遅れて真綿ができ、それが上級武家などの生活文化に浸透していったと見ていい［★六―日本の絹産業］。

ただし、上級武家などの夏の生活では、木綿ワタを麻布で封じて、薄めの夏布団や夏掛けが作られていた。

たいへんな完成度だ。しかし、落とし穴にはまったことも事実だ。

文明段階で営まれる都市型住居は「二室住居」のはずだ。日本の場合、「寝殿造り」でそれをいったん達成しながら、「書院造り」への明らかな発展に伴って、「二室住居」たる内実を放棄している。つまり、昼の部屋デイルームと夜の部屋ナイトルームからなる「二室住居」ではなく、日本の場合、主室と副室あるいは一の間と二の間からなるのである。中級武家にあっても、夜ともなれば家中に布団は敷かれ、あたかも雑魚寝《ざこね》だ。

タタミ坐というもの、つまり貼床文化の行きつく先が、これをもたらした。

ROOM と ANTI-ROOM という構成は、バロック宮殿以後にも見られる。しかし、これは宮殿に特有の間取り構成だ。下々にまで行き渡ったはずもなかろう。

貼床の文明は、これを再検討する時間に恵まれないまま、土間文化に、いま、飲み込まれようとしている。それが、今日なのではあるまいか。それでも、いいのだろうか――。

18 土間

DOMA: On shoes floor in Japanese culture

民の営為とその基盤

覇者ではなく民が、どんな家に住み、どう暮らしていたのか、どこの建築史や民俗誌にあっても、なかなか解明は進まない。

遺構が失われていて、要はわからないうえに文献などありようもない。たとえば、日本最古の農家はなんと神戸市内にあり、江戸時代から「千年家」と呼ばれてきた。だが、経年のうちに改築が重なり、間取りも取れない（箱木家住宅、重文指定）。兵庫・北摂の山中、古井家住宅もまた「千年家」として知られている。

一方、長野・新潟の県境、深山の集落・秋山郷から、豊中市の服部緑地の民家園に移築復原された山田家住宅は、初源の寒地系農家をもっともよく今日に伝える。建設年代こそ江戸中期なのだが、あまりの辺境のためだろう、専門家なしの普請にみえる。それが、一気に何世紀ものタイムスリップをもたらすのだろう。とはいえ、登呂遺跡の復原家屋のように、屋根が土地からすぐ立ち上がっているのではない。しかし、壁もまた茅葺きだ。中門ふうの突出部があり（！）、そこから入ると、柱と柱の間から茅葺き壁の裏側が見える。屋根の裏側と同じだ。囲炉裏のある「なかのま」は土間（にわ）とスレスレの高さで筵《むしろ》敷き、モミ殻や茅が敷詰められている。屋内に建具は一本もなく、同じ床《ゆか》（土座）の「でい」（寝所）と「へや」とが続いている。昭和の戦前期まで、このままで使われていた。同じような例は各地にもあったという。兵庫の古井家住宅にしろ、「なかのま」は簀子《すのこ》ふうの台が筵敷きになっているだけだ。板戸を入れて部屋は仕切られてはいても、広大な欄間はオープンのままなのである。

それにしても、戦艦「大和」や零戦をつくる重工業社会の片隅に、こんな貧困も残されていたのである。遺構は、失われるべくして失われて当然、それが民の営為だろう。

民家の研究者がひとしく指摘するように、囲炉裏のある「なかのま」の存在こそ、日本の農家の間取りの鍵だ［★七——民家の平面型］。ここと「でい」とで昼と夜との分担がある。それでは土間とは何か。もちろん「へっつい」も流しもあって、炊事はここでなされる。しかし、それは広さのほんの一部だ。つまり、作業場にほかなるまい。収穫の一時的な取り込みとか、荒天での作業とかの場が、土間に求められた。同じような構造は、民の営為のほとんどすべてにわたって見られる。

民の営為を「農・工・商」と類別したのは江戸幕府だが、「工」にあってそれは仕事場、「商」にあってそれは「みせ」だ。いずれも、土間であることが要件である。

日本の近世は「問屋制」と呼ばれる流通・生産システムが高度化した。原材料のほとんどは農村から調達されるが、いくつもの加工段階に分けて次第に消費地に近づけ、材料、半製品、完成品などを、それぞれ市中の店頭に供給するのである。その核になるのが問屋だ。商品は完成品だが、その最終工程が店舗で行なわれることも多く、あるいは、工程のほとんどが店舗でなされることもあり、「商」「工」は分かちがたい。その場はしばしば土間である。また、街路から客が入ってくるのも、表《おもて》の土間だ。

一方、「商」の領域に近いほど、立地は市中となって当然、街路に面する店舗の幅は、商業規模と密接な関係を持つことになる。この幅（間口《まぐち》）を有効に使い切って「通り庭」型の間取りが広く普及するとともに、逆に、後退させて店舗をとり、庇を出して屋外にも土間をつくり、そこに縁や台を出す例、引き込んで土間をとる例などが、特に『守貞謾稿』に仔細に描きだされている［★八——喜田川守貞］。

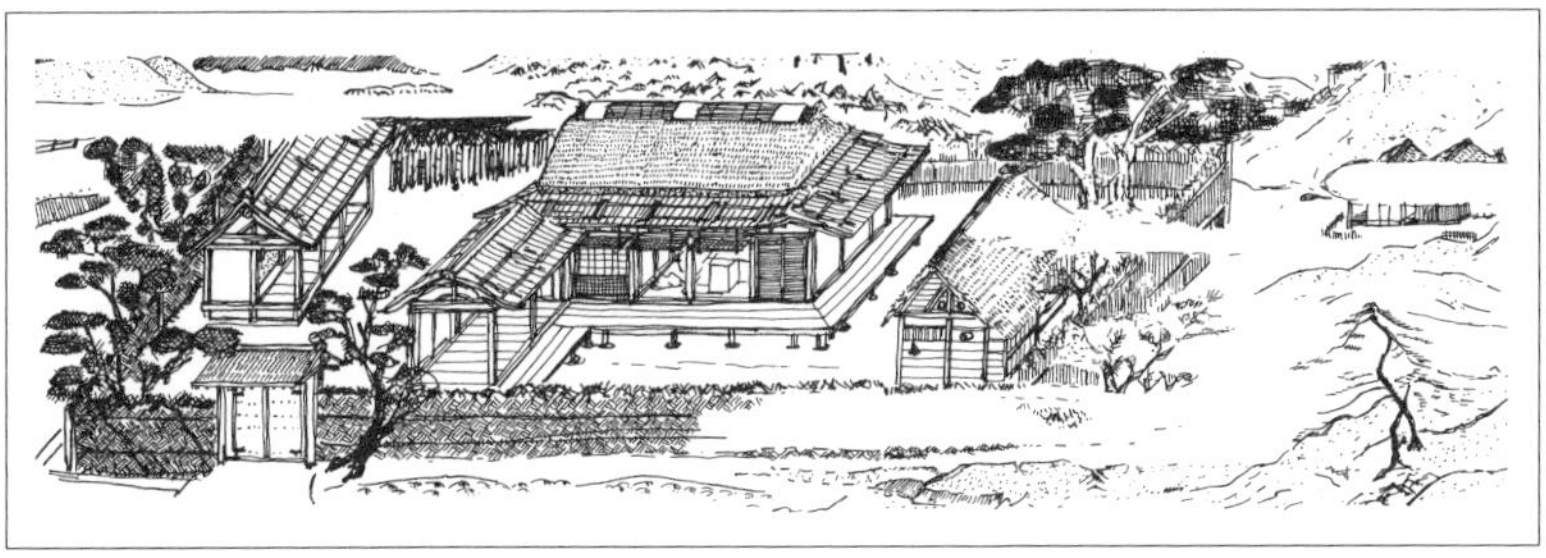

7——平井聖の説く「ミニ寝殿」

『法然上人絵伝』に描かれた生家。美作（岡山）にある父の押領使・漆間時国のすまい。

おそらく平井自身による線画化（出典＝平井聖『図説・日本住宅の歴史』）。

法然（1133-1212）は浄土宗（本山＝知恩院）をおこし、撰択本願の念仏宗を唱えた。

平安期最末期のことだ。しかし、絵伝の成立年代は、それほど明白ではない。

それにもかかわらず、おそらく室町時代に入っても、このように中間廊をつき出した家の構えが
普遍的だったことは、山田家住宅からも偲ばれる。

主屋の右側は台所、左は厩（うまや）だと、平井はコメントする。

問屋制とならぶ近世日本の社会システムに、奉《ほう》公《こう》という勤労形態があった。庶民の子弟は寺子屋などで読み書き算盤《そろばん》を習ったあと、他家に住み込んで家業・家事に従事した。男は丁稚《でっち》奉公、女は女中奉公をして「年季」を積んだのである。これを免れたのは家督を相続する長男などだけだった。

年季が明けて所帯を持ち、長屋などに住んで勤務する例を除けば、業は、誰にとっても住と一致していた。商家にあっては、「みせ」の二階に奉公人の居室をとることが一般的だった。主人一家は、中庭を隔てた母屋に住んだ。工人にあっては、職人長屋を併設した例が知られている。いずれにしても、土間こそ、業の場だった。

その一方、武家だけが禄高制にもとづいて専用住宅を営み、登城して執務にあたった。居宅にも、城にも、台所以外に土間はなかったのである（玄関が囲われた土間となったのは、むしろ新しい。それが「式台」から出発するのは、やがて見る通り）。

註

★一——「安政度御造営」における考証

律令制が機能しなくなるのは一〇世紀後半からのことだ。「太郎焼亡」（一一七七）という大火が市街の三分の一を焼きつくしたが、大内裏の京極殿を再建する力は、もはや朝廷にはない。一二二七年にも大火があり、大内裏そのものが荒地に帰した。

いまの京都御所の位置が天皇の居所をも兼ねた内裏になるのは、一三九二年からだ。平安京の背骨たる朱雀大路は、いまの千本通りの位置だったという。すでに古代都市（条里制都市）構想は失われたのである。京の体質は、政治都市から経済（手工業）都市へ、大きく転換をとげたという（石田潤一郎「京都建築千二百年の地層」一―五『建築MAP京都』TOTO出版、一

★column——旧山田家住宅（豊中市服部緑地民家園）

信越国境はいまも交通難所だが、昭和30年代まで、毎冬雪にとざされて、孤立した集落が秋山郷だったという。焼畑農耕もまた、当時まで続いていたらしい。

急峻な山地を少しずつ開いて貼りついたような集落の、一番上に山田家があり、すぐ近くに祠（ほこら）も祭られていたという。この集落を代表する存在だった。中門（?）に入ってすぐの土間の東側が囲われ、ポリバスが置かれた浴室があったが、これは元に戻されている。インテリアの写真は、中門から入ってすぐの「なかだち」から、「なかのま」を経て、「でい」をのぞむ。その左側の囲われた領域が「へや」だが、建具では仕切られていない。

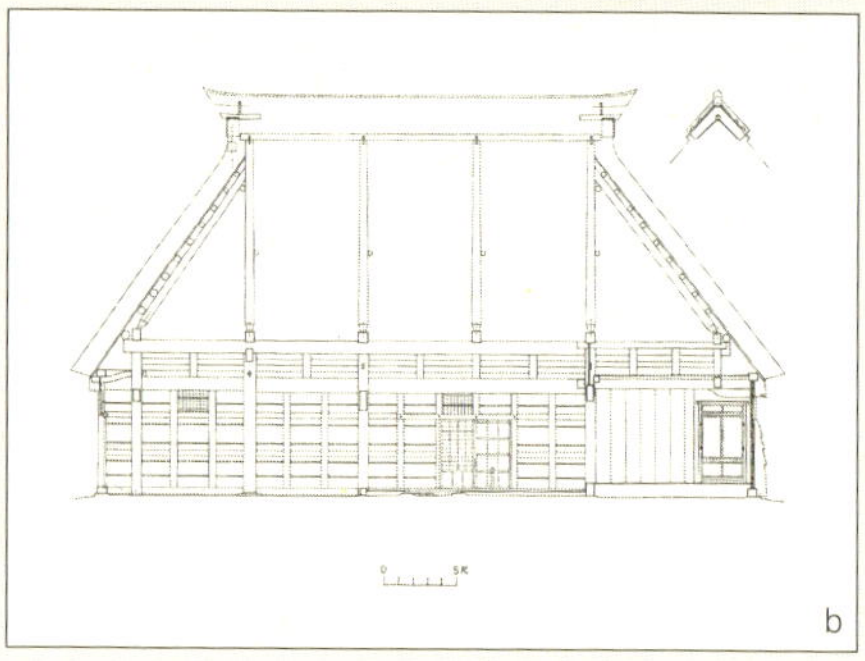

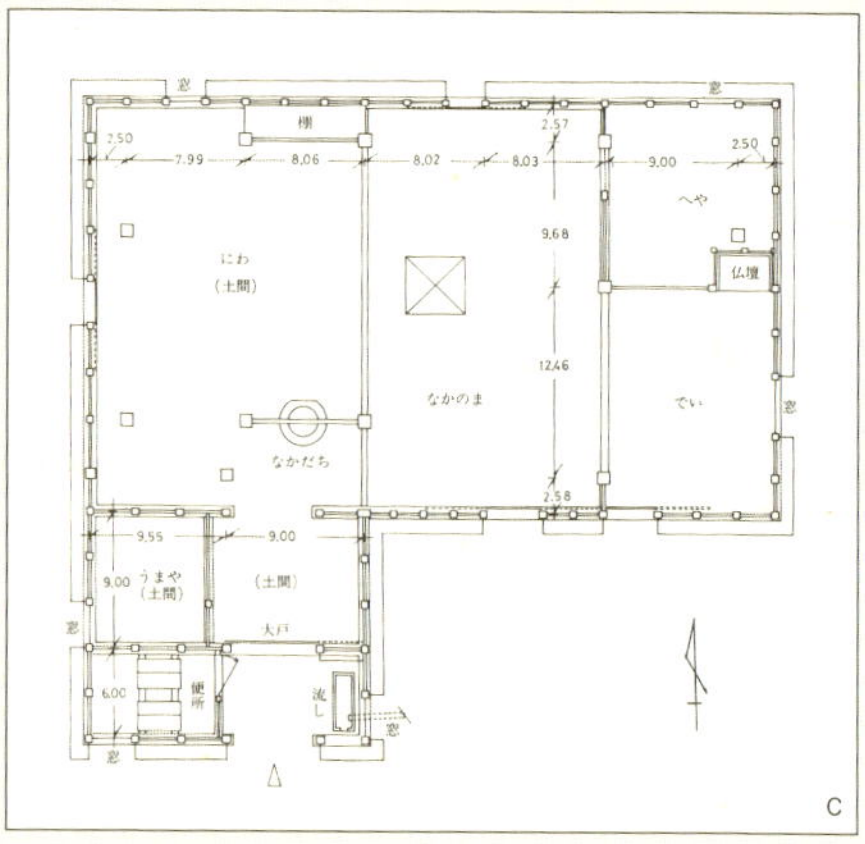

a——旧山田家住宅内観
（「なかだち」の脇から「おくべや」の方向をみる）、
b——同、桁行断面図、c——同、平面図
図版出典＝太田博太郎編『日本建築史基礎資料集成21 民家 』（担当＝大河直躬、中央美術出版、1971）

九九八」)。

だが、応仁の乱（一四六七―七七）は全市を焼きつくし、その復興には長期間を要する。土塁で囲われた町衆の自治都市として、上京と下京の二集落は成立するのである。だが、信長は上京を焼討（一五七三）、秀吉は直轄都市として京都を大改造のうえ、再編する。聚楽第は、そのシンボルだった。

さて、御所だが、その後も相次ぐ焼失にみまわれ、近世に入っては時の政権が九回の再建を繰り返している。現在のものは幕末の「安政度御造営」（一八五五）によるが、これは、そのひとつ前の「寛政度御造営」（一七九〇）の再興とされる。

その造営は、幕府から越中藩に命ぜられ、惣奉行となった松平定信が、中山前大納言（内裏御造営御用掛議奏）と相談、時あたかも大著『大内裏図考証』をまとめた固禅（裏松光世）を参画させている。考証にあたっては、天皇家の日常とは関係のない儀式の場を古式にもどすこととなる。紫宸殿、清涼殿、陣座、宣陽殿、日華門、月華門、承明門の一郭と、背後の飛鳥舎、玄輝門がその対象だった。

ただし、固禅が有識故実の研究家であり、建築の構造や外形は工匠にまかされ、また、考証も「年中行事絵巻」（後白河上皇の命によった）にもとづくところから、その年代は平安最後期の宮中行事だ、と藤岡通夫は説く（「寝殿造りと京都御所」『世界建築全集 第一巻、日本I・古代』、平凡社、一九六一）。

★二――エクセルギー理論

葉山成三（一九二七―二〇〇九）の師は、A・P・テーテンス（一八八三―一九六六）。技師としてドイツから日本に招かれ（一九一四）、様式建築から近代建築へ転換しようとする日本の建築界の第一線で暖房・換気の実務を担った。特にヴォーリズとのミッション・スクール各校や、ライト（帝国ホテル）、レーモンド（聖路加病院）の実務などを通じて多くを具現している。

なかでも曽禰中條事務所による東京海上ビル（一九一八、当時、帝国ホテル、丸ビルと競い合うように建設中。最後の最後で関東大震災にみまわれ、丸ビルは中破、シカゴ・フーバー社による設計施工だったが、結局、これが社会的寿命を一番長らえた。東京海上ビルは最初期の超高層ビルとして前川國男によって建て替えられる）での蒸気暖房から温水暖房への転換は、世界的にみても先駆的だった。

テーテンスの技術思想は、低温熱源暖房による、暖房の「質」の改善だったが、終戦の翌年に入門した葉山は、ついに三〇℃台の低温熱源でさえ有効なことを実証する。つまり、熱源が、点―線―面と拡大することによって、六〇〇℃から三〇℃まで、その温度降下を果たしうるのであり、暖房の「質」を向上させると同時に、省エネルギーに寄与するのだと――。

その、低質熱源を「エクセルギー」と呼び、冷房も井戸水で可能なことが、現に実証されている。

★三――畳縁の階層表示

『海人藻芥《あまのもずく》』（一四二〇）に次のような記載があるという（佐藤理『畳のはなし』鹿島出版会、一九八五）。

帝王	繧繝縁
神仏前半畳	繧繝縁
親王、大臣	大紋高麗縁
大臣以下公家	小紋高麗縁
僧中者僧正以下、有識非職	紫縁
六位侍、社寺諸社三綱	黄縁
四位五位、雲客	紫縁

以上は、置き畳の場合の畳縁だ。黄縁と紫縁とは、おそらく高官縁、前者は生成《きなり》、後者はやがて紺といわれ、いまは「高宮黒」のことだろう。いずれにしろ、六センチ弱の畳の厚さ全部をカバーする縁だから、幅広織りを裁断して使うことになる。しかも、両面に畳表が貼られた。この文献は、ちょうど東福寺龍吟庵建設の頃にあたる。『慕帰絵詞《ぼきえことば》』にみられるように、すでに「座敷」もまた成立しているのであって、この微妙な時点で、かねての秩序あるいは価値の確認を求める図だったのだろう。

座敷の成立以後も、さらに繧繝縁の置き畳を重ねる（たとえば大覚寺客殿）一方、上座を構造化した「上段の間」あるいは「上々段の間」にも展開したと思われる。

★四――『慕帰絵詞』の史料性

本願寺三世覚如の伝記絵巻で、担当絵師は次の通り。

・沙弥如心（因幡守藤原隆章）
（一）、二、五、六、八巻。一三五一年。
・摂津守藤原隆昌
三、四、（七）、九、一〇巻。一三五一年。
・沙門宋世（飛鳥井雅康）補作
一、七巻。一四八一年

この絵詞は、時の将軍家に貸し出されていた。一四八一年に返却されるが、この時、一巻と七巻とが失われ、同年内に補作されている。東求堂の完成は一四八六年だから、この絵詞はおおいに参照されたろう。制作年代がこれほど明らかで、かつ、同時代が描写されている例は、あと、『蒙古襲来絵巻』などに限定されよう（出典前出）。

★五――律令制度下の「租《そ》・庸《よう》・調《ちょう》」における「綿」

近代「法治主義」**constitutionalism**と古代「律令制」**statutory**とは、もちろん本質を異にするものだ。とはいえ、国家存立の経済的基盤がここにあったという意味では似ている。「租」は主要穀類の上納、「庸」は兵役や雑役などの徴庸、「調」は地方の特産品の献上の義務を定めた。このリストのなかに「綿」としるされている。専門家複数にも問い合わせたが、クズ繭をのばした真綿ではないかと返答があるものの、文献的な検証はできなかった。

なお戦国期最末期になっても、たとえば少庵（利休の子。足が悪かった）は更紗（さらさ＝南蛮貿易によってもたらされたインド産プリント綿布）を珍重して道庫の襖などに用い、のちの数寄屋座布団（小型の座布団）の用材ともなった。これからみても、木綿は新鮮な存在であったろう。

★六――日本の絹産業

石井寛治によれば、律令制にともなって織部司の制ができて朝廷や官用の衣服の供給がなされたという。平安朝以後、代わって大舎人（おおとねり＝内務省にあたる）が高級織物の供給にあたっているが、各地の豪族による私織も多くなって、やがて大和錦や糸錦なども生まれる。だが、一方では中国産の生糸も大量に買い付けられ、国産絹の衰退までまねいている。江戸期中葉には、国内に産する金・銀も底をつき、国庫逼迫に瀕して、糸割符などの割当て制に移行、他方で各藩は競って生糸や白絹を産するようになった。

やがて、明治政府による殖産興業策のもと、一九世紀末までには、日本は世界最大の絹生産国に育った（平凡社『世界大百科』）。

8――綿打職人（『職人尽発句合』、18世紀後半）｜出典＝国立国会図書館

★七――民家の平面型

民家研究は、民芸の再評価運動と呼応しながら、昭和初年大きなうねりになった。

この頃から、日本の民家（農家）の間取りの基本型は「田の字型」にあるとされるようになったが、戦後の民家研究により、それは関西系の民家にはいえても、全国的な傾向ではないとされるようになる。

それより、「なかのま」、「だいどころ」、「ちゃのま」などと呼ばれる囲炉裏のある板の間――土間に続いている――を中心に日常の昼間の生活があり、間取りが構成されてきた、と認識されるようになった。大河直躬の「民家における〈大きな部屋〉」は、これをよくまとめている（大河直躬『住まいの人類学――日本庶民住居再考』平凡社、一九八六）。

★八――喜田川守貞

喜田川守貞（きたがわもりさだ、一八一〇―？）は、大阪に生まれ、幼くして浮世絵を学び、商用で江戸に出たのは二三才の時だった。その後しばしば江戸に来るが、その度に大阪と江戸の風俗の違いに驚く。

まず浮世絵と現実との段差から観察を始めて、江戸の都市文化のあたかもエンサイクロペディアのように、絵入りの風俗記録を残した。全三一巻に及ぶ。これを『守貞謾稿』という。これまで、幾度かその刊行がなされ、岩波文庫版五冊にも収められているが、高橋雅夫によって、その図版の全部を集めた刊行がなされた（『守貞謾稿図版集成』雄山閣、二〇〇二）。

また、黄表紙に着目、一九世紀初めの三〇年間の黄表紙本と絵本の図版を集めた『江戸のくらし風俗大事典』も、同様の趣旨から最近刊行された（棚橋正博＋村田裕司編著、柏書房、二〇〇四）。その性格上、江戸庶民の生活が活写され、ことに人の風俗に関して、守貞に勝るとも劣らない。本論の図版としても、すでに取りあげている。

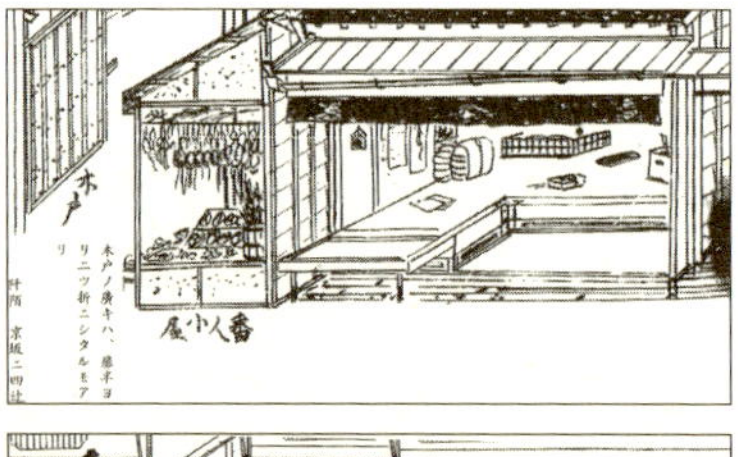

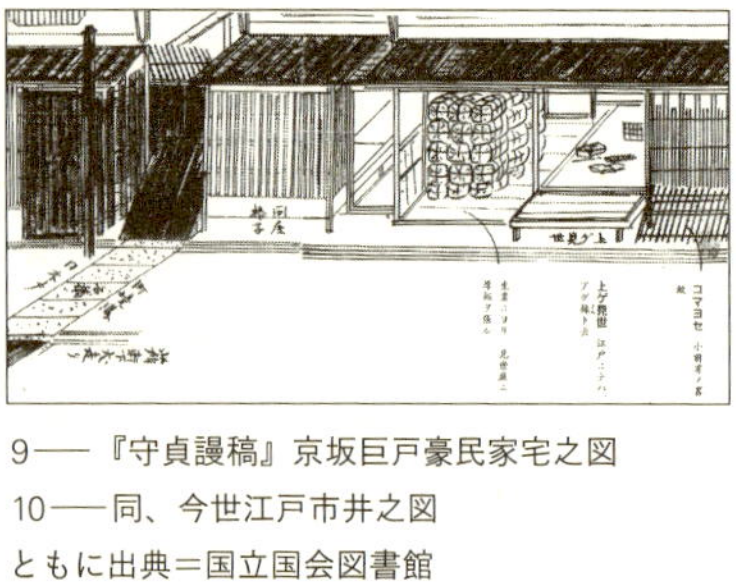

9――『守貞謾稿』京坂巨戸豪民家宅之図
10――同、今世江戸市井之図
ともに出典＝国立国会図書館

4 工作編

Towards pre-modern construction system:
Development of material merchandize from the early despotism ages.

「建築」は文明の所産、それを木造軸組で達成したのは日本だけではない。
部材の商品化をすすめ「近代」を準備したのが日本だ。

19 土台

Sill (DODAI = foot lyer wood): Civilization stage of wooden building

木造建物の「文明」段階

青森の市街南陵に三内丸山遺跡が発掘されたのは一九九四年のことだ。直径一メートル余におよぶ巨大木柱六本の痕跡なども見つかり、C14測定によって縄文期（BC一五〇〇年頃）であることが確定、騒然とした状況となった。

青森市は当初ここに野球場をつくるつもりだった。そのための予備発掘調査だったが、本格的な調査に移行、大規模な縄文集落や周辺が残されていることがわかり、急遽、史跡公園化への途をたどることになる。やがて、場所を少し移して、六本柱架構の再現などが試みられた。根入れの深さから、高さは想定できるが、これだけの高さになれば横架構でツナギをとらざるを得まい——。こうしてできたものは、香川県出土の銅鐸の、櫓《やぐら》の文様そっくりとなった。ただ、屋根がないだけだ（銅鐸の文様は棟持柱も描かれているが、出雲も六本柱だけだ）。

とはいえ、かたや（銅鐸は）弥生文化の仕上げにあたる古墳期、時代も場所も違いすぎる。さらに、仮に三内丸山で試みられたような架構の、その上に屋根を葺くとすれば、どう工事するのか。周囲に巨大な仮設足場を組むのであろうか、現代のビル工事場に面する歩道上部の仮囲いのような「養生朝顔（ようじょうあさがお＝落下物防護装置）」を張り出したのだろうか——。デッキのほうが大きかったのか——。そのデッキはどうつくったのか。

こういう疑問を重ねていくと、かつて本居宣長が『玉勝間』に説き、戦前、福山敏男が考証した巨大な出雲大社の本殿にも思いあたる。最近は藤澤彰の福山案修正復元も加わった。現在の大社本殿も六本柱だが、どの復元案もまた六本柱であり、三内丸山と一致する。とはいえ、これまた、遠く時空を異にするのである。

三内丸山だけでなく、さらに遠く礼文島にまで、富山の朝日町産のヒスイが出土するという。日本海交易は当時から盛んだったのである。当然、出雲までつながっていたのだろうか——。

妄想をたくましくするのは、もうやめる。

それにもかかわらず、神社のオリジンのひとつに櫓があるのかもしれない、と思わされるのである。

だが、伊勢神宮という神社はまた別だ。ここには天照大神《あまてらすおおみかみ》が祀られているのだが、もともとは宮中に祀られたと『日本書紀』は伝える。これでは畏れ多いから、適地を探して移し、奉ったのだと——。当然、仏教伝来の後のこと、それによる天皇家支配構造の安定をみてからであろう。つまり、天皇家の氏神神社はどうあるべきか、検討して意匠されているのである。当然、出雲大社はとっくにあった。これらも参照し、どうすれば非仏教「建築」をつくりうるか——。

瓦葺きでなく桧皮《ひわだ》葺き、丹《に》塗《ぬ》りでなく素地の仕上げ、基壇でなく高床、妻入り（出雲）ではなく平入り、だから棟持柱つき——。そうした結果として、掘立柱は必然的に選ばれている。その故に「式年遷宮」もまたセットにされたのである［★一——式年遷宮と神嘗祭］。

記録によれば、遷宮は六一回、二〇年周期が正確に守られたとすれば、一二二〇年を経たことになる。

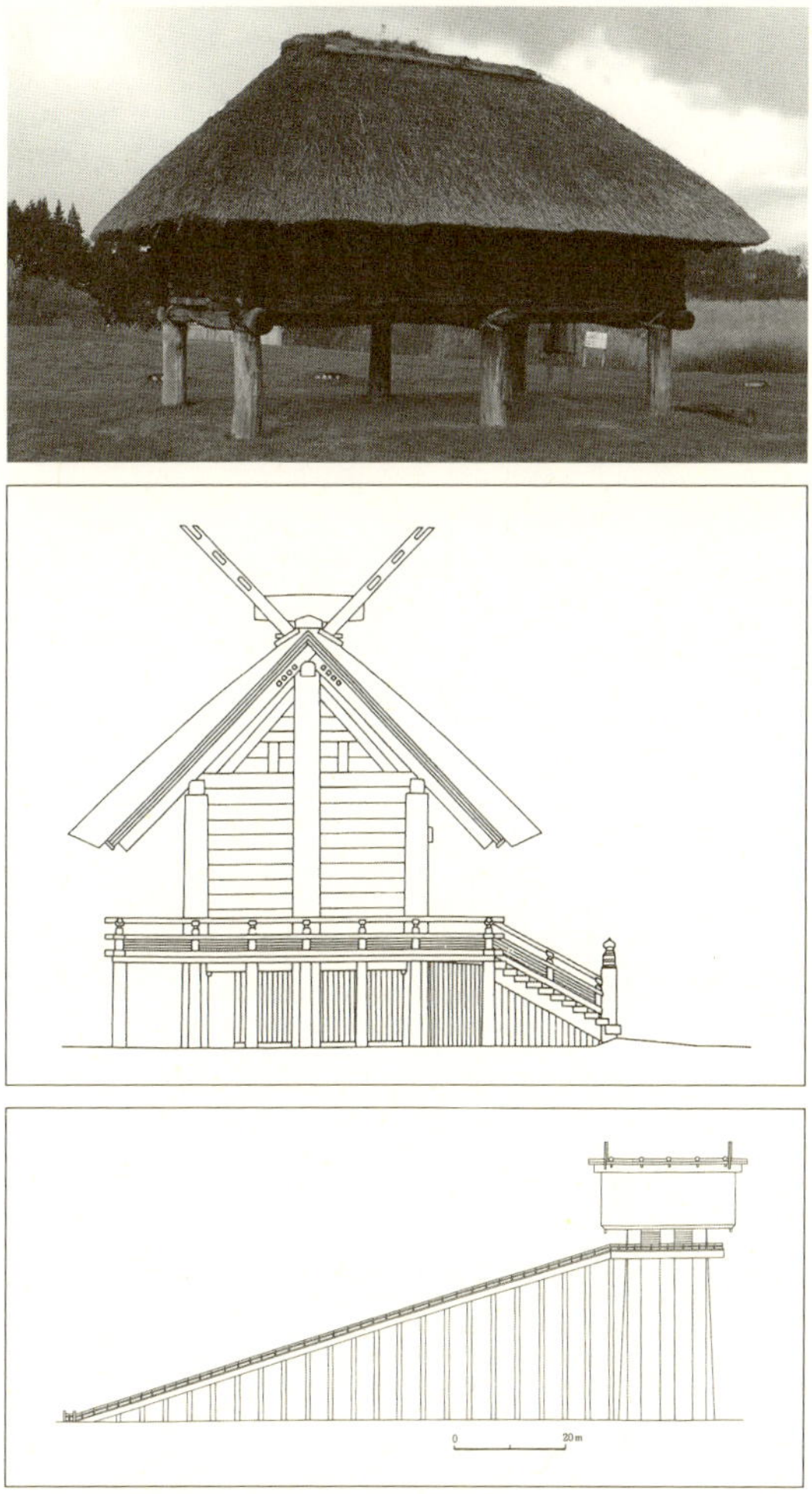

1――縄文時代の掘立柱（上）と恣意的な掘立柱（中）
上＝三内丸山遺跡の高床倉庫｜中＝伊勢神宮正殿、
下＝初期の出雲大社（福山敏男復元案）
おそらくは両者の中間段階（首長制社会）

内地産の桧がいかに優れた用材であっても、敷地を四重に区画して厚く玉石を敷きつめ、掘立穴も木材と土泥とが接しないように石をつめ清潔につとめても、掘立柱は掘立柱だ。複雑にからみあう好気性と嫌気性のバクテリアに喰われて、地表部分で断面欠損は進む。この寿命が全体の寿命となって、二〇年なのであろう。たいしたフィクション、壮大なものだ。

たんに寿命が短いというだけが欠点なのだが、掘立柱は力学的安定もあり施工性もよい。すなわち、剛接に近い状態で柱を大地に繋ぎ止めるのだから、何の心配もなく屋根を好きなように葺けるし、嵐にも地震にも、よく耐えてくれる。だが、これをあえて廃して、架構体と大地との縁を切ることは、木造建物にとっての「文明」段階なのだ。皮肉なものではないか。無手勝流で、嵐にも地震にも火災にも、対抗せざるをえないのである――。

地業（じぎょう＝地盤を強化し地耐力を上げる工事。たとえば割栗を敷き並べて展圧する）をし、礎石を置き、この上に「土台」を敷くのである。柱は、その上に立てる。つまり、力学的には「ピン接合」で、X方向にもY方向にも別に固めないとグラグラする。この方法も問われる。その土台とは、ほぼ柱と同断面材、ヒバなどの腐蝕に強い樹種が好まれた。

とはいえ、いくら固めても地震や嵐のとき、架構体が揺さぶられて土台からズレたり、礎石から落ちたりしないような配慮は、関東大震災以後、なされている。礎石に玉石を使い、土台を玉石に合わせて削って、ズレを防いだ。さらにコンクリート布基礎が義務づけられ、アンカーボルトで土台を固定するようになるのは、実に一九五〇年、住宅金融公庫の仕様からだった。

それでも、土台と柱との接合はいまだに充分ではない。構造用ベニヤを一面に打ちつけるような方法だけが有効だとされるのなら、すでに、木造軸組構造が日本から追放されようとしている、といえるのかもしれない。

もう少し解説を加えよう。日本は世界有数の地震国だが、近畿地方にあっては大地震周期がほぼ一〇〇〇年であることが、阪神・淡路大震災（一九九五）に前後して明らかになった。それに比して、東海や関東は一〇〇年程度の周期であることもわかってきた。首府が関東に移って、すでに一五〇年、世界最大の人口集中地区（人口三八〇〇万人）がここに営まれてからも四分の三世紀になろうとしている。

まさに文明の試練だ。

★column──神話・宗教・国家

豊葦原の瑞穂の国──。

『古事記』は、この地の風土をこのように讃えて始まる。はるかにヒマラヤ山麓からつらなる「東南アジアモンスーン地帯」の東北限が日本、しかも南北に長いバナナのような列島だ。多大の降水に恵まれ、山脈からたくさんの中小の河川をつくって海に戻っている。河口には、中規模の沖積平野を続々と豊かに形成しているのである。河川延長が1000キロを超える大陸型とは異なる。日本の河川は行儀良く、中規模の沖積平野を豊かに、たくさん育んだ。江南から逃れた水耕民にとって、ここは幸せの邦だったのではなかろうか。そこに里ができて水耕田化が進み、やがて都市化して「封建制」ももたらす地勢的な根拠ともなっている。いまとなると、原形のままの豊葦原は、もう釧路湿原しか残されていない──。

さて、『古事記』は、水耕稲作を基礎にした国造りの物語だ。太安万呂が天武天皇の命によって記述した（712）のだが、伝承を語り継ぐ立場にあった稗田阿礼は、まず、森の神々を語りだした──。上・中・下三巻からなる『古事記』だが、天地開闢から鵜草葺不合命まで、森の中の神々、山や湖や沢の神の物語が記録されている。森の民の自然への畏敬であろう。つまり、縄文人からの伝承ではあろう。

マンモスを追って日本列島に入り、やがて森を切り開いて原始農耕民に転じたのが縄文人だ。三内丸山遺跡では大規模なクリの二次林が、川口の赤山ではトチの二次林やアク抜きの大型施設が出土している。もっと南には戦前まで焼畑農業が行なわれていた山地もあり、その典型的な作物はイモ類、かくして、お節料理には八ッ頭も豆も栗も欠かせないのである。

森は開かれても、まだ奥山は残っている。平地は田畑に変え、針葉樹林に変えた里山があり、奥山は「照葉樹林」帯のまま残される、というのが日本の農村の植生構造だ。

里に残された表象の森もある。「鎮守の森」にほかならない。そこに、里の守護神の社を位置づける。必ずしも社の背景や境内というつもりだけで鎮守の森は残されたのではなかろう。鎮守の森の鎮守役が、神社に担わされているのかもしれない。大和の大神神社、信濃の諏訪神社、武蔵の金鑽神社などは自然そのものを神体として祀り、本殿のない神社だ。どこも最初はこうだったのではないか、と太田博太郎も言う（『日本建築史序説』増補第2版、彰国社、1989）。

では、なぜ、本殿が建つようになったのか。西欧での例は次のようだ。

いま、ノルウェーだけに残る「スティーヴ・チャーチ」という証拠がある。バイキング舟を操ってアメリカ大陸ニューフィンランドにさえ植民し、ヨーロッパの至るところを荒らし回ったのが北欧ゲルマン人だ。ために、ローマ帝国はデンマークにもスコットランドにも出城をつくらざるをえなかった。この屈強の民が育んだのが「サガの神話」だった。バルト海周辺やフィヨルドの地勢が彼らを海上航運に誘ったが、もともとは森の民だ。後世、R・ワグナーが楽劇に仕立てる「白鳥の騎士」の物語、「ニーベルンゲンの指輪」、「トリスタンとイゾルデ」、「タンホイザー」などは、森の民の神々の物語だ。200ほどの説話が知られているが、アイスランドに最も富み、ここがゲルマン系の祖地とも言われる。

この地が文明段階に入るのは、すでに見た通り（第3章14節）、8-9世紀にかけてのこと、クリスト教への改宗を機にしている。ロマネスク教会や三圃制農耕とセットだ。

「サガの神話」陣営は慌てる。森そのものが聖地なのであり、伽藍はない。そもそも、部族社会段階に「建築」はありようがないのである。それにもかかわらず、彼らの持つ卓越した技術、バイキング舟の造船術で対抗伽藍を建てた。舟幅は狭いが長く、竜が鎌首をもたげたような舳先は特徴的だ。森の国の建物の主役は屋根。舟をひっくり返せば、充分にその用をはたせる。たとえば、大・中・小三艘を重ねるようにして伽藍はつくられた。造船技術の応用だから骨組は主に板材（リブ）であって、角材は少ない。これをシュターブ（stave［独］）と呼んだ。いま残るノルウェーの7棟は、その後クリスト教会に転向している。同じように、ケルン大聖堂も、シャルトル大聖堂も、ヨーク大聖堂も、もともとはスティーヴ・チャーチ（英語圏発音）だったと説く研究者も多い（Hans Jurgen Hansen, “Early Wood Building”, in Hans Jurgen Hansen, ed., Architecture in Wood : A History of Wood Building and Its Techniques in Europe and North America, Faber and Faber, 1969.）。

四季はなぜ訪れるのか。陽はなぜ東から昇り、西に暮れるのか。月はなぜ満ちて欠けるのか。嵐はなぜ来るのか──。「神話」とは、そもそも森羅万象の理由を、神々のおりなす「人間模様」になぞらえて解そうとするものだ。万物の背後に精霊を見ているのである。このアニミズム（精霊崇拝）が率直に建国物語に結びついたのが、たとえばギリシャやローマの文明だった。部族社会段階での住居の間取りをそっくり拡大して石造化し、神殿とした（お節料理と同じ）。都市単位で守護神を決めて捧げたのである。

いわゆる「宗教」は、ほぼ紀元前後から5世紀ほどの間に、今度は人々の魂の救済を主眼に編み上げられる。明らかに文明の所産だ。この宗教と文明とのセットが、さらに極東と極西とにもたらされるのが7世紀のことだった。ともに、複雑な様相をたどることになったのである──。

とはいえ、こういう例もある。

太平洋戦争当時のことだが、日本の南洋進出から米軍の勝利までの日米の航空消耗戦を、ジャングルの奥から秘かに見ていたのがニューギニア高地人だ。神々の戦いと理解したのである。終戦後、ジャングルを切り開いて見よう見まねの滑走路をつくり、草葺きの格納庫やコントロールタワーを建て、形だけの飛行機を木や竹でつくって並べた。来ることのない飛行機の着陸を、毎夜かがり火を焚いて祈り続けているのである。いまでは、高空をジェット旅客機が通りすぎていく──（マーヴィン・ハリス「幻の積荷」［『文化の謎を解く──牛・豚・戦争・魔女』、御堂岡潔訳、東京創元社、1988］）。

まだ追いつける技術段階にあって、やがて文明を自家薬籠中のものとできたことは、われわれの幸せだ。ユーラシア大陸両端の文明は、その後も幸運に恵まれ続ける。

問題はその理由だ。ただ、地理的、地勢的にだけもたらされたのであろうか──。

2──ボボルグンド（ノルウェー）のスターヴ教会
3──テレマークのスティーヴ教会の身廊見上げ｜筆者撮影

20 真壁

意匠原理を構造体に求めるということ

Center line measuring system. Civilization stage of wooden building

西ヨーロッパも降水に恵まれ木材資源に富むところであり、その建築文化はもともとは木造から生いたった。集合住宅をのぞけばいまだに居住用建物は木造主流だ、と説き続けてきた。じっさい、日本の民家と西欧のハーフティンバー建築は見るからに似ている。急勾配の草葺き屋根を原形とする真壁造りの木造であって、煙突の有無をのぞけば、まさに瓜二つだ。

それにもかかわらず、西欧にあって建築の規模や寸法表示は、面々《つらつら》制でなされてきた。何呎《フィート》何吋《インチ》×何呎何吋の部屋というような表記だ。図面もこのように描かれ、こういう概念をもって建設も設計もなされてきたのである。

組積造の場合なら納得しうるところだ。

壁が構造体だから厚い。多層階建てになると、各階で壁厚が異なり、下層階にくると異常に厚くもなる。CGS単位制（メートル法）の国では煉瓦のサイズは二一センチ×一〇センチ×六センチだが、煉瓦一枚積み（壁厚二一センチ）は普通の部屋を平屋でつくった時の標準壁厚だ。一層増すごとに一枚ずつ増えていくから、五階建てなら、最上階の八帖は最下階で四帖半に減ってしまうのである。

しかし、組積造はラテン社会の文化だ。西欧は、これを規範として「建築」を意識してゆく。たとえば、神殿の列柱の柱間は柱の太さの何倍《ビット》なのかという解析をL・B・アルベルティ（一四〇四―七二、『建築十書』）はする。ここでは、柱列《オーダー》までもが面々制のなかで意識された。それは近代に入って鉄骨やコンクリートの軸組構造になっても持ちこされ、やっと一九三〇年代に至って、芯々制への移行がはじまる。

この意識がないかぎり、構造体はいつまでも下地にすぎず、また、工業化や標準化あるいはグリッドプランニングさえありえまい。

その反面、日本は最初から芯々制で「建築」の体系を理解していた。「間面記法」（第三章14節参照）はその証左だ。つまり、構造体は当初から意匠そのものであった。こうした環境のなかで、真壁造りが日本の建築意匠の原理となって、ごく当然であろう。建物の外側からも、内側からも、構造体こそが意匠原理となった。

他方で、奈良、平安、鎌倉と時代を追って柱は細身になっていく。いかに森林に恵まれた日本とはいえ、巨大な木材の供給には限度があったのだろう。とはいえ、白鳳時代の再建になる法隆寺は天平のプロポーションを求めて、あるいは江戸期の再建となる京都御所も平安のプロポーションを求めて、巨木をさがしあてている。必然的に、時代を追うにしたがって横架構を重用して柱の断面性能への依存も減らした。たとえば、貫《ぬき》あるいは台輪《だいわ》、長押《なげし》の意匠化は鎌倉時代以後の特徴にほかならない。江戸時代には、都市の居宅にあって柱は三―四寸角ほどにまで細まっている。

ここまでくると、内側からも外側からも真壁をつらぬくのは無理だ。裏表で二寸厚ほどの塗り壁では充分な防水性能は得られないし、居宅は杉材を柱にも雑作にも用いる。杉材は人に優しい反面、風雪による風化や劣化が進みやすい。結果として、妻壁上部など深い軒に被われた場所だけに、真壁は残されることになる。

　一方、三―四寸角の柱の断面性能が、結局は一間ごとに柱を立てる居宅のグリッドプランニングを生む。「間面記法」が前提にする殿舎のスパンは三メートル（一丈）やそれ以上もあり、主《メジャー》構造《ストラクチャー》として、いかにもグリッドプランニング然としているが、居宅の一間ごとの柱だと、主構造と従構造《マイナーストラクチャー》（押入れや便所などの小間仕切りなど）の区別が判然とせず、惜しむらくは構造体の視覚表現という意匠原理から遠ざかる。

　それでも、居宅にあってさえ内部の意匠は真壁がつらぬかれる。三寸五分（一〇五ミリ）角ほどの柱の場合、裏表で二寸ほどの左官仕上げなら、柱と壁表面とのチリ（段差）は七分五厘（二三ミリ）弱となる。柱に糸面（いとめん＝実巾三ミリほど角おろし）をとり、鴨居などを、この面内に収める。遠目には直角にきちっと廻っているように見えるが、糸面の巾が「逃げ」となって工作誤差や経年変化を吸収するのである（敷居や畳寄せは面外、天井廻り縁は突出して天井を飲み込む）。

　竹小舞に代わって「ラスボード」が使われだしたのが一九五〇年代。それも丸穴式からチップ式に変わり、八〇年代後半からは「ラスカット」に置き代わっている。壁の耐火性という課題なら、いずれも大差はない。それより、大壁にすることによって耐震性の向上をはかろうとする法規制に呼応している。のみならず、下塗りと上塗りだけ、合計一二ミリの仕上厚の左官（室内用）が普及する。

　しかし、これもさらなる省力化の波に洗われる。プラスターボード貼り、パテしごき下地のクロス貼りという工法に転ずるのである。そのクロスも、八〇年代以後、ビニルクロスだ。大事なのは、どこかに〝フリク〟（不陸＝フラットネス）調整工程が入ることだ。パテしごきはこれにあたる。しかし、そもそもの真壁木造では、躯体そのものを入念につくって、この段階では一発勝負だった。木製建具が使われたから、躯体の経年変化には建具調整で対応できた。安普請ではスキマ風も盛大だという諦めさえ、これをサポートしたのである。

　日本は、近年、年間一五〇万戸の住宅供給をしてきた。人口が倍以上のアメリカよりも大きな数なのだが、壊しては造り、造っては壊す。それが日本の文化であり、伝統なのであろう。すでに戸建て住宅は供給戸数の三分の一ほどとなり、そのほとんどは木造と考えられる。

　その技術文化はたしかに「芯々制」だが、その実質は「大壁」だ。いま、日本建築は大きな岐路に立っている。

4――ハーフティンバー造りの街角
ストラスブール
5――竹小舞下地のつくり方｜引用図版＝
『建築家・吉田鉄郎の『日本の住宅』』
6――プランで見る真壁と大壁
（白井晟一《K邸の書屋》の書斎部分）
内部の壁は真壁でつくられ、その外に建具
3枚（障子＋ガラリ付網戸＋ガラス）を建込み、
それを大壁で覆っている。だが、吊戸棚内部は
ベニヤ貼の大壁、両側から使える押入れは
柱面の面内（めんうち）にベニヤを貼っている。
なお、右側の大型開口では柱一柱の
障子が引違いで入る。外からも真壁に
見せたい時、白井は柱型を貼ったりして自在だ。
引用図版＝『白井晟一全集 補遺』
（同朋社、1988）

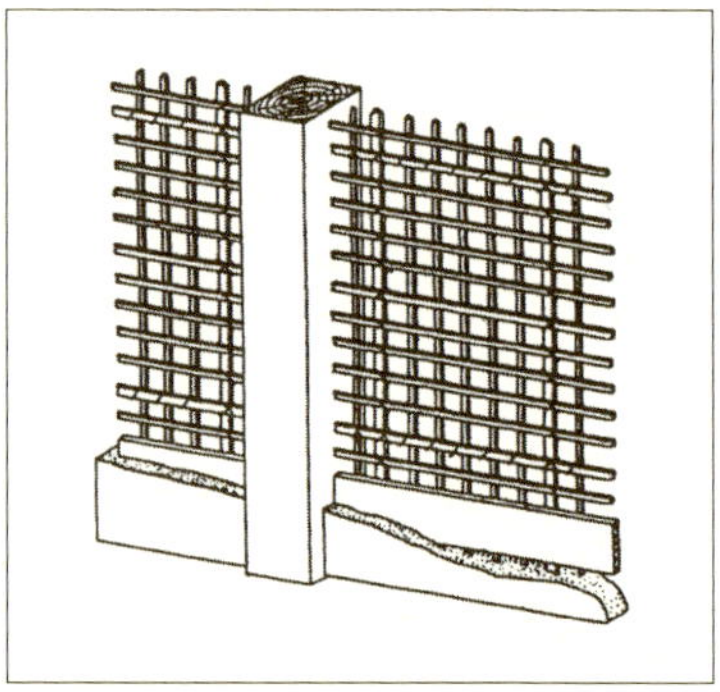

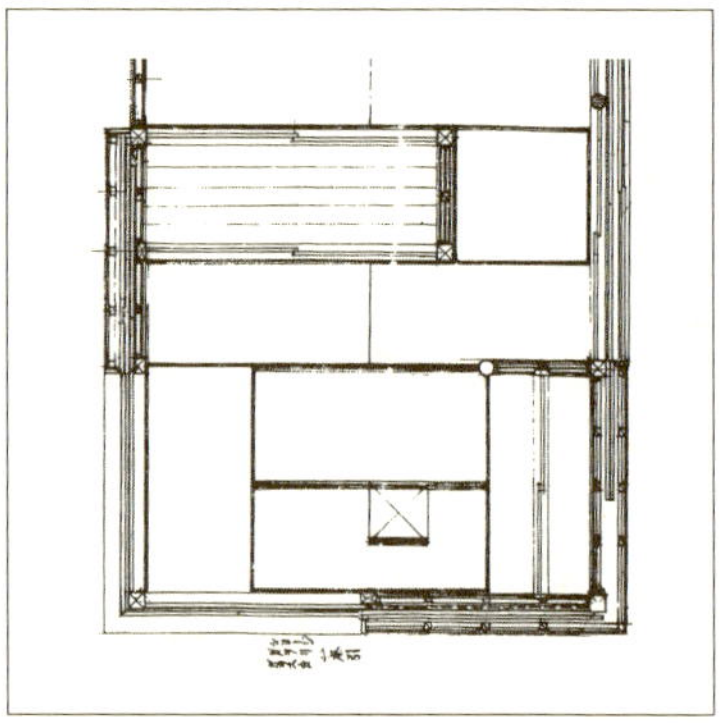

21 絵図板

Grid planning: Planning and the space marker

空間座標と間取り

マケドニアにアレクサンドロス大王が出て、近東—中近東一帯がヘレニズムに染めあげられたあと、エジプトには、プトレマイオス朝がおきて栄えた。当時のアレキサンドリアには、世界の七不思議といわれる巨大な灯台や図書館が建ち、ユークリッド、アルキメデス、カリマコフ（文学者）などなど多士才々が集ってくる。

時の図書館長はエラトステネス（博物学者、BC二七五—BC一九四）だ。王朝南端の前線都市シエネでは、夏至の正午にはどんな深い井戸の底にも光が届く、と聞いた。赤道直下だったのであろう。人を派遣して確かめさせたうえ、アレキサンドリアからの距離も言われてきた通りか、見直させる。一方、本人は図書館の中庭で夏至正午の影を測る。アレキサンドリアでは、七度角だった。これは全周三六〇度の五一分の一だから、「地球」の周長はシエネまでの距離の五一倍、今の度量衡では四・一万キロ（!）と計算した。大正解である。

アポロ計画（人を月に送るNASAのプロジェクト）を終了して、いったん目的を失ったアメリカに、「宇宙大航海の時代」を説いたC・セーガンは、啓蒙書『コスモス』を、ここから書きおこすのである。

「地動説」を唱えたコペルニクス（一四七三—一五四三）やガリレオ（一五六四—一六四二）は、実はアリスタルコス（BC三世紀、ギリシャ）の説、つまり、火星の宙返り運航の合理的な説明（地動説）を知ってのことだったが、この説の前提は、なんといっても地球説にある。つまり地表は平坦ではなく丸いという認識がなされていたのである。ルネサンスの初期にあって、フィレンツェ出身の科学者P・トスカネッリ（一三九七—一四八二）は海図を初めてつくった。球体を平面に表記するという意識を、最初に持ったのである。のみならず、マルコ・ポーロの『東方見聞録』に夢見心地のコロンブスに文通して、西廻り東方航路の可能性を教えた。

じっさい、ポルトガル、オランダ、英国のように、地中海にではなく大西洋にだけ開いている国々では、外洋航路の確立と、それによる東方直接交易だけが、新興国家の存亡の鍵を担っていた。「カラベル」は北欧伝来の外洋帆船改良の所産であって、排水量二三〇屯（重量一〇〇屯）、微風でも三—五ノットで走り、強風に恵まれれば一〇ノットにも達する高速船だ。

とはいえ、磁気コンパスはジェノバから発して普及過程にあった。それだけで作られた地図がポルトラーノ・マップ、それでも今日の眼で見慣れた地形に近づいている。

子午線と緯度とを仮想し、その地球を筒状に巻いて、球芯から緯・経両線の交点を投影。その筒を展開したかのような作図を考えたのが、メルカトールだ（一五六九）。大航海の時代から定期航海の時代に移るタイミング［★二——メルカトール図法と子午線］。任意の二点間の航路を同一方位でなしうることから、海図にもっとも適し、今日に至っても使われている。ただし、赤道域と極域との面積差が極端となって、一般的な用途の地図では、等積図法に変わっているが——。

人は、未知の領域に立ち入ったとき、現在位置をまさぐって生存可能性を高めようとする。既知の領域との位置的関連を知ろうとするのである。移動距離が大きくなればなるほど、既知の場から離れれば離れるほど、現在位置の表示方法は客観性のあるものとならざるをえまい。

ヨーロッパにおける、地中海交易から外洋交易への展開は、時をおかず、地球大の移動、それも定期的常習的移動となった。それを担ったのは天測航法だが、その前提に、時の客観化［★三――グレゴリオ暦と近世］と、場の客観化（子午線、メルカトール図法）とがあってのことだった。

ずいぶん高踏的な物言いになっているが、日本の工人たちが何気なくやってきたことは、実は驚くほど高度な抽象性に裏打ちされている。そのことが言いたかったのである。

間取りが決まりかけると、その技術的可能性の検討に大工職は入る。杉の柾板を削り出し、一間を一寸、つまり六〇分の一の平面図を、その板に墨付けしていくのである。北を上、南を下に描く。上下（つまり南北）の柱列を、上から、壱、弐、参、四、五……と番号をふる。左右（つまり東西）の列柱を左から、い、ろ、は、に、ほ……とふる。この符号を何と呼ぶか。「通り芯」である。つまり「位置」、直交する座標が特定の位置を表示している。位置のアドレス（住所）なのである。

そこに柱がある場合もない場合もあろう。だが、同時に具体物も指す。棟梁（とうりょう＝大工職の親方であり、普請全体の負請人であり、その指揮者）は、柱材の長さと節《ふし》や柾目《まさめ》の程度に応じて木選びをして、その小口に「参は」、「六と」などと書き込んでアドレスをつけ、一本一本に墨付けをし、弟子たちに加工させてゆく。加工材は、棟上（むねあげ＝構造材の現場組立）まで、下小屋に積み上げておく。大工職のなかでも棟梁の頭のなかにだけ完成図があるようにみえる。それは神秘的なものだ。ここでは、やがて論ずる「矩計《かなばかり》」という長い棒（あるいは板）が、定規として使われるだけなのである。

昭和という時代に入って、方眼紙（グラフ用紙）が学校教育のなかで使われだすのではあるまいか。

最初は理科系あるいは経済系の高等教育機関のなかで、戦後は義務教育のなかでも継続観察の記

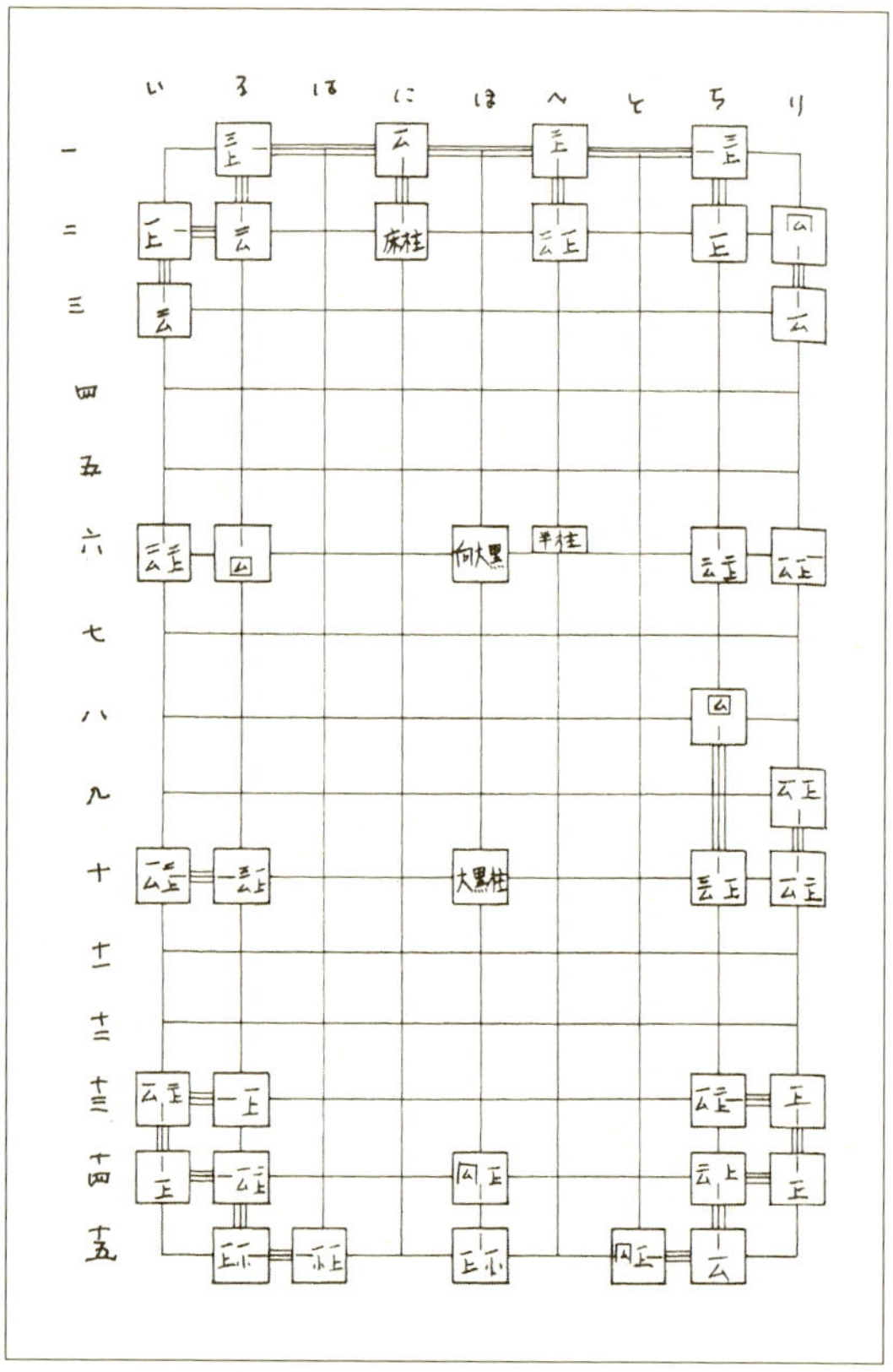

7――絵図板｜引用図版＝深谷基弘＋鈴木紘子『図解 木造建築伝統技法事典』（彰国社、2001）

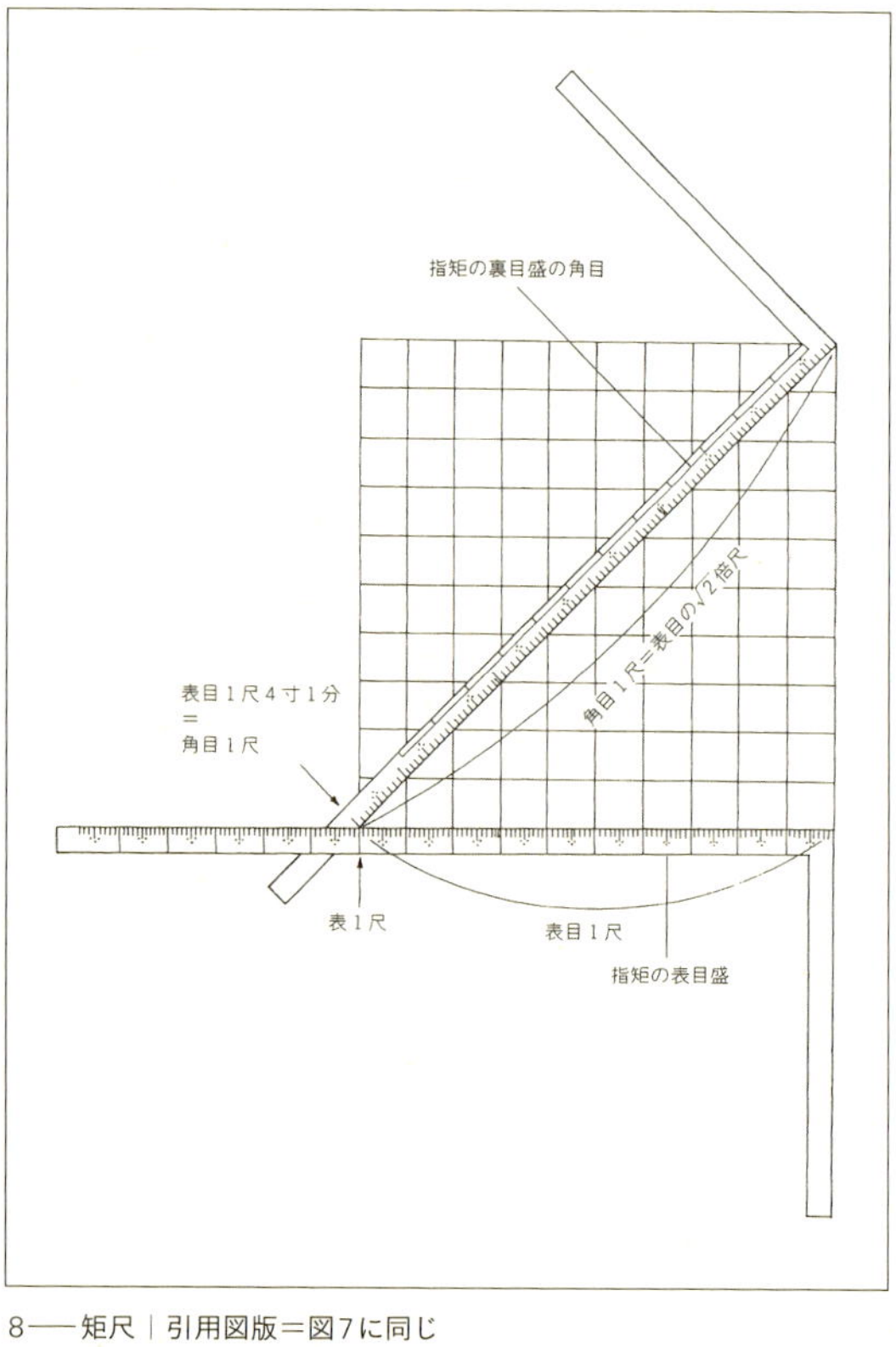

8――矩尺｜引用図版＝図7に同じ

録用紙としても使われた。どこでも買える。これを台紙にして、家の「設計」がなしうる、そういう文化（習俗とでもいうべきか）が存在するということが、なんとも驚きなのではあるまいか。

畳という定尺床材の存在が、おそらく、すべてをもたらしていよう。東求堂から数えて五世紀の所産だ。でも、忘れられないのは、「戦後」住宅復興における住宅金融公庫という制度だ。当時は主婦《ハウスワイフ》は健在であり、その願望は方眼紙に託されていたのであろう。課題は球体の平面表記というような本来的困難をともなったものではない。しかし、狭小な敷地に極大面積の家を建てて、あらゆる願望をつめ込もうとするのだから、そもそもやさしいことでもない。

それより、日本人の居住への関心なり願望なりが、間取りに集約されているところに、文化の特異性が読めるのである。

9——番匠の姿
番匠とは棟梁中の棟梁。多大の工人集団を率いて各地に大造営をし、近世初期の技術普及の鍵となった。
梨本祐為画『職人尽発句合』（1797）より。
出典＝国立国会図書館

22 内法《うちのり》

Inside Dimension: Sliding fittings tempted to 3 dimension grid works

引き戸が立体格子を想定させた

もう少しはやく論ずべきだったが、一間《いっけん》という呼称に対する実長（じっちょう＝実際の長さ）は、時代によって変わる。

寝殿造りの頃は、柱間が一丈つまり一〇尺だったことはすでに論じている（第二章07節）。木材資源の先細りについても、前々節にふれているが、柱が細身になれば柱間も縮んで当然、室町時代から戦国期にかけて次のようなデータがある（内藤昌「畳割」『世界建築全集 三』平凡社、一九五九）。

東福寺龍吟庵方丈	一三八八年	六・八尺
鹿苑寺金閣寺	一四〇〇年頃	七・〇尺
銀閣寺東求堂	一四八六年	六・五尺
妙喜庵書院	一四八六年頃	六・五尺
大徳寺大仙院方丈	一五三一年頃	六・五尺

とはいえ、一尺（三〇三ミリ）は一定なのだから日本人は現実的だ。やがて始まる「太閤検地」（一五八二―一五九八）は六尺三寸（一九〇九ミリ）を一間とする。六％ほど地租の取り分を増やしたのだが、それを超えて、農業生産性は上がっていたはずだ。以後、柱間もこうなる。

江戸幕府もまた検地条令を発するのだが、「慶安の御触書」と並んで施行され、この段階で一間＝六尺が制定されている（一六四九）。しかし、作事方（さくじがた＝幕府おかかえの棟梁。民間造営の取締りにもあたった）がこれを強制したのは天領（幕府領）しかも江戸が中心だったのだろう。この寸法体系は「関東間《かんとうま》」とされ、全国区とは言いがたかった。だが、関東大震災復興や太平洋戦争の戦災復興などの機会を通じて、いまでは全国区に育った。CGS（センチメートル・グラム・セコンド）単位制への移行が浸透しきった今日でも、流通建材の寸法体系はサブロク（三尺×六尺）に席巻されているのである。

眼に見える整合性を「合理」と捉えるのが関東人だとされる（「観念的」だと言われているのである）。もともと「関東人」という人の群はなかったのであって、雑多に集った集群にとって、文字通りであって、いかにもわかりやすかったのであろう。

こうしてみてくると、前節で論じたグリッドプランニングは、おそらく明暦の大火（一六五七）以後、工人の意識のなかに根をはり出したのではないか。一間＝六尺浸透の機会でもあり、これも大きく寄与したろう。

とはいえ、建物とは空間なのであって、三次元の拡がりを持つ。つまり、X、Y、Zの三軸にまたがるのであって、それなのに、なぜ平面だけに、つまりX軸とY軸からなる象限にだけ、関心は片寄るのであろうか。おそらく、高さ方向（Z軸）の高いレベルでの安定が前提になっているからなのであろう。

いうまでもないが、高さ方向のほとんどは建具で埋めつくされているのが、「座敷」なのである。襖、障子、葦戸《あしど》、板戸、ガラス戸、雨戸などいろいろだが、その高さは一定だ。周知のように、この高さを内法《うちのり》と呼ぶ。実は、建具一枚のサイズは世界的にみても同じようなものだ。肩幅（四三ミリ程度）の倍ほどを建具幅とし、身長（プラス履物の高さ、二〇〇年ほど前には洋の東西を問わず身長は想像以上に低かった）で建具の高さを決めている。これは容易に運べるコンポーネント（工作物単位）としてギリギリの寸法であることも作用して、かなり普遍的なサイズだ。これを開き建具swing fittingsとして扱うのか、引き建具sliding fittingsとして扱うかに分かれる。とはいえ、前者は世界的に広く分布するが、後者は日本だけだ。

半部《はじとみ》という吊り上げる上部と止め金や桟で外せる下部との組合わせという段階がいったんあり、引き建具は出現したと考えられる［★四——朝鮮半島の引き建具］。

つまり、座敷の成立と引き建具の定着とは密接不離の関係にあろう。

たとえば、置き畳から座敷への過渡期に、連続置き畳が位置づけられるが、その唯一の遺構、東福寺龍吟庵（前章を参照）では引き建具への移行をほぼ完了しているにもかかわらず、主室の南側縁側に面する中央部ワンスパン二間分（一三尺＝三・九メートル、六枚建具引分け、両端部の内外を舞良戸で襖仕立）の内法だけを、わざわざ一段高くしている。ここで、連続置き畳はとぎれるから、出入口のメタファを高さに求めているのである。このような扱いは、その後途絶えて、建具のない壁にも、内法は廻っていくようになる。

ただ、おそらく聚楽第の頃から定型化したであろう「上段の間」という権威装置は、当然のことながら、内法連続のデザイン原理を破ってこそある。ここでは、いろいろの工夫が重ねられているのであって、これに類するケースでだけ登場する「帳台構《ちょうだいかまえ》」は、わざと内法を低く意匠するのであり、これもまた高さ方向の辻褄合わせが目的だったのかもしれない。それは、専用住居性の高い邸宅（「行」）や居宅（「草」）では、床の間の「落とし掛」の由来となっているとすれば、床の間は上段の間のメタファという太田博太郎説は説得力を持とう（第二章「真・行・草」の表を参照されよ）。

さて、「戦前」といわれる時代、関東地方にあって内法はどれほどだったのか。

吉田鉄郎が一七五二ミリを明確に示している。五尺七寸である。これは畳面から鴨居下端までの寸法であって、縁側や台所などの板の間では、畳面より一寸下がるから、ガラス戸や雨戸は五尺八寸（一七八二ミリ）となる（『建築家・吉田鉄郎の『日本の住宅』』、SD選書、二〇〇二）。この寸法は、この時期の「行」、「草」の居宅に共通するものであって、多くの例で私たちも確認している。

こうして内法をそろえておいて、その上にも下にも多様多彩な表現を許している。その顕著な例は「欄間」であって、やがて論ずることになる。

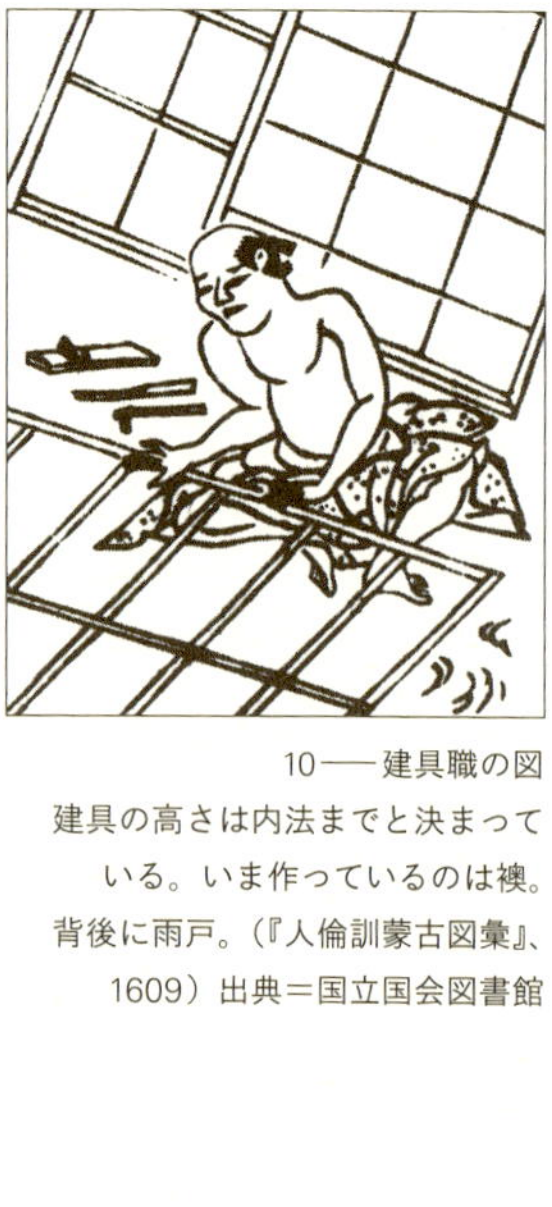

10——建具職の図
建具の高さは内法までと決まっている。いま作っているのは襖。背後に雨戸。（『人倫訓蒙古図彙』、1609）出典＝国立国会図書館

23 矩計《かなばかり》

Long stick abstraction: Vertical dimensioning in construction

建物の高さ方向と工作体系

学校で建築を習うと、普通の部屋の天井は高さ八尺（二・四メートル）、と教えられる。部屋が大きければ天井も高くなるというような含意も秘めているのである。

それでは「普通の部屋」とは何か。たぶん八帖なのであろう。一方で天井が高いことは望ましいこと、低いことはあばら屋なり安普請なりの属性だという含意も言外に秘めている。このことの真偽は次章にあらためて論ずる。だが、諸事情にかんがみ、かねて二・二五メートルの天井高を採用してきたのが公団住宅だったが、その後の民営のマンションもおおかたでこの数値は踏襲されてきた。だが、これでよしとする計画系の建築識者は、実は、ほぼいない。公団自身も罪の意識を持ったのだろう。東京・九段の本部建物を自前で建てたが、ワンフロア一〇〇坪を超える広大なオフィスは、なんと二・二五メートルの天井高で積み上げられている（!）。

さて、居宅（「草」）でも邸宅（「行」）でも、内法は五尺七寸（一七五二ミリ）、関東では居宅の天井高は八尺（二・四メートル）、邸宅の天井高はそれ以上となる。ここまでは、すでに論じている。しかし、その上に、屋根は載る。

屋根は、昭和戦前期に「逆流止め瓦」が工夫されるまで四寸勾配だった。「四寸勾配」とは一尺（三〇ミリ）ごとに四寸（一二センチ）あがるというもの、つまり四〇％勾配だ。少し大きな家になると、屋根はとてつもなく巨大化した。この架構については次節に詳しく論じる。工人たちにとって、「絵図板」が平面の工作基準だとすれば、高さ方向（タテ方向）の工作基準をどのように決めたのか。

建てるというリアリズムから建築を発想するのが工人だとすれば、創るというロマンから建築を発想するのが建築家だ。とはいえ、建築が建築である以上、何らかの用をはたすのであって、例外をのぞけば、それは平面（間取り）に集約される。まず、平面（プラン）が構想され、ついで、断面（セクション）が検討される。建築家の場合、断面を図面（断面図）として描き、この結果をふたたび平面図におとす。この間、立面図（エレヴェーション）も描き、室内の展開図も描き、行ったり来たりを幾度もくりかえすのである。私たちにとって「設計」とはそのようなものだ。建築家が工人に渡す図面は、これらを清書したものである。

工人の場合、この行ったり来たりの過程は、おそらく、現場でものをつくりながら、なされよう。日本の棟梁が断面というものを、どう意識していたのか知らない。だが、高さ方向の寸法は、その建物ごとに長い検尺《けんじゃく》をつくった。棒状だったり板状だったりするが、実寸で、地表面、板貼床高、畳面床高、内法、天井高、軒桁高《のきげただか》、棟高《むねだか》などなどを墨付けをしていく。何本も何本も横線がマークされていくから、太線も細線も、二本線も三本線もあって見慣れないマークも打たれる。易（えき＝儒学の五経のひとつ「易経」から転じて、占い）に用いる筮竹《ぜいちく》（八卦）を巨大化したようにも見える。見るから神秘的だ。

工人たちは、これを矩計《かなばかり》と呼ぶ。「矩《かな》」とは直角という意味だ。平面図（絵図板）から直角に立上る方向、つまり高さ方向の、工作基準寸法という意味なのである。どの文化にあっても、文明段階に入れば、三対四対五の三角形が直角をつくるということを知る。直角と直線とを現実に具現しえたのが、文明の証左だ。

だが、日本の工作文化は、それをはるかに超え

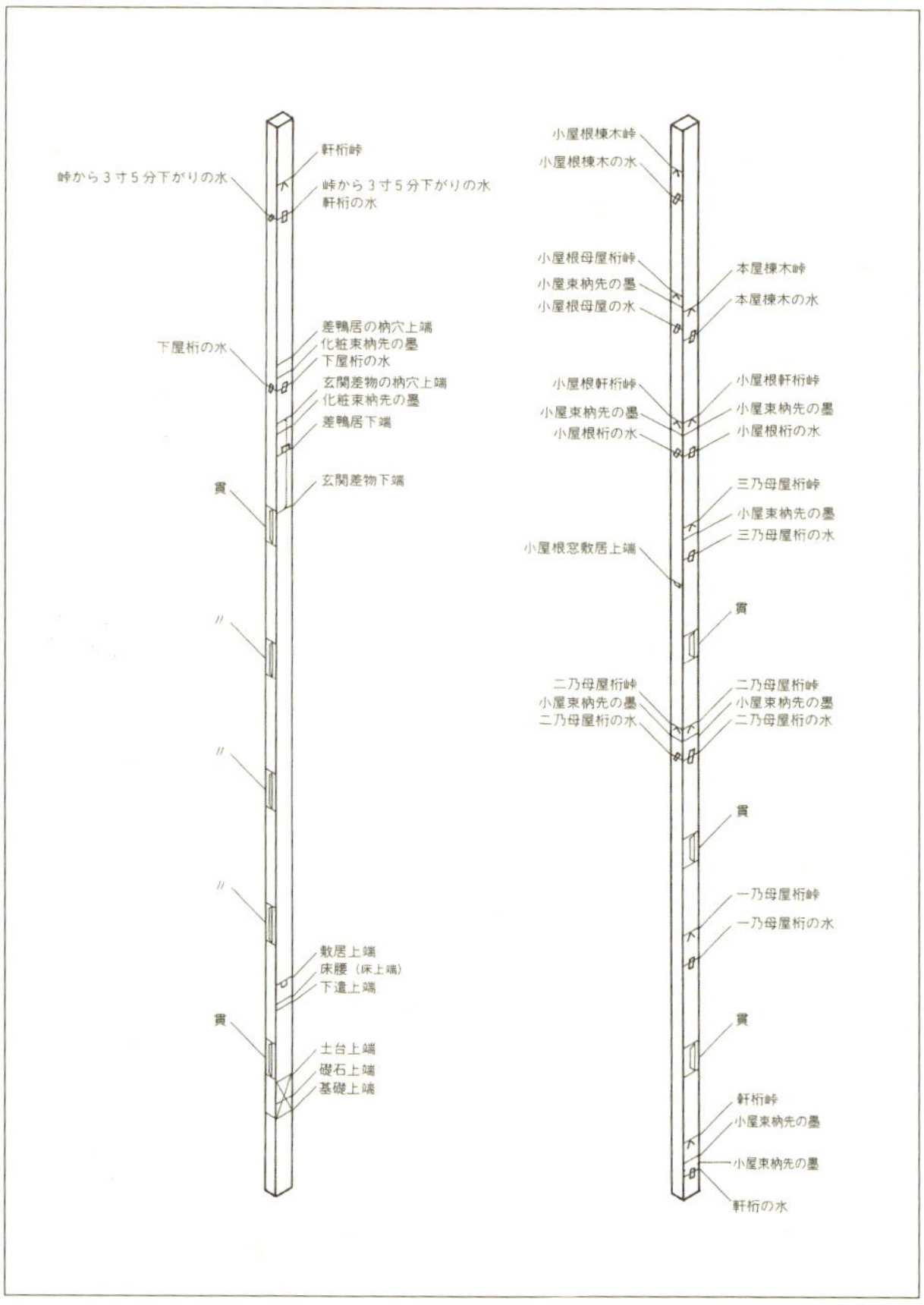

11――矩計棒（左）と小屋裏矩計棒（右）の例
規矩術に長けた三宅島の老棟梁・宮下英雄の伝統工法を後世に
伝えようとした深谷基弘（日本大学芸術学部教授）らが、
同島に「棟梁に学ぶ家」を建てて規矩術のテクスト化を試みている。
引用図版＝図7に同じ

る。直角に折れる金属製の大工職用の物差しを、おそらくは室町時代から使っている。矩尺（かねじゃく、あるいは差金《さしがね》または差矩《さしがね》）という。棟梁は、この「矩尺」だけで、「矩計」の墨付けをしていたのである。屋根勾配にしたがって高さを増す母屋（もや＝棰うけ材）もまた一本ずつマークされていく、その算出もまた矩尺だけで可能だ――。

矩尺の神秘は、それだけにとどまらない。表には尺寸目盛りがふられているが、裏目には$\sqrt{2}$倍（！）がふられている。つまり、丸太の直径を計って、そこから採れる角材一辺がわかり、柱の太さを裏目で計って長押の背を決め、枠材（わくざい＝幅半間の一本引き開口などの壁見切り材）を裏目で読んで角柄（つのがら＝タテ枠とヨコ枠とが、どちらかが突出して他材を飲み込んでおさめる技法、日本に固有の扱い。洋風では、タテ材とヨコ材とを互いに四五度に切り合わせて収めるが、この扱いは「トメ」となる）の突出長さを決める。すなわち、$\sqrt{2}$倍となっても美しいのである。

もうやめるが、矩尺の用法はさらに限りない。

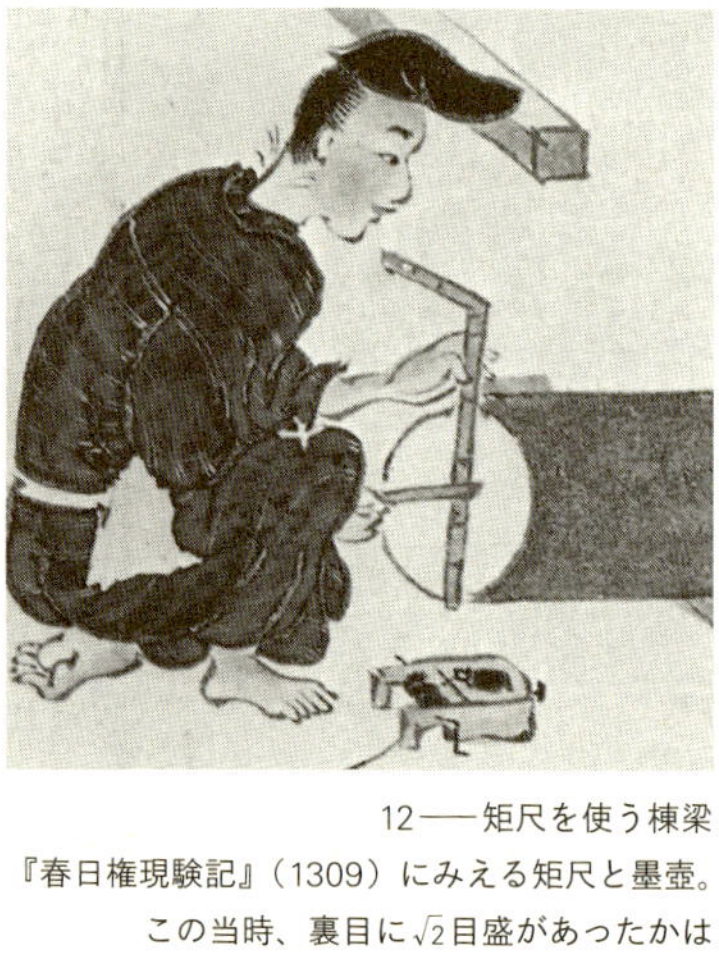

12――矩尺を使う棟梁
『春日権現験記』（1309）にみえる矩尺と墨壺。
この当時、裏目に$\sqrt{2}$目盛があったかは
不明という。出典＝国立国会図書館

「規矩術《きく》」と言われるのだが、階段の計算から桷（すみぎ＝寄棟屋根や入母屋屋根の四隅を下る稜線材）の実長計算までできるのだという。感嘆させられるのである。われわれは、わざわざ図面を描いて計ってみたり（ブイチという）、三角関数表を使って計算したりする。それも点から点への寸法なのであって、太さのある斜材、それも四五度にふっている二次斜材の実寸法など、とても求められない――。棟梁たちは、これらの部材一本一本を事前に仕口（しくち＝材と材とをハメ込んでかためる切込み）まで刻み、大きな建物でも、棟上はたった一日で終わらせたのである。

「矩計」とは、そうした規矩術の凝縮した一本の実寸検尺、高さ方向の設計図の抽象化ともいえる。しかし、そういう抽象化でこと足りたのは、平面の規準、つまりグリッドプランニングがあったか

らだ。そして内法という高さ方向の一次安定があったからだ。それ以前に、さらに「真」、「行」、「草」からなる様式の安定があったことも前提だろう。

近代工業化社会は、論理的・観念的に同じ展望にたどりつき、工業製品をもって時代にそぐう建築を求めようとした。これは、本章の最後に改めて論じよう。しかし、近世日本の場合、その現実的・省力的な対応の体系はまさに独特だ。のみならず、それで、味も素っ気もなくならないどころか、要所で、各職方の芸や腕も垣間見せている——。モノ作りの才が、日本人にあることだけは確実だろう。

とはいえ、江戸時代という長期にわたる政権の安定もまた不可欠だったのではなかろうか。この節に論じた課題に関しては、すくなくとも、「袋小路に入りこんだ進化」(第三章17節、図六キャプション参照)であろうはずはない。

この体系全体を「書院造り」と言うとすれば、再びいうが、合計四〇〇年も続いた。近世日本を起点とする生活体系そのものだったのである。

24 和小屋

Roof structuring of dwellings: Corruption and glory of populism in construction

ポピュリズムの退廃と栄光

京都御所の南端を「丸太町通り」が東西に抜けている。鴨川と河原町通りとの間に「木屋《きや》町《まち》通り」もあって丸太町通りと直交する。高瀬川(運河)が脇を流れて伏見までつながり、物流の中軸を担っていた。この一帯にはいまでも建築関連の老舗の職方の店々が軒をつらねているのである［★五——高瀬川と角倉了以］。

一方、中世都市・鎌倉には「材木座」という町名が残され、近世都市・江戸には「木挽町《こびきちょう》」という町名も残される。

材木座は由比ヶ浜から市内を結ぶ滑川《なめりがわ》経由の水上物流の要にあたり、いまは住宅地だ。「座」とは西欧のギルド Guild と同義であって、中世を代表する商工者組織にほかならない。やがて、信長や秀吉の「楽市楽座」が中世的流通を破壊し、近世——重商主義——への幕を切って落とした。一方、木挽町は江戸中期の埋立地にあり、深くて広い堀割が縦横に走り、貯木池や水上交通の便に恵まれ、一大木材センターとなった。

木挽とは、職方一人あるいは二人が両端を握って挽く大鋸《おが》、それをふるうこと(製材)、あるいは製材職のことをいう。「富嶽三十六景」に北斎が好んで描いた画題であって、当時、すでに各地でそれが営まれていた証拠だ。ただし、近代都市・東京は巨大な人口を集めて埋立をさらに進め、木材センターの役割は「木場」に移って、木挽町はしゃれた商業地に変身した。

社殿建築にあって、柱が円柱から角柱に変わっていったのは鎌倉時代だ。しかし、大工職から木挽職が分離するのは、少なくとも応仁の乱(一四六七—七七)以後ではないか。楽市楽座と関連しながら都市部でそれが進み、材木商は成立してゆく。大工職の指定部材の供給からはじまり、店ごとの規格材も生まれて一般売りに進もう。ことの必然だ。薄板や細材は人件費がのして割高だったろうが、厚く太ければ売り値の原価ファクターがのす。

このバランスに需要が作用して「規格」はできてゆく。市場原理とはこのようなことだ。

今日まで継承されている規格材に、〃インナナ〃〃インゴ〃（一寸七分×一寸五分＝五〇ミリ×四五ミリ）がある。瓦葺き用の棰材《たるき》だ。一方、〃トントン〃葺き（板葺き、いまの金属屋根にもあたる）なら〃インサン〃〃インニ〃（一寸三分×一寸二分＝四〇ミリ×三六ミリ）が棰材だ。ともに一束《ひとたば》いくらで買ってくる。こういう規格材が流通するということは、実は、その部材の支点間距離が一定していることにほかならない。じっさい、棰の下には母屋《もや》が直交して三尺（九〇センチ）ピッチで入る。

その母屋だが、これも一〇センチ角ほどの角材を使う。その支持はこんどは小屋梁であり一間（一・八メートル）間隔で〃流し〃（並べ）ている。この間隔も一定だ。小屋梁は建物の妻方向（短辺側）に端から端まで渡すから単材では長さが足らないこともあり、この場合、柱の上などで継ぎ足すのが通例だ。用材は柱の巾ほど（四寸程度）に肩（かた＝角）を落とした丸太材をそのまま使う。松材が好まれ、ために丸太は曲っているから凸側を上端に使い、ここに束《つか》を立てて母屋を支える。だから三尺ピッチで束が立つが、この束の高さで屋根勾配をとることになる。一本一本の母屋は水平だが、隣の母屋の高さを束の長さ（高さ）によって変えるのである。

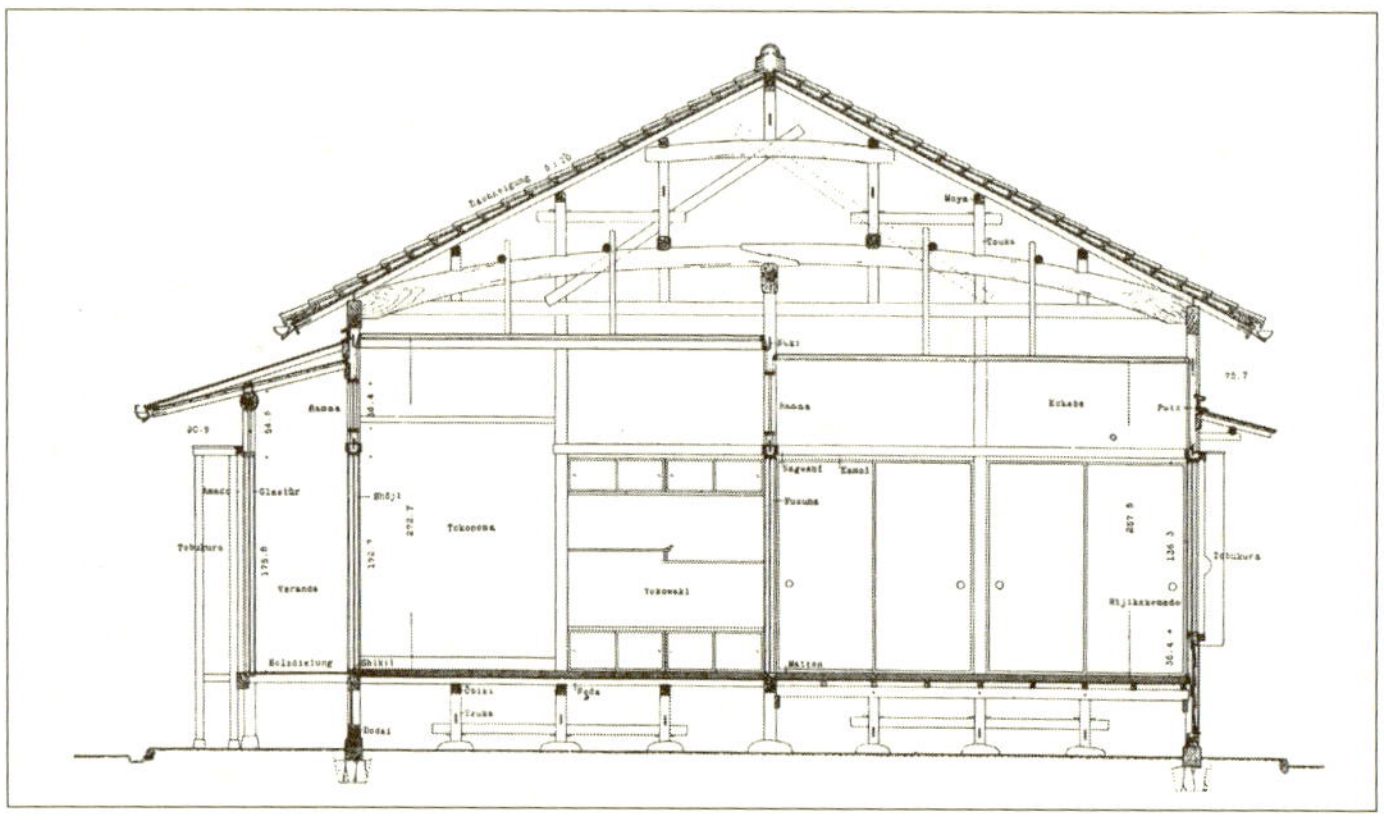

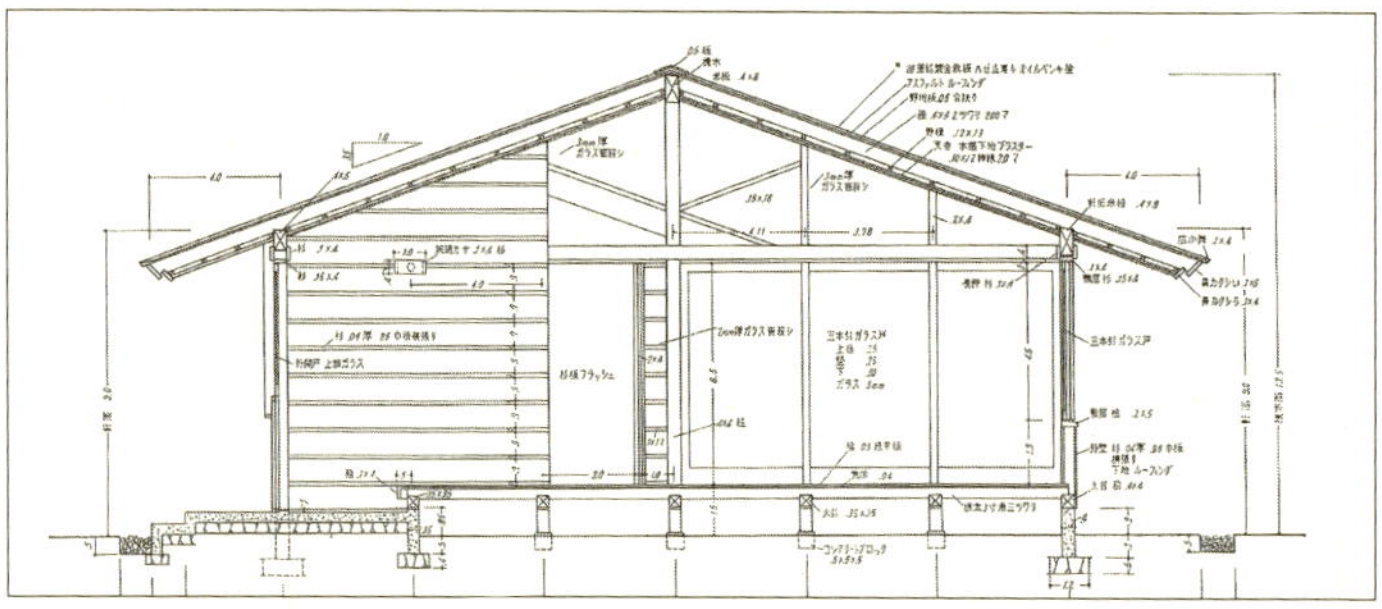

13——木挽きと製材された材木が持込まれている造作段階の現場
右上＝『三十二番職人歌合』から。大鋸が使われている。
右中＝『咄の開帳』（1803）から｜出典＝国立国会図書館
右下＝葛飾北斎『富嶽三十六景・遠江山中の図』から。前挽鋸をひとりで使っている。
14——和小屋と棰構造｜左上＝吉田鉄郎が示す和小屋｜1930年代の「行」でのケース。
左側に縁側が下屋として出され、右側の腰高窓には霧除けがついている。なお、大屋根の
軒の出は、検討の結果、瓦1枚分をつめて示した。寸法表記はcm。引用図版＝
『建築家・吉田鉄郎の『日本の住宅』』｜左下＝生田勉《栗の木のある家》（1956）の矩計
スパン2間を4寸の背（せ＝高さ）の棰でとばし、軒先を4尺持ち出している（尺貫法図面）。
成熟期にあたる棰構造。リフトテックスで断熱をした上に、棰下端に天井を打ち上げ、
さらに軒先のハナカクシ（屋根勾配の逆勾配でついている）を段違いにして
スリットをとり、屋根頭部からの排気もなされている。次頁のコラムに示す増沢洵
《自邸》（1951）の矩計と、よくよく対比されよ。引用図版＝『建築』1962年7月号

★column——戦後モダニズムと棰《たるき》構造

L・H・サリバンの名言「Form follows function」は、20世紀最初の年に公になっている（Kinder Garten Cats, 1901）。

とはいえ、できあがった形を機能で説明することはやさしいが、不可逆的だ。つまり、ものを作る拠り所とはなりにくく、言っていることがもっともなだけに、続く世代を苦しめた。詳しくは最終章に論ずる通りだが、1930年代は、構造という媒介項を機能と形態との間におき、構造の視覚化を通じて両者を調停して架橋し、サリバンの名言を実現する方途を確定している。この観点からすれば、平面方向ではまさに構造の視覚化を具現している日本建築だが、矩計方向、とくに小屋組みの不純さは、いずれ克服されるべきものとして課題をあとに残していた。

本文中に論じたように、長尺亜鉛鍍薄鋼板（幅三尺のコイル状長尺トタン）の登場が、すべてを可能にした。トタン屋根は、関東大震災以後、急速な普及をみたが、安普請ではトタン生子（波状加工トタン、三尺×六尺）が使われ、これで三寸勾配まで可能だったが、そもそも構造表現という水準にはない。瓦棒葺きという技法の確立により、本普請でもトタン屋根が用いられるようになったが、平板と平板とは「巻きハゼ」という技法で接合されても二寸五分勾配が限界、これは、銅板の一文字葺きなどでも同じことだった。つまり、縁側などの下屋は、かねて、この勾配だったのである。それでも、ここは架構表現されてきたことは、本書中で論じている。

つまり、戦後の構造は下屋の架構方法で全部を架構したとも言える。とはいえ、この場合の材は、柱材を割ってしばしば用いられた。三寸角（9センチ）二ツ割（9×4.5センチ）でスパン一間、四寸角（12センチ）三ツ割（12×4センチ）でスパン一間半が、ピッチ一尺五寸（45センチ）の場合の通常値だから、前者でも75センチ、後者で1メートルを超える軒がそのまま出せる。家全体のライズも低くなって雅びだった。一方、前者では一間間隔で、後者では一間半から二間間隔で、大きな母屋が走って棰を支えることになる。棟（むね＝屋根頂部）梁も含んで、ともに背の高い平材が用いられ、視覚化されるのである。

つまり、すべての構造材が「化粧」で仕上げられることになり、いずれもスパンが長いから良材を選ぶことになる。必ずしも安くはならないのである。なお、屋根断熱の必要は、この工法にともなって急務となった。まずはテックス板を野地板の上に貼っていたと言われる。当時、山口文象率いるRIA、白井晟一、生田勉などが名作を残したが、ここでは、A・レーモンド（第8章参照）の高弟・増沢洵の自邸（1952）をあげる。

名にしおうリミット・デザインが身上だ。九尺×六尺のグリッド（つまり六帖＝用途単位とグリッドとが結びついている）で平面構成され、交点に立つ柱は通し柱がつらぬかれている。棰に注目すると、三寸三分（0.33と表示されている）の背しかない。力学的な見方をすると「連続梁」で軒を出しているから、モーメントの反曲点がズレ込んで、これでもいいとは言える。しかも柱材を割ったのではなく、松材をわざわざ指定しているのである。それでも、台風のとき吹き上げの風をくらうと、屋根はきしんだそうだ。

モダニズムそのものが、おおいに日本を参照して成立したことは第8章に改めて論ずる。グローバリズムとなったモダニズムに洗われて、再び回生して発止とした姿は、まさに勇姿なのではあるまいか。

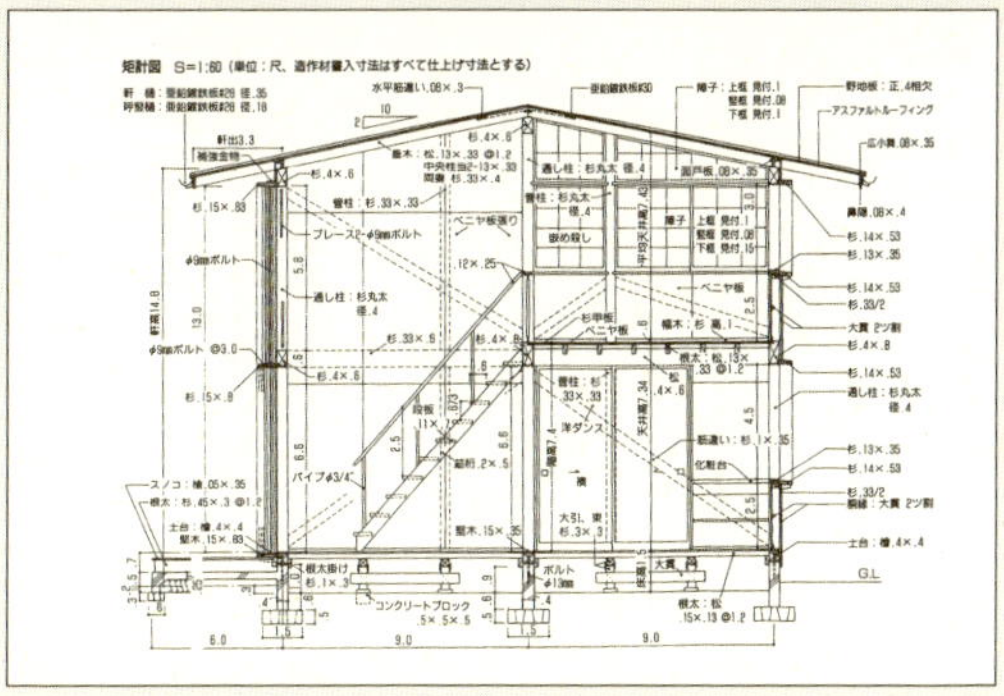

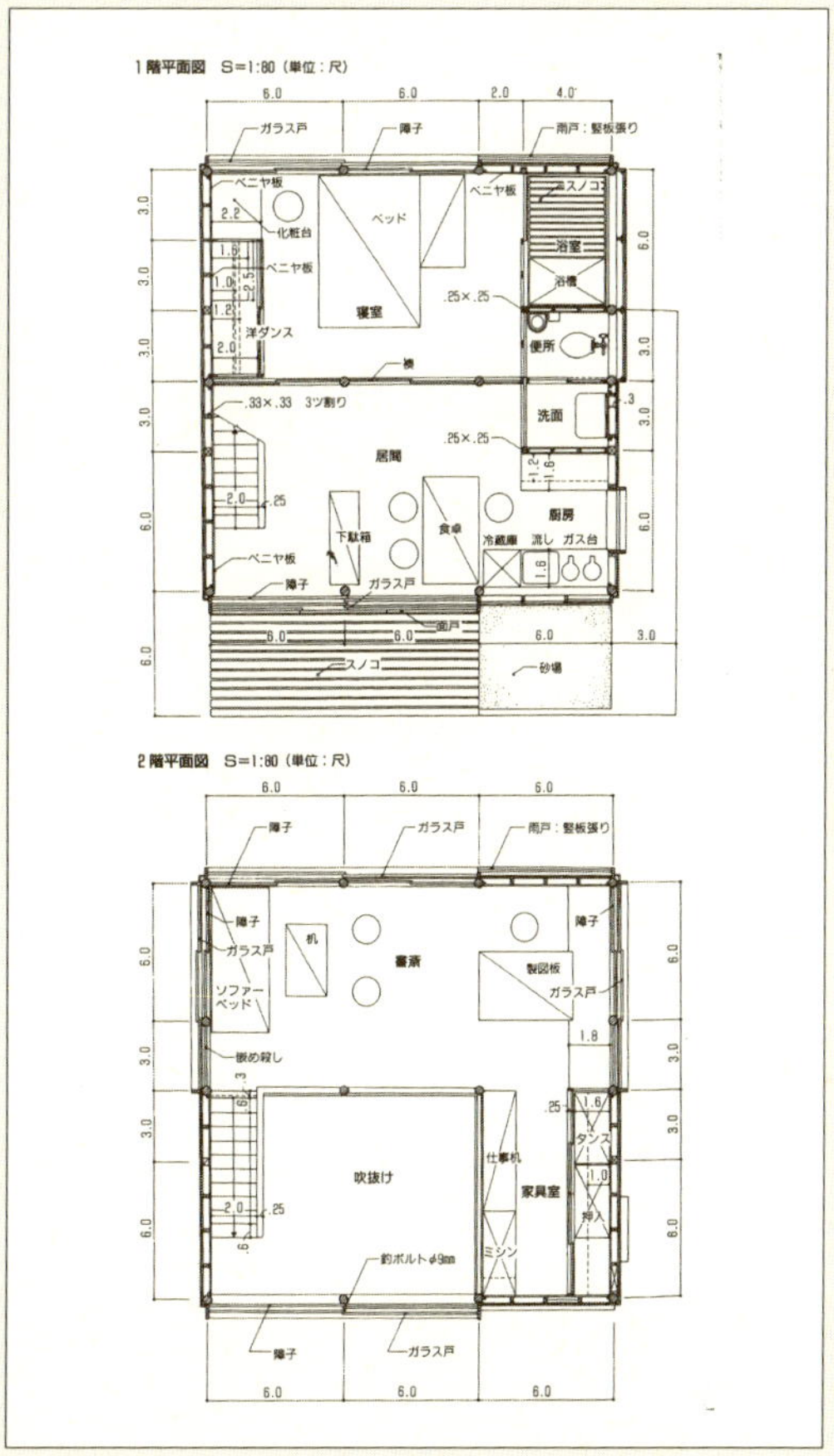

15——増沢洵《自邸》1、2階プランと矩計図（引用図版＝『建築知識』1995年1月号）南側立面、同内観写真（撮影＝平山忠治。引用図版＝『現代日本建築家全集13』、三一書房、1972）通し柱12本は4寸φの足場丸太13尺物をフルに使う（ために、通常は桁上までの寸法表示だが、桁下で表示、尺貫法図面）。棰構造の屋根には、断熱材も天井もなく、しかも2寸勾配、夏の熱さや雨の音は過酷なものだっただろう。妻側に屋根の持出しが何もないのは、レーモンドのものというより、吉田鉄郎の窮乏期の木造庁舎などにならったものだろうが、ぞくぞくするほど意欲的だ。

つまり、一軒一軒の建物の違いに応えているのは小屋梁だ。それ以外全部が規格材なのである。流通材が使える都市型の造営では、このような一様な方法で、いろんな形の屋根を葺いているのである。これを「和小屋」と呼ぶ。どの家も、一間をグリッドとしたプランが前提だから、すべてが成り立っているのである。

結果として、たとえば軒の出は一尺強（三〇数センチ）ほどに限定される。棰の支持間隔が三尺（九〇センチ）で一定しているから、棰材を延長して片持支持（オーバーハング）できる限度がほぼ三分の一スパンだからである。ために、開口部には別に霧除（きりよけ＝小庇）をつき出して被っている。のみならず、縁側にもわざわざ下屋（げや＝一段下げて別に葺く屋根）架けをして土庇《どびさし》に延長している。この方式全体が「和小屋」と呼ばれるのである。

これは馬鹿でもできる架構といえよう。その代償として、小屋裏には小屋束が林のように立ち並ぶ。見苦しいのである。当然、天井を張って隠すことが前提だ。単位当たりの木材量も突出しているのではあるまいか。

一方、その縁側では、下屋の棰一本一本を現わしにして見せ、これを受ける丸太も見せ、野地板（棰の上に張られる屋根材下地の板）まで化粧で見せ、そのまま土庇に延長している。室内から見れば、架構は実に率直に表現されているかのような錯覚に陥るのである。工人の力量の見せ場も、ぬかりなく用意されている——。

さて、これを退廃というか、合理というか、微妙なところだ。この場合の合理とは省力性というような意味だろう。同じ省力工法でも、2×4よりはるかにマシではある。戦後初期の建築運動では、しかし、別種の合理性が追求されている。棰の断面性能をもってプランに直接対応させ、母屋を省き束を全廃した。「棰構造」と呼ぶが、天井を張らずに架構をそのまま見せ、しかも、そのまま葺きおろして深い軒も実現した。見るからに小気味よかった。長尺鉄板が登場し、一五％勾配の金属葺き屋根が可能にしたことだった。

おかげで単位当たり木材量は激減したが、一方で良材を選ばざるをえなかったし、単位当たり工数（こうすう＝加工に要する手間の数量）ははたしてどちらが多いのか、簡単な答えはない。つまり、どちらが安いかわからないのである。

合理とは何か、その時代時代の技術段階や技術水準、そして技術思想をめぐって、ずいぶん複雑な論議が必要なのであろう。

註

★一——式年遷宮と神嘗祭

「国民の祝日」と定められている休日は、戦前には「祝日」と「大祭日」とに分かれていた。

「祝日」は四方拝（元旦）と新年宴会（一月五日）を除けば、紀元節（二月一一日）、天長節（四月二九日）、明治節（一一月三日）と明治以降の産物だ。一方、「大祭日」は古来より天皇によって儀式がなされる日である。元始祭（一月三日）、春季皇霊祭（春分）や秋季皇霊祭（秋分）と親しみのあるもののほか、神武天皇祭（四月三日）や新嘗祭（一一月二三日）も「大祭日」であった。

とくに重要なのは、一〇月一七日の神嘗祭だ。新米で造った御酒と神饌を奉るため、天皇は伊勢神宮（天照大神）にまで赴く。この例年の神嘗祭を、ひときわ大規模に実施したものが式年遷宮だといわれる。式年遷宮は社殿の造営を伴うため、ともすれば建築的な側面にばかり眼を奪われがちだ。しかし、その本質が神事にあることを指摘したのは原田敏明だった（原田敏明『宗教・神・祭』、岩田書院、二〇〇四）。

たしかに、式年遷宮の全行程のなかで、社殿の造営は神事のひとつに過ぎない。

（イ）鎮地と心御柱の奉建
（ロ）社殿の造営
（ハ）装束・神宝類の調進
（ニ）遷御
（ホ）ユキ大御饌の供進と奉幣

　林一馬は、この一連の神事と、『日本書紀』所伝の倭姫命による伊勢神宮の神幸・鎮座とを結びつけた。すなわち、大和から伊勢への遷幸（イ）、神宮の創立（ロ・ハ・ホ）、祭祀所への天照大神の天降（ニ）、という具合である（林一馬『伊勢神宮・大嘗宮建築史論』中央公論美術出版、二〇〇一）。

　古来より神事は、祖形に回帰することをもって由とする。まさか掘立柱にしたために、二〇年に一度の遷宮が必要となったわけではあるまい。二〇年に一度、という神事の制度が決まったために、それに相応しい形として掘立柱が用いられたと解するべきかもしれない。

　今日まで式年遷宮が続いてきたことに、建築と制度との関りの重要さを改めて意識せざるをえない。

★二――メルカトール図法と子午線

　フランドル出身のG・メルカトールが、メルカトール図法を考案したのは一五六九年とされる。その時、経線と緯線とはすでに発想されていたのである。たとえば伊能忠敬が蝦夷地の測量を始めたのは一八〇〇年だったが、これもメルカトール図法にしたがっている。ちなみに、一七世紀、ルイ一五世治下のフランスは国土地理院をおこして国内および周辺の陸地測量をはたし、一方、一八世紀からの英国は海図作製に熱

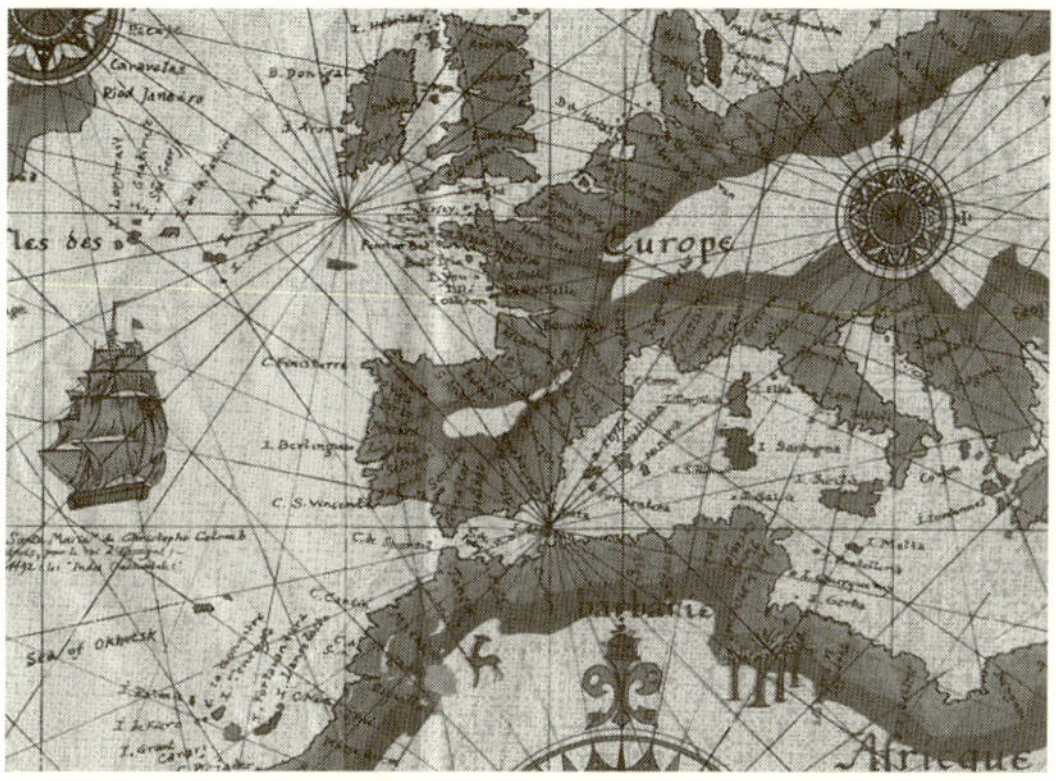

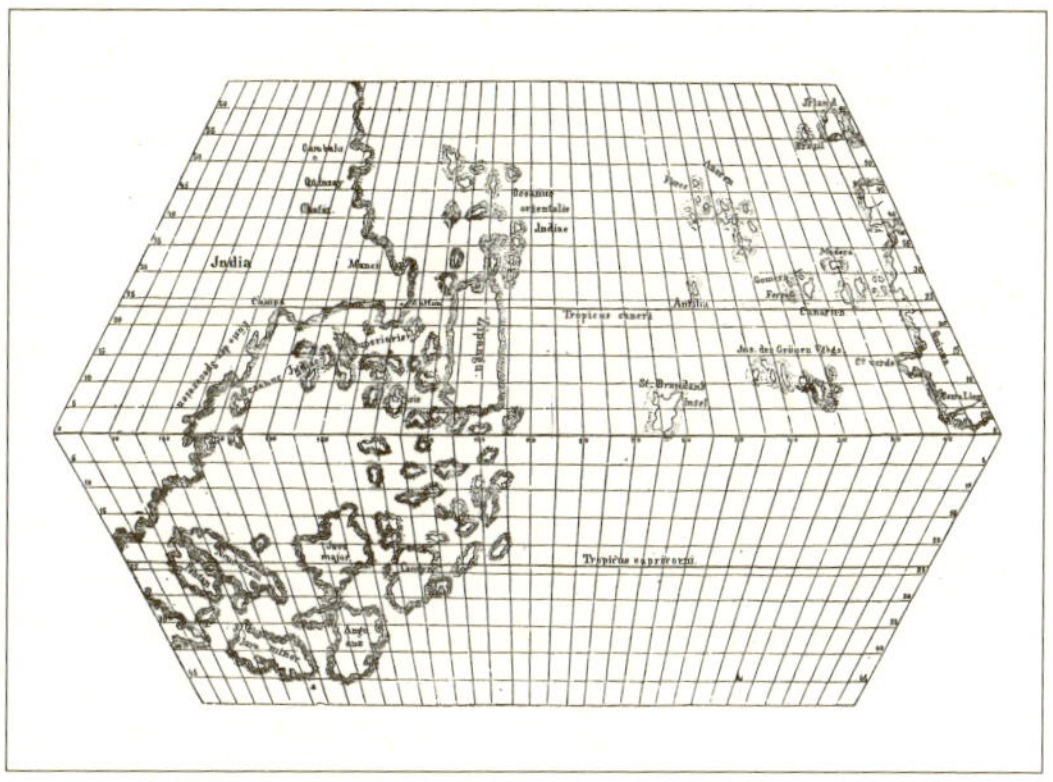

ボルラーノ地図（左）。スペインとイタリアを中心に地中海、大西洋、ドーバー海峡などが描かれているが、これは世界地図の一部。
カティサーク（中国から英国に茶を輸送するティ・クリッパーの名をとった現役のスコッチ・ウィスキー）の包み紙から。
トスカネッリの地図（右、16世紀初め）。コロンブスの西方航海の結果が書き込まれている。中央が大西洋。
Narrative and critical history of America, Volume 2, 1889

心で、これを五洋にひろげようとしていた。

　とはいえ、子午線（北極と南極とを通る経線）の基点は、それぞれ勝手にきめていた。したがって、クロノメーター（航海用精密時計）ができても、ユリウス暦の日付と時刻とは自国単位だった。だから、この統合はやっかいなことなのである。パクス・ブリタニカのさなか、四年も前から予告された万国子午線会議がアメリカ・ワシントンで開かれ、ロンドン郊外のグリニッジ天文台を子午線の基点に決め、日付変更線を太平洋の真ん中にとったのが、一八八四年のことだ。日本で東京天文台が開設され、陸軍に陸地測部ができるのは、一八八八（明治二一）年のことだった（織田武雄『地図の歴史』世界篇、日本篇、講談社現代新書、一九七四）。

★三――グレゴリオ暦と近世

　文明の成立ということの一部に「時」の客観化も、当然、含まれている。

　太陰暦は、その代表的なものだ。満月から新月までを朔望月（さくぼうげつ／きくもちづき）といい（月の地球周回周期は二七・三二日）、大小の一二カ月に分けると、すぐ、月と季節が合わなくなる。日本では、閏月を入れていた。しかし、エジプト文明だけは初めから太陽暦をとり、一年を平年三六五日として四年に一度の閏年を設けた。シーザーの時代にローマは、これを採用（BC四六）、「ユリウス暦」と呼ばれた。やがて文明化するゲルマン人たちもこれにならった。

　だが、これでも数百年たつと暦と季節はズレる。ルネサンスの科学研究の成果を取り入れ、閏年を四〇〇年に九七回と改訂、法王グレゴリウス一三世の治下だったので「グレゴリオ暦」という。一五八二年のこ

とだった。同法王は「天正の少年使節」に謁見したことでも知られ、大航海時代はまさに正確な時の客観化を求めた。日本がグレゴリオ暦を採用するのは一八七三（明治六）年のことだ。

★四――朝鮮半島の引き建具

「引き建具」は日本独自のものだが、朝鮮半島の民家にも少なからず見られる。広瀬鎌二によれば、秀吉の朝鮮出兵に際して、出城や武将の居館として作られたものがオリジンとされる。そのうえ、日本統治時代には相当量の「日式住宅」が建ち、いまだに健在だ（ハウジング・スタディ・グループ『韓国現代住居学』建築知識社、一九九〇）。

　そのような意味では、台湾でも引き戸は使われ、また、第二次大戦後のアメリカでは、アルコア社などがモダンハウジング用パーツとして引き形式の大型アルミサッシテラス戸を供給、西海岸を中心に引き継がれている。

★五――高瀬川と角倉了以

　京都・木屋町通りの高瀬川は、実は、徳川幕府の成立直後、豪商・角倉了以《すみのくらりょうい》が、幕府の許可を受けて開削している。企業家だった祖父と、医師だった父とに影響を受け、ヴェトナムとの朱印船貿易（角倉船）を成功させるとともに、土木工学にも通じた。私財七万五〇〇〇両をもって、二条から鴨川の水を引込んで、伏見まで一一キロ強を運河として開削し、大正期まで大阪―京都をつなぐ物流の軸を形成した。

　鴨川はもともと「暴れ川」とも呼ばれ、度重なる洪水を出したが、「インクライン」を開いて治水に成功したのは近代に入ってからだ。ために鴨川の水位が下がり、高瀬川は乾れたままに放置されたが、近年、上流から取水して河川敷内に別流をつくり、再び高瀬川に水が流され、修景（しゅうけい＝景観の修復・改善）されている。

　高瀬川は、吃水《きっすい》の浅い「高瀬舟」を了以が見て、発想された運河と言われるが、幅も狭くほとんど単線運行しかできなかったろう。ために、二条から四条までに舟溜り八カ所を設けている。いまでは京都ホテル近くの「一の舟入り」だけが埋立てられずに残る。

　了以は、富士川、大堰川などの河川改良にも携わった人物だ。いずれにしろ、われわれの知る京都は、「洛中洛外図」までを含めて、応仁の乱以後の近世京都でしかない。

5 関西普請編

Ages of KANSA'I School of Architecture: SAMURAI culture had been grown in far east part of Japan, which fruited to SHOIN Zukuri style, and popularized over Japan under the TOKUGAWA Despotism. However, it was to be swallowed by western (KANSA'I) culture, towards modern ages.

はるか東国に起った武家文化は、結局「書院造り」に結実、幕藩体制のもと各地に普及した。だが、これも関西文化に飲み込まれる。

25 京間《きょうま》

ZASHIKI in Kyoto way measuring

関西普請は日本を席巻した

昔は、畳や襖をもって引越したものだ、そういう話を聞くことがある。

どうしてそんなことができるのか、真剣に考えこんだ建築家や工人は多いのではないか。内法高さは前章でみたように、全国的な統一があろう。だから襖や障子は可能かもしれないが、一間の引違いと、二間の引分けとでは建具の幅に微妙な差があって互換性はない。畳もまた、三帖のものと八帖のものとは相当に大きさがちがう。芯々制の寸法体系だからだ。

「京間」というものの存在を知っている関東人にとって、関西なら、もしかしてありうるかもしれない。そう思った人も多かろう。畳の大きさを一定にきめ、ツラツラ（面々）制でつくっているのが京間ではないか。そんな実用合理性はいかにも関西人のもの、関東人好みの理念合理性が芯々制なのではないか——。

では、それで設計ができるのか。いろいろとトライしてみるが、結局は不能。原理的にもできるはずがない。意を決して先輩や関西系工人などに聞いてみる。返答を聞いて唖然とするのである［★一——職業的茶席の畳割り］。

「いまでも、一間を六尺三寸（一九〇九ミリ）に、よろし普請《ふしん》では六尺五寸（一九七〇ミリ）にとつとります」（建具や畳をもって引越すというのは、みんな同じ間取りに住んでいたという証左ではないか。借家が普通の戦前までの庶民社会にあって、好んであつらえた建具や畳はもっていっても使えた、という程のことなのだろう）。

関東人は関西文化に対して普遍的な劣等感をもっている。これだけは、いなめない事実だ。洗練の度合いが違う。つまり、日本文化に対して田舎者だという認識を秘めて（知れば知るほど）関東人は身を処すことになる。

東海道本線が全通したのは「大日本帝國憲法」の発布された一八八九年だ。東西の往来が軸となって近代日本が形成されていくのだが、まさに「衣・食・住」の順序で、関西文化は関東に進出してくる。すでに元禄期には呉服屋（その後のデパート）が、ついで食文化が、さらに数寄屋普請となる——。昭和という時代は、ちょうどそれらが出そろった時代だった。

それにしても関東の普請は、粗野で野暮だった。たとえば、座敷の広さは畳数できまると思い込んでいる。同じ六帖大でも、畳は四帖半しか敷かず、残りに地板を貼って、地窓もつけるなどは、いかにも関西普請《ぶしん》だ。価値観の違いにうたれる。天井も高いほうがいいと思い込んでいたが、関西では家中各所で天井高が異なり、そもそも、内法はむしろ低めだから、室内のプロポーションそのものに大差が生じる。頭がくらくらとして、自分自身の出自を恥じることになる。

さらにである、書院窓とか欄間格子とか棚とかだが、繊細かつ大胆であって、キッチュ（露悪趣味、あるいは、それと気付かず陳腐で醜悪な意匠をさらすこと）なところがない。工人の質や教養に大差があるのではないか。

箱根の山麓を掘りぬいた丹那トンネルが難工事の末に開通し（一九三一）、特急「燕」がたったの九時間で神戸までを結ぶようになって、関東人はそれをますます噛みしめる［★二——東海道線と日本の重工業社会」。これが「昭和」なのだ。富者は好んで京都から工人をよび、新進の食文化と宴席は、これを競うようになる。しかし、それがメジャーになるには、もっとわかりやすい仕掛けが必要だ。スター建築家・吉田五十八（一八九四—一九七四）の登場だ。

　吉田は豊かな商家の末っ子として、東京・日本橋に生まれた。親類に画家がいたこともあり、幼くして絵にめざめ、父の趣味だった長唄も愛した。長じて美校（現・東京芸大）の建築科にすすんだが、身体をこわして八年もかかった卒業後、欧米に建築行脚する。イタリア・ルネサンス建築にいたくうたれ、さて、日本人にとっては日本建築の近代回生をはかるしかないと悟って帰った。

　とはいえ、現場で吉田をまっていたのは、頑迷な工人たちだ。まだ、日本建築には設計者の介入の余地はなかったようだ。こだわって壮絶な戦争が現場ではじまる。この吉田の意欲は少しずつ知られるところとなって、美校の大先輩・小林古径画伯のアトリエを建てる機会を得る（一九三二）。後にも度々論ずるように独自の表現に、すでにたどりついていた。やがて時代を風靡した流行作家・吉屋信子のすまいを心おきなくつくりあげて喝采をあびる。しかし、建築アカデミズムによる評価には達しないまま、国家総動員体制に飲み込まれていく——。

　戦後の復興期のなかで、吉田の「新興数寄屋」は見事な復活をとげ、さらに斬新な表現を獲得する。すでにメジャーだ。たとえば、森繁久彌社長、加東大介専務、小林桂樹社長秘書が定番の映画「社長シリーズ」に登場した住宅、旅館から料亭まで、徹底した吉田数寄屋のコピーだ。まさに世を席巻して、戦後の和風あるいは新しい日本風建築の規範とも、原型ともなった。

　ひとりのスターを媒介にして、関西普請はいよいよ全国に進出したのである。

26 半長押《はんなげし》

Half-sized NAGESHI: SUKIYA and the SUKIYA way of architecture

数寄屋から「数寄屋普請」へ

一、玄関を大きくするな、門戸を張るな。

一、外からは小さく低く、内に這いる程広く、高くすること。

一、天井の高さは七尺五寸（二二七センチ）を限度と思え。それ以上は料理屋か、功成り名とげたる人の表現、普通ではない。

一、柱の太さは三寸角、それ以上なら面取で加減したり、ごひら（長方形断面）にする。

一、窓（地窓のこと）の高さは二尺四寸（七三センチ）、風炉先屏風の高さが標準。

一、縁側の柱は、一間ま（毎）に建て、桁に無理をさせぬこと。これで十分日本的になるはず。

一、人の目につかぬところ、人の気付かれぬところ程、仕事を大切にして金をかけること。

一、腕の良さを見せようとするな。技を殺せ。

　昭和の時代を背負って立ったような大建築家・村野藤吾（一八九一—一九八四）に、数寄屋を教えたという人物がいる。

　佐賀出身の村野は東京に出て早稲田に建築を学び、当時の在阪の大家・渡辺節の門下に入るが、この頃だろう、上町（かみまち＝市内難波）台地に借家を得てすんだ。風格ある家だったと、村野は懐古している。その家主が、大富豪・泉岡宗助《いずおかそうすけ》だった。一帯は泉岡の地所、多くの家作をもち、自身の邸宅はまことに情緒に富むものだったという。村野は森五ビル（現・近三ビル、東京・神田、一九二九）を機に独立、泉岡との親交は深まり、やがて、ここにオフィスの用地も譲ってもらったという。

　学校で建築を学んで日本建築がわかるはずもないのは、今も昔も同じだ。そのうえ九州（唐津）出身の村野は、本物の名作を自分の眼で見ることと、泉岡との親交を通じて、「日本建築」にアプローチした。それは関西普請という意味だ。とはいえ、京都の建築は好きになれないともいう。制約が多すぎると感じるらしい。もっと自由でいい――。「自己流の道を模索する糸口のようなものを与えてくれたのは、泉岡さんではなかったかと思う」と。

　はじめにあげたのは、村野自身が泉岡の教えをまとめたものだ（村野藤吾『村野藤吾和風建築集』新建築社、一九七八）。

　同じ頃、日本建築に開眼して独自の境地にいたった大家には、堀口捨己（岐阜出身）、谷口吉郎（金沢出身）もある。いずれにしろ、文化的な差異を基盤にしないかぎり、その本質（ラング）には迫りがたいのだろう。京都出身の白井晟一もまた、ヤスパースに私淑してドイツに長く学ぶことがなければ、あの表現（パロール）には行きついていないのであろう。

　もともと「数寄屋」とは意識的意図的な作意ある建築行為だ。「囲う」という特異な方法をもって茶道のための空間を形成したのである。その非日常性の空間は、あえて日常の営為に接して構築された。すでに見た通りだ。日常性の営為とは、成立過程にある書院造りにほかならない。格式の表示を軸に、様式化をとげようとしているのである。こうした世俗性にまっこうから対抗しようとするのが、数寄屋だ。それは、茶の湯の精神でもあった。つまり、炉の切られていない数寄屋はありえまい。

　だが、「数寄屋普請」はそれとは別だ。数寄屋の精神や美意識を一般家屋に援用、応用したものが「数寄屋普請」にほかならない。京都を中心に関西一帯の建築文化に、それは体質化されたもの、なのである。つまり、関東人のいう「関西普請」とはこのことだ。

　考えてみれば、書院造りはもともと広い外庭のなかに営まれている。区画は庭を囲ってなされるものだから、庭に面して家屋はあけっぱなしでよい。建具しか眼に入らない造りとなる必然があろう。加えて縁側という家内外の緩衝装置までが周到に用意されている。これは「専用住居」の構えの原型たりえた、とすでに第一章で論じた。

　しかし、民の営為は町中で営まれる。そこは稠密《ちゅうみつ》だ。外庭ではなく内庭《うち》、つまりコートハウス方式が世界的に都市型の建築術にほかならない。すでに論じた通りだ（第三章18節）。これは囲われた構《かま》えなのであって、「囲い」を原型とする数寄屋の試みのさまざまは、町家の建築術の展開に大なる寄与となった。町方の隆盛は、数寄屋の美学を精神的な支柱としながら、そこに、限りない洗練と円熟をもたらす。その必然が、ここに読めるのである。それにとどまらない。時代の安定は、書院造りの専用住宅化を続々ともたらすのだが、そこにもまた、町方の洗練が反射し、反映していく。工人の意匠心のすみずみにも、生活者の意識や無意識のなかにも、これが行きわたっていく。これが「関西普請」の基盤であるように思えてならない。

　さて、泉岡宗助の説く「天井の高さは七尺五寸を限度」にもどろう。

　村野がこれを第一にあげたには理由があろう。普通の部屋は天井高八尺が常識、という論議は前章でした（第四章23節）。天井高を居住性に結びつけた論議だ。高いにこしたことはない、という前提があるかにみえる。これに異が、となえられているのである。

事例としては突飛かもしれないが、桂離宮を見よう。全体的に数寄屋普請だから、当然、内法長押はついていない。それにもかかわらず、古書院や中書院は天井高さが九尺をこえる（数寄屋なのに「書院」とよくいったものだ）。いくら広い座敷でも、これはマがぬける。評判をきいて後水尾上皇は見学行をするが、八条の宮は、ために「新書院」を増築している。三帖でも上段の間をつけないと失礼と思ったのである。つまり、数寄屋における「真」をつくることになる。悩んで、面皮つき（後出）の長押をまわした。それにもかかわらず、新書院の天井はいちばん低いのである。ために、上段の間の周辺の棚などはゴチャついているが、そのほかでは、ここがいちばん行き届いた意匠だ。

不用意に天井は高くすべきではない。広い座敷が必要なような処世（しょせい＝人生の送り方）も避けよ、と言外にいっている。八帖なら七尺五寸の天井高さでよい（内法長押がないから）、床脇にも畳を敷けば九畳になる。こういう工夫もかさねて、それでも、もっと広い座敷をつくらざるをえないのなら、半長押を廻すことになる。この場合、まさか七尺五寸の天井高でよいはずもなかろう——。

半長押とは、柱見付の六割ほど（『匠明』の伝える書院造りの木割では八割）の背の長押のことだ。わざと板目板をつかったり、その上下に面皮（めんかわ＝原木の端部から材をとり、材の上下に丸みが残っている端柄材《はがら》）を残したり、いっそ丸太材にしたり——、つまり「長押」たるを自己否定した長押なのだが、それを「半長押」という［★三——天井高さ七尺で、どこまで広い部屋ができるかの私的体験］。

27 間《ま》越《こし》欄間

Transom by grille: Designing-mind and the charactor

意匠心と品性

それにしても、ものの形は、いかにして決まるのであろう。

わかりやすい決まり方もある。たとえば取手だ。箪笥や扉などの重い荷の取手は、掌をにぎった形がそのまま鋳型になっている。率直に決まっているのである。しかし、障子や唐紙の引手だと指二、三本で操作できるのであって、とたんにいろいろな形があらわれる。工人の意匠心がくすぐられるのである。

こういう例もある。たとえば、柱は重い荷を背負っているうえ、壁の見切になり、そのうえ建具の戸当りになったりで、率直な正方形断面だ。ひたすら立っていてサマ（様）になり、工人に意匠心を惹起しない。だが、似た役割でも手摺子（てすりこ＝手摺下の支持柱、手摺端の支持柱は「親柱」という）になるとそうはいかない。とたんに、工人の意匠心はくすぐられるのである。この場合は、柱はさまざまな役割を負う「多能材」だが、手摺子は「単能材」にすぎないから——、と解釈されている。つまり、なるべく多能材だけで構成すればシンプルをきわめるのであって、これも数寄屋の精神（！）のひとつだ。

数寄屋とは、壁で囲った小間（こま＝小座敷）にすぎないのだから、これもできよう。数寄屋普請となると、そうとばかりはいかない——。つまり、そこに日常の生活（当時の）がある以上、間取りは、大きく見れば書院造りなのである。つまり、

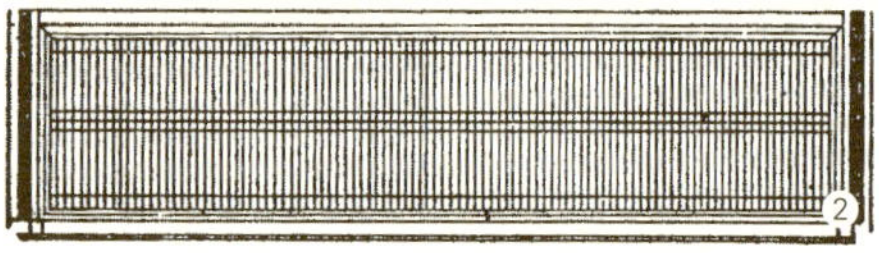

3
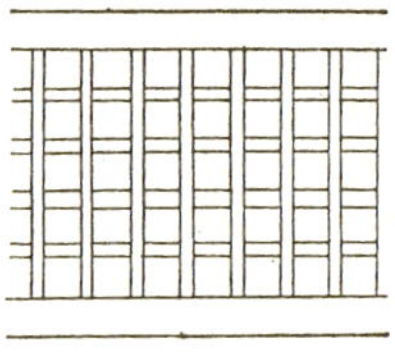

4
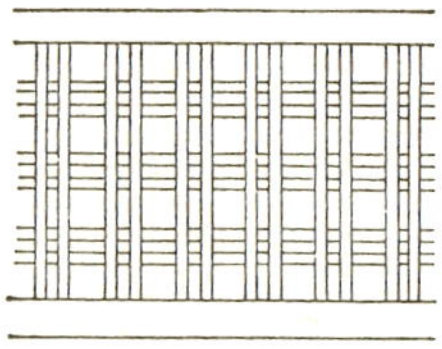

5

6
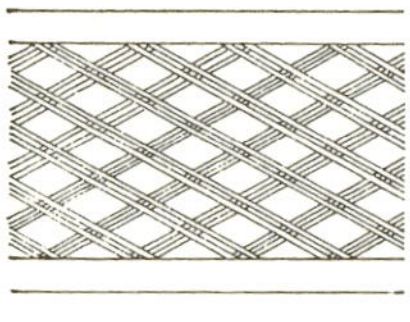

7
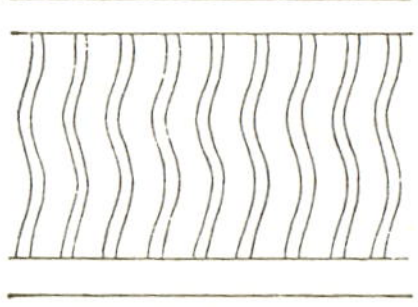

1── 業平格子欄間（飛雲閣初層）｜引用図版＝堀口捨己『利休の茶室』（鹿島研究所出版会、1968）
2── 筬欄間｜引用図版＝北尾春道『数寄屋図解事典』（彰国社、1959）
（左上より）3── 格子欄間｜4── 吹寄格子欄間
5── 菱格子欄間｜6── 吹寄菱格子欄間
7── 波連子欄間｜3-7 引用図版＝川勝政太郎『古建築入門講話』（河原出版、1966）
8── 下り藤と上り藤文様｜9── 七宝文様
8、9 引用出典＝北尾春道『数寄屋図解事典』

ある程度の広間もあり、必然的にその次の間もなくてはならない。日常生活の場（「茶の間」と言いならされている）もあり、予定された寝所（押入れがある）もあってこそ、日常はなりたつ。

うがった見方をすれば、こういう実態にたって、はじめて「二室住居」は日本に成立したともいえよう。遅れに遅れた。すでに見た文明の第三次波及先（極西と極東）にあって、極西（西欧）では個人単位空間の成立の機運がある時期（近世）に、日本、ことに関西で、なんと「二室住居」の実が形をなしたのではなかろうか。同じ「近代」を共有する欧米人などから見て、日本人が群として独特にみえるとすれば、その原因のひとつはここにあろう。

さて、書院造りにあって、一の間と次の間とは、ある空間的な連続がプログラムされていた。襖のことを言っているのではない。その上にある「欄間」のことだ。

欄間こそ単能材もいいところ、力学的負担が何もないうえに、そこをどう処理し意匠するのか、それもまた工人の恣意にまかされている。ほとんど類のない例だ。書院造りの場合、まず、「草」ではここを壁で塗ってしまう。どうせ安普請《やすぶしん》だから簡単にすまそうとしていると同時に、八帖と六帖とか、六帖と四帖半とかいう構成だから、プライヴァシィを高めるための当然の処置でもある。東求堂もこうだから、これが欄間のオリジンのはずだ。

しかし、後に登場する「真」だが、ここには細いタテ格子を組むことになっている。「筬《おさ》欄間」という。筬とは織機につけ、タテ糸を通しその間隔を安定させるストレイナーのこと、際立って端正だ。規模の大きな造営ほど、一の間より次の間が広く（このようなケースで二の間という）、ここに家臣が集まり、境の襖を開け放って主人に伺候（しこう＝ご機嫌うかがい）する。欄間がスケていて当然だ。問題は「行」のケース、なかでも「行の行」から「草の真」にかけてであって、これは数寄屋普請の広間の意匠とも、ちょうど重なる領域なのである。

すまいからは離れるが、欄間は寺院の内陣と外陣とを隔する柱列の上部にもっとも顕著だ。しばしば「格子欄間」がみられ、そのオリジンが半蔀（はじとみ＝上下に分割された蔀戸《しとみど》）だろうことを彷彿とさせる。門跡系の寺院などでは、これが「菱格子欄間」に転じて、王朝の雰囲気をかもしだしている（門跡《もんぜき》とは、天皇や上皇の子女が出家して仏法の系統をつぐ寺）。菱格子や業平《なりひら》格子は、王朝のメタファとして、よく知られる。他方、波連子《なみれんじ》は火燈窓と並んで禅宗寺院のヴィジュアル・アイデンティティとなった（火燈窓《かとうまど》は書院窓としても好まれたが、いまでは、その原型は遠くイスラム寺院のスカイラインと推定されている）。

格子欄間、菱格子欄間、波連子欄間は、いずれも、そんなメタファを背負って使われ、後二者はしばしば真塗り（溜塗りの対立語、黒漆塗り）にされた。ために、座敷の欄間として使われると、いかにも寺院の書院（客殿）然としてくる。だが、吹寄《ふきよせ》に組めば、雰囲気はとたんに軟化する。吹寄とは、格子や組子（障子の桟など）の一本一本を寄りそう二本として組むことだ。意匠とはいかに多弁なものであろうか。この場合など、素地（無塗装）がいかにも似合う。

それでは、「行」のケースではどうなるのか。上下をスカした板をはめ、パタンを透かし彫りにする（透かし彫り欄間）。七分（二一ミリ）厚ほどの楠《くす》、桐、桑材などが使われるが、書院に小欄間をとる場合の用材や床脇の棚の用材などとの関連でも樹種をきめる。しばしば見るのは、七宝、瓜、桔梗《ききょう》、千鳥、桐、花菱、などなどの文様、その家の家紋のくずしや唐紙《からかみ》の柄、床脇天袋の蒔絵柄などとも関連した意匠となろう。格に応じた塗りの欄間縁《ぶち》もまわす。

本床《ほんどこ》にはすでにふれている（第一章05節）。ここに論じたのは、本床のある座敷（「行」）の附帯条件のようなことだ。こうして、恣意にかかる領域——意匠せざるをえない対象——はいっきに拡大する。すぐれた意匠力に恵まれ、なおかつ、それに溺れないことだけが、結果に品性をもたらす。「説得力」とでも言いかえよう。つまり、禁欲からにじみ出るものの価値というような意味だ。そのことによって、より本質にせまれるというような意味であろう。

日本の武家社会をつらぬく精神的な支柱は禅宗仏教にあるのであって、町人社会の文化にも、その説得力（本質性）のゆえに、これは継承された。まだ充分に説ききれていないが、その結果が、数寄屋普請（関西普請）なのであろう。

言い忘れていたが、間越欄間《まこしらんま》とは、主室と次の間との境の欄間のことをさす。縁側に面する建具（障子）上部の欄間処理は、また別のことだ。ガラス戸が普及するまで、ここは、けして雨が降りこまない（障子の濡れない）唯一の開口だった。つまり、亜外部開口にほかならない。かならず障子を一本引きにして、冬は閉め、夏は開けられることが求められていた。

欄間にもう少しこだわる。

28 吊《つ》り束《づか》

Hung stud for transom: Designer mind and the charactor

なければならない邪魔もの始末

長押がまずあり、ここに樋端《ひばた》が植えられて（付樋端＝つけひばた）引き建具が成立し、やがて溝の刻まれた鴨居《かもい》がその下端についた。この経過はすでに見ている（第一章06節）。逆に、鴨居の方が基本材となり、内法長押は付加材となったのである。

12――蛙股外観　筆者撮影｜13――竹の節欄間（観智院西広縁の間仕切り上部）｜引用図版＝『西沢文隆の仕事（1）――透ける』（鹿島出版会、1988）｜14――同（勝手神社本殿）｜引用図版＝川勝政太郎『古建築入門講話』

こうなったからこそ、長押を外して数寄屋とするのであって、まさしくこのタイミングに、千利休は生き合わせた――。それでは、長押の見付寸法はどれほどか。標準的な寸法をひろうと次のようだ。

堀口捨己　一寸三分（四〇ミリ）
吉田五十八　一寸一分五厘（三四ミリ）
白井晟一　一寸（三〇ミリ）

エッ、とおどろく。バラツキが多い。

前節にみた「間越欄間」かどうかは別にして、鴨居の上をオープンにして（その下に）引き建具を入れようとするとき、鴨居だけの背でフライングさせられる限界は、一般に四寸五尺（一・三五メートル）程度とされる。二尺二寸五分（六八センチ）幅の建具の引違いか、全幅建具の引き込みがありうるだけだ。建具の入っていない状態での鴨居を現場でたたいてみると、ビーンと振動する。つまり、一間（一・八メートル）幅以上でこれをやろうとすれば、何らかの工夫が必要となる。

例の多い一間半幅（二・七メートル）の場合、いままでは鴨居に蟻溝（ありみぞ＝奥拡がりの抜け外れしない仕口）を刻んで有効二寸厚さ七分（二一ミリ）ほどの力板（ちからいた＝襖の四隅に取付けた補強板）を端から端までハメ込むのだが、これはむしろ戦後の方法だ。しかし、もともと桁や小屋梁から一間毎に「吊り束」を下ろして鴨居を吊っている。ここを壁で塗る場合、力板の位置に何らかの壁下地受けが必要だから、結果として補強され、全体として「総持ち」になる。

当然ながら、この吊り束は真壁にしてみせる。だから、柱とほぼ同材を用いるのだが、この先で問題はふたつに分かれる。

ひとつは一間半（二・七メートル）をどうするかだ。たとえば六帖間の短辺は一間半だが、オープンにするにしろ壁を塗るにしろ、吊り束が見えるのはうっとうしい。武骨にすぎるのである。小壁にする時、私は吊り束を削り込んで、端から端まで壁で塗っている。吉田五十八から見習ったものだ。他方、オープンにするとき、柱幅ほどの板材を吊り束にして装飾的にあつかう。これは白井晟一から見習ったものだ。この場合、力板はいれない。

白井は、おそらく、京・栂尾《とがのお》高山寺、石水院の広縁に倣ったのではないか。石水院は数少ない鎌倉期の遺構、明恵上人が後鳥羽上皇から学問所として贈られた小規模な建物だ。後部の座敷は後代の増改築と考えられるが、広縁と後部との間に畳割りのグリッドにのらない中間部があり、創立年代と一致する。「庇」にあたるのが広縁で五スパンあり、半蔀でおさめている。その妻に菱格子戸（腰付）が引違いではいり、美しく透ける蟇股（かえるまた＝一般には下部横架材から上部材を装飾的に支持

10―― 吊り束（渓居欄間）｜11―― 蛙股（高山寺石水院）パンフレットより

する部材）が載っている。内側から見るとシルエットになってわからないが、廻り込んで外から見ると、蟇股の上に斗（ます＝接続材）がついて、上部のツナギ材に噛みついているのである。この一組は、正面の蔀の入った柱間中央にも、ひとつずつ載る。上部材（蔀側では軒桁）を下部材（長押）に接続して断面を細くすることに貢献していよう。視覚的にもなくてはならない装備だ。透けるように囲うことで、より開放感を与えているのである。

さてオープンな欄間処理をめぐって、逆治療ともいえそうな先人のやり方がもうひとつ知られている。

たとえば二間（三・六メートル）の欄間の場合、吊り束なしにはありえない。柱と同寸の吊り束を堂々と下ろして力板つきの鴨居を吊ったうえで、さらに一間ずつのオープン欄間の中央に短い装飾束をたてる。さしずめ装飾束が力板のスティフナー（視覚的な）の役割をはたすのだが、力板の上端に笠木を流し、鴨居や笠木との短い装飾束との出合いを竹の節にみたてて、その上に突出した装飾束の先端部にさらに加工をほどこしたものだ。「竹の節欄間」という。笠木《かさぎ》を力板から浮かして取付け、この余白に斜材を組んだものなど、さまざまなヴァラエティもある。

川勝政太郎は勝手神社本殿（滋賀・竜王、室町期）の透し彫のある力板のスケッチを描き（『古建築入門講話』河原出版、一九八四年版、初版三四年）、西沢文隆は浮かせた笠木との間に「へ」の字の吹寄せ斜材の入る西翁院書館を示す。なお、妙心寺霊雲院（第三章10節）では、玉座を示すが如く「竹の節欄間」は奇妙な使われ方もされている。鴨居の高さが、あたかも「落とし掛け」の高さだ。西沢は美しいというが、私には、とってつけたもののように思える（『西沢文隆の仕事（一）――透ける』鹿島出版会、一九八八）。

それにしても、「竹の節」というような生々しい直喩をまとった記号は、日本では稀だ。何だろう。ネコ脚の什器さえなかったのだから――。

本章では、数寄屋普請を論じている。しかし、前節から論じ継いできたのは、いずれも、むしろ書院造りのことだ。前節では後期の書院造りの「行」を、本節では書院造りの黎明期にまで論議はもどった。儀式の場としての書院造りをとらえるのではなく、生活の場としてとらえるとき、書院造りの黎明期から数寄屋普請まで底流は同じだと言いたかった。意匠することの本質において、とでも言おうか。

クリエイションの場として素直にとらえたとき、内実たる生活の充実ぬきに意匠の独走はありえない。その上にたって、選択の幅をひろげたのが数寄屋普請であり、だから、それは、その後につらなる創造性を確かに宿していると思うのである。

29 琵琶床

BIWA-DOKO: Formal TOKONOMA in Unformalism

数寄屋普請にとっての本床

敗戦から五年め、急場しのぎの戦災復旧を果たした日本は、いよいよ新しい国造りにむかう。いまだ占領体制にある一九五〇年のことだ。

国民体育大会（国体）もそのひとつだった。関西圏をふり出しに、毎年、各都道府県をめぐって全国規模の各種競技会を開いて国民の体位向上をめざし、各地の公共施設の整備をうながし……、という意図だった。かねて戦争責任に心をいためていた昭和天皇は、各地をめぐって戦災復興をいそぐ国民をはげましてきたが、毎回の国体にも臨席して組織的にこれを果たそうとする意図もあった。この年の開催は愛知県ときまったのである。

さて、名古屋に天皇を宿泊させなければならない。ホテル事情はいまと本質を異にする。各地に焼け残った洋式ホテルや洋館はことごとく進駐軍の接収下にあり、名古屋では老舗の地味な旅館「八勝館」に白羽の矢が立った。あわてた旅館は意を決して、そのための施設をくわだて、建築家・堀口捨己にことを託す。思えば全日本的にみてほとんど戦後初の本普請であって、この時期に建てられ今日まで残った、ほぼ唯一の建築物となろう。

当時、新憲法は発布され「人間天皇」の宣言はなされているが、さて、この人物にいかなる宿舎をもってあてるか、識者・堀口だからこそ、重い課題だった。戦前からの近代建築のチャンピオンでもある堀口には、洋館をアネックスとして建てる途もあったろう。だが、怒濤のような戦後モダニズム（アメリカニズム）の嵐のなかで、熟慮のすえ、木造の和風が選ばれる。しかも数寄屋を。新たな天皇制と、これからの時代にも営める日本建築としての数寄屋の重合という大課題が、堀口には見えていたのである。

ここで堀口が想起したのは、妙心寺霊雲院であり、桂離宮新書院だったのではないか。いずれも行幸のための施設だったが、近世以後の認識にたてば、国家行事でも、天皇行事でもない、天皇の私的な訪問あるいは滞在だった。このような場合「御幸」という言葉も使われてきたのである（行幸＝天皇のおでまし、御幸＝皇族の外出）。ここは、新憲法下の天皇制を論ずる場ではない。しかし、いま求められる施設は、別会場での行事出席のための宿泊先にすぎない。くつろいでもらい、お休みいただくのが目的だ。その意味では、ふたつの先例は参考になろう。

より具体的にいえば、対面のための施設ではないから上段の間はいらない。日本間だから続き間となって当然だが、次の間は前室にすぎず、主室のほうが大きくてよい。だとすれば、床の間は次の間のほうをむいているのではなく、九〇度ふって庭の方をむいて然るべきだ——。

まだ大きな課題が残る。どこで寝てもらうかだ。まさか床脇に連続させて帳台構（第三章17節）をとり、そのむこうに納戸風の寝所をとればよいものでもあるまい。ために、「残月の間」の九帖はとられ、庭側の畳縁（たたみえん＝畳敷きの縁側）が続いている。水廻りも近くにあるのだ。つまり、昭和天皇ご夫婦も、ごく普通の私生活をされていたということがわかろうというものだ。

このようにして、一〇帖の前室に一六帖の主室

★column――八勝館と堀口捨己

名古屋の山の手、八事（やごと）、音聞山のうっそうとした南斜面に八勝館は建っている。斜面に対応した日本建築という課題が、「みゆきの間」を始めとして、一連の建築群のもうひとつの見どころだ。

既設の本館に接続して「みゆきの間」は建てられ（天皇夫妻の行幸に際して寝所として用いられた「残月の間」は既存部分）、ついで湯殿（1953）、また本館に接続した「さくらの間」、さらに渡り廊下をのぼして「きくの間」（ともに1958）が増築されるが、ここが敷地の最上部にあたる。

その一方、名古屋の中心部・栄に「中店」が開かれ（1953）、その焼失後、敷地を変えて大規模なRC造「中店八勝館」も堀口の手によって開かれた（1967）。このなかで、堀口のもうひとつのテーマ「残月亭」が追求され、1階17帖の大広間には、二間半間口の琵琶床もつけられるのである。

さて、「みゆきの間」が戦後初の建築学会作品賞に輝やいた当時、吉田鉄郎は官職を退いて日本大学教授の立場にあり、鹿島建設設計部の意匠顧問もつとめた。月例の意匠論レクチャがあり、エストベリィ（ストックホルム市庁舎の設計者）やペレ（ル・コルビュジエの師）を論じられたようだが、ある日、その受賞にふれ、「ああいうのは建築家がやることなのでしょうか。関西の大工はうまいものですよ――」とポロリともらされたという。

最近、このことを知り、考えこむことしばしだった。

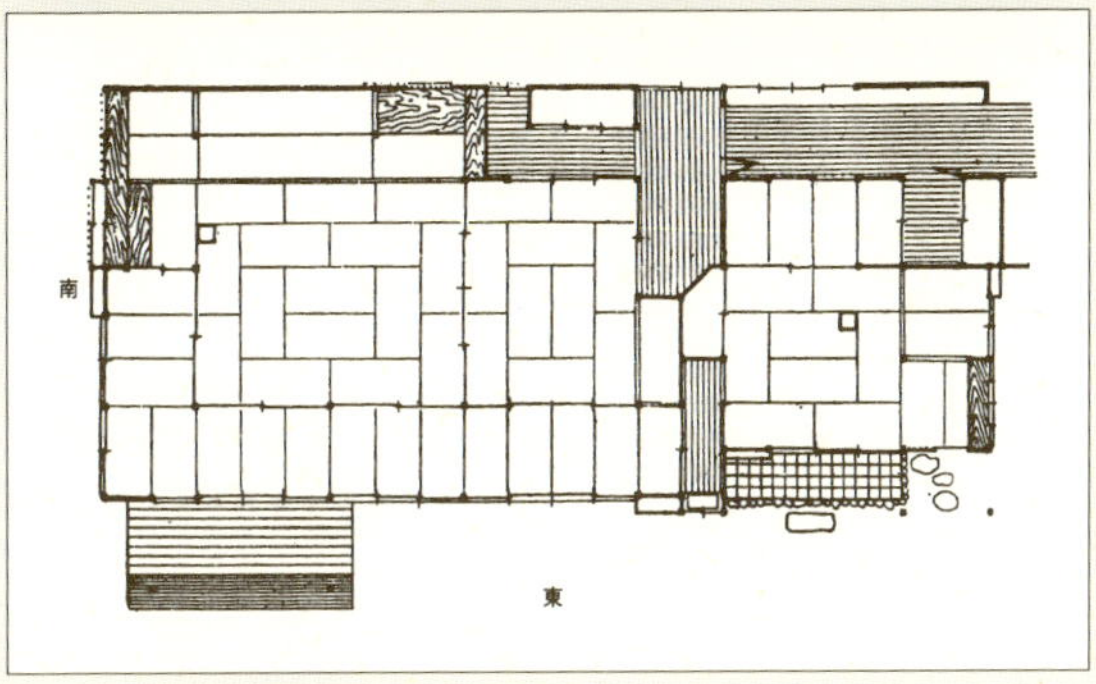

右上：八勝館「みゆきの間」、外観｜右下：平面図（「残月亭」は右側の炉を切った9帖）｜左：中店八勝館、大広間の琵琶床（1967）
引用図版＝『現代日本建築家全集 堀口捨己』（三一書房、1971）

のつらなる数寄屋普請となった。庭にむく床の間は開口四間がそのまま続いて書院になる。秀吉の聚楽第（一五八七）がこうだったと伝えられ、『匠明』殿屋集（一六〇八）の規範間取りにもなったが、そもそも書院造り成立にかんすることであって、別に論じなければならない。だが、床脇の構成は心ゆくまで崩され、床の間全体に創意がゆきわたっている。座敷側にだけでも面皮長押をつけて、数寄屋であることを主張しているのである。ただし、堀口の人柄もくわわって、硬派の、あるいは最硬派の数寄屋ではある――。

京・島原の名高い宴席・角屋《すみや》と対比して判然としてくる。角屋にまさか御幸はなかったろうが、八勝館「みゆきの間」も、それだけが目的で作られたものではない。ともに、大規模な宴会場たるが実質だろう。その性格は角屋のほうにもっと明らかだ。座敷の規模も大きい。すぐれた意匠はかねてもてはやされてきた。だが、仔細に現物を見れば、ことに広間にあって、これを数寄屋とは言いがたい。最軟派の書院造りであろう。第一に立派な長押があること。堂々たる釘隠しまでついているのだから「半長押」ではない。第二に、明らかな書院があり、また、ヴァラエティとして許された範囲内で違い棚や天袋で床脇が構成されている――。ただし次の間には欠ける。舞台装置のような、あるいは商業性の、軟派の書院造りと言えよう。

ずいぶん極端な例を対比的にあげたが、実は、数寄屋普請にあって、広間を特徴づけてきた床の間の代表は琵琶床だった。

琵琶法師が語る平家物語が知られているが、琵琶は近世に人気を博した楽器ではない。螺鈿（らでん＝貝片を漆器などにハメこんで磨いた装飾）をほどこし、優美さで生き残った。琵琶床はこれを飾っておくにたる床の間というような意味だ。軸物も掛け、季節の生花もいけ、香炉もおいてのうえでのことだから、間口が二間にも、それ以上にもなる床の間、相当な広間のための意匠なのである。琵琶棚という置き台を、固定的に作るのが特色だ。

この台を右端か左端かに作る。どちらに縁側などの主間口があるかが主なキメ手だろう。左側に縁側がある一般的なケースにおいて、琵琶棚を左側につくるとすれば、付書院のメタファだ。右側に作れば、地袋のメタファとなる。別に、その棚に琵琶をおかなければならない訳ではないが、いずれにしろ、「本床」が下敷きにされているのである。床《とこ》の床《ゆか》には竜鬢（りゅうびん＝竜のヒゲという字だが、華莚《はなむしろ》ということ）畳に高麗縁《べり》をつけて敷きこむ。こうなると、広間の畳は黒縁《くろべり》がふさわしい。それも一寸幅でよい。

この琵琶床が先にあって、「袋床」はおそらくできたのだろう。

これは狭い座敷のためのものだ。間口一間をそのまま床の間にしては大げさなケース（六帖以下）で、幅一尺五寸（四五センチ）ほどの小壁をたて、その陰に地袋をつくる。小壁には下地窓をとるのである。地袋は床脇のメタファ、下地窓は書院窓のメタファだ。この床の間は、ふつうの洞床（ほこらどこ＝入隅の柱を削りこんで塗りまわす）につくる。

★column——もうひとつの本床

建築家による琵琶床の例を紹介する。

大阪・曽根崎にあった《料亭ぼたん》は、吉田数寄屋の頂点のひとつだ。だれかが手をつけたRCの躯体を前提に、新たな世界が開かれた。前室（入側）と広縁がセットされた広間が、1–3階に1組ずつ設けられ、3階に20帖の大広間がある。ここに琵琶床がとられているが、床脇から広縁に流れる「八ッ橋棚」が有名になった。その右側に間口2間半（4.5メートル）のシンプルをきわめた琵琶床、大広間にだけ長押がまわされた。つまり、1–3階にわたって、草・行・真（比較論的な意味で）と「格」を上げていく構成。

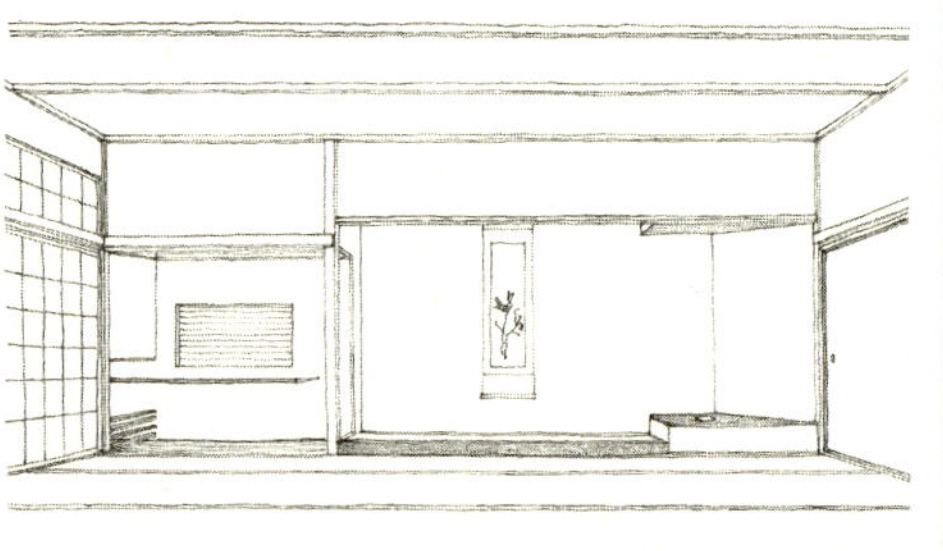

★column——袋床というもの

本文中、袋床（ふくろどこ）は琵琶床の簡略版なのではないか、と論じている。それでは、袋床とは何かが一見して分るイラストなり実作があるのか、結局は捜しあてられずに自分で描いた。第2章07節の「吊り床」＋「置き床」のケースと同じだ。07節では「4帖半」を論じているが、そこを狭めて突出して作られるのが吊り床＋置き床との組合わせだ。茶席をのぞけば、3帖には床の間をつくらないから、これが唯一の現実的なケースとなろう。

だから、まず6帖で袋床を描いてみたが、間が抜ける。最初は長押をつけ、天井高8尺で描いてみる。だが、まるでサマにならない。やはり、袋床は4帖半のためのもの、天井高は7尺5寸、長押を外した数寄屋普請にのみ適用することがはっきりした。

床の間の実の間口は4尺5寸間、1尺5寸幅の壁が立ち、ここに窓が穿たれるが、ふつう下地窓（第2章11節参照）にする。なお、床の間の壁の入隅は塗りまわして「洞床（ほらどこ）」に描いた。

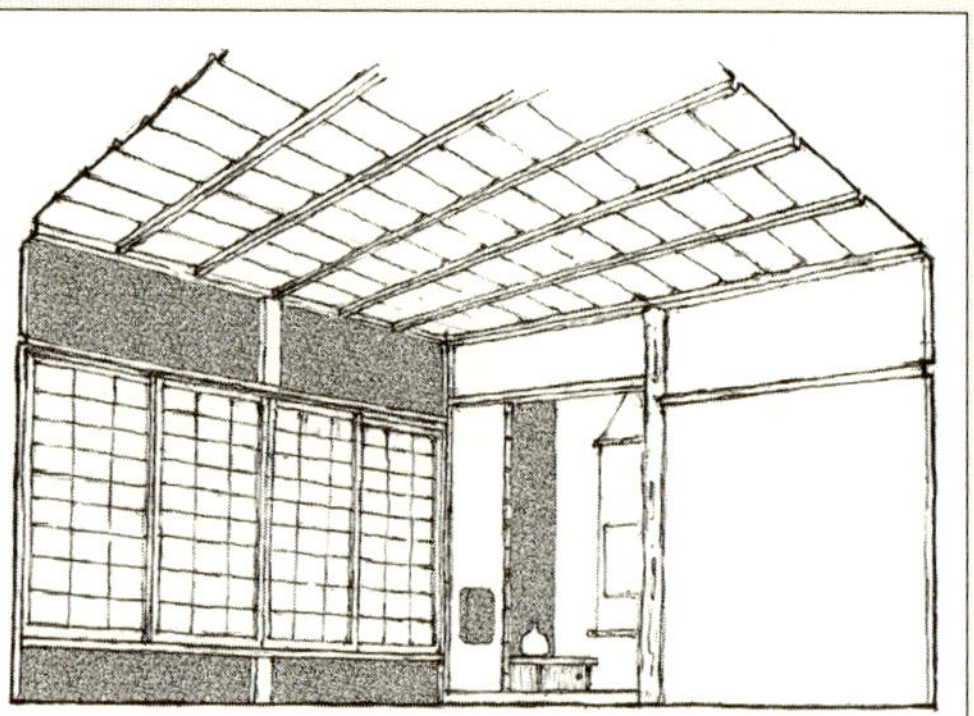

上：本床｜下：袋床｜黒沢隆研究室作成

だが、私がこの床の間を見たのは、飲み屋の小あがり（椅子座につづく小座敷）や小料理店の二階だったりする。コセコセとして、感心したためしがない。これでも数寄屋普請のひとつだ。

本論では、数寄屋というものを、書院造りの格式主義、なかでも「真」「行」「草」の序列の外にあるものとしてきた。当然のことながら、意匠の自由がその根底にある。

とはいえ、常に書院造りの秩序と序列とを参照しながら、「意味」の操作をこととしてきたのが数寄屋だとも同時に説いてきたつもりだ。まして、茶室を脱して数寄屋普請が展開するとき、座敷の広さにそぐう意匠の体系がぼやぼやと浮かびあがってきて当然だ。それを数寄屋における「真」「行」「草」だと理解する工人も、残念ながら出てもこよう。

じっさい、書院造りの秩序と序列（格）もまた、結局は座敷の広さを根本原理としているのである。こうなると、すべてが相対性のなかに溶解してゆく。とはいえ、意匠は工人の手のなかにあるということだけは明らかだ。

30 オイルステイン拭きとり

Stained oil finishing TATAMI room in modern civilian society

堅気の数寄屋という課題

「チャイナ」という国名がそのまま陶器を示すように、「ジャパン」という国名もまた、実は漆《うるし》を示すのだという。漆という塗料の深い味わいは、それほど世界にもてはやされてきた。

西欧にあってはワニスとラッカーとが、この役割を担ってきた。ワニス（varnish ニスのこと）はいろんな樹脂を亜麻仁油などに溶解させ、さらにテレピン油（後出）などにのばして塗装する。生地の木質や木目模様をやや透けて見せる艶に富んだ仕上剤だ。一方、日本では木質の素地仕上げを文化的なアイデンティティとしてとらえ、一貫して居住用建築の諸木部をこれによって表示してきた。だが、そのグレード（格）は、非構造的諸要素に漆仕上げを多用することによって示されてもきた、という内実もある。ことに調度や什器にあって漆仕上げは多様に展開、その仕上げ程度と意匠は、世界に感嘆されてきたのである。ほかに柿渋塗りという外部材用の塗装もあるが、これは次章に論じよう。

つまり、内部外部にわたって素地のままの木材に富み、これが時を経てヤケて古びていくことがめでられた。素材、鉋《かんな》のかけ方、手入れの仕方で古びにはさまざまなニュアンスがただよう。これも、部位表示を際立て、ハーモニーをかもし出せるのである。とはいえ、モースでさえ当初この渋さの偏愛にとまどったほどだ［★四――モース『日本人のすまい』］。

しかし、戦後の住宅復興は、こういう情緒を許さなかった。戦火で三〇〇万戸を失い、外地からの引揚者や復員兵の結婚などの社会増をふくめて、必要戸数はなんと四二〇万戸と算出されていたという。残った住宅戸数（ストック）の七割をこえる住宅供給となる。架構材はアメリカ北西部からの米栂《べいつが》（良材をスプルスとよぶ）が、横架材は米松《べいまつ》、造作材は南洋産ラワンに求めることになる。前章にも触れたが、ラスボードやテックスなどの合成ボードはこの時期に登場し、ラワンベニヤやこれを基材にしたさまざまな建材も、いっせいに市場に出まわった。戦争で荒廃した日本の山林には、組織的な植林がはじまったばかりだった。木造住宅の復興を軸にすすむ日本の建設事情にも広大な産業革命と流通革命とが運命づけられたのである。

論じてきたように、この時期が「新興数寄屋」勃興の時代でもあった。たとえば吉田五十八は、大壁の数寄屋普請をして、要所だけに、高価な北山丸太や吉野杉をおしんで使ってみせた。白井晟一は全国を行脚し、まだ残っている良材を山ごと予約して、安価に使っている。

一方、A・レイモンドや吉村順三たちは、ラワン合板を目透《めすか》しで堂々と貼ってみせて、その板の間（洋間）に障子や襖を建てこんでいるのである。合板やボードはいまでもサブロク版（三尺×六尺＝九一センチ×一八二センチ）が主流だが、五―一〇ミリほどの目地幅をとって率直に貼りつぐ（目地深さは目地幅ほど、五・五ミリ厚合板はこのためのもの）。目地をとることによって、合板一枚一枚の木目柄の繰返し性や均質性はあまり問わない。つまり、稀材銘木にとらわれることのないオートマティズム（自動性＝恣意の排除をこととする合理主義）に立脚しているのである。

この「ラワン合板目透し貼」を可能にした技術に、木工用接着剤と、オイルステイン（ＯＳ）という表面仕上剤があった。

もともと、盛大に合板が登場してきた背景には、接着剤の進化があった。水に濡れてもはがれない合板だから使用に耐える［★五――合板の耐水性等級］。たとえば「ボンド」は、現場でも使いやすい木工用接着剤だ。〝フリク〟（不陸＝フラットネス）をととのえた胴縁《どうぶち》組みに接着剤をぬり、形を合わせた合板を細い釘で仮留めして、乾燥をまってぬきとる。後に短いビニール管をはめた専用の仮留め釘も出まわった。プレーンでしかも質感のある壁ができあがる。しかし、素地ではおっておくと、赤茶けて表面もザラザラとしてきて（ヤケるという）、見られなくなる。

オイルステインは、これをふせいで鈍い艶を表面にもたらす安価で使いやすい仕上剤だ。もともと、チーク材（南洋産の稀材）をプレーンに貼りついだ表面仕上げは、ことに家具などで戦前モダニズムを代表するものだった。これは専用のチークオイルを塗っただけで仕上げた。「オイルフィニッシュ」という。そのオイルの主材は、かつてテレピン油だった。松ヤニや松根から蒸留してとる（芳香族あるいは植物性溶剤といわれる。太平洋戦争末期の日本では、石油不足から代用ガソリンとしてこれを使う研究もすすんだ）。溶解性にとみ、揮発速度が適切、かつ揮発後に不純物を残さないというすぐれものだ。だが、大量生産性がなく高価だ。その代用剤として、ミネラルスピリッツ（岩化水素系溶剤）が合成され、戦後、普及する。これに任意の顔料などを現場調合して、「ＯＳ」となる。

母材の色が軽薄で肌目も粗いラワンの、表面仕上剤として、まさに良縁を得たのである。基剤が安いから、ハケ塗りしてタイミングをみてボロ布で拭き、母材のバラツキに対応もしうる。拭くことで木目を目立たせて質感を際立たせることもできる。木材への浸透性もややあり、薄皮一枚だけのペンキ（オイルペイント＝ＯＰ）とは異なり、爪をたてる程度ではキズにもならない。耐候性もあって外部使用できるだけなく、メインテナンス性にも富むのである。やがて、もっと安価な灯油も基材として用いられるようになり、野帳場（のちょうば＝数が合えば質が問われにくい現場、建て売り住宅や公共建築など）仕事にも、もてはやされるようになった。

大熊喜英（一九〇五―一九八四）は、たんにラワン合板やラワン造作材にＯＳを拭きとりで使うのではなく、柱や天井材、障子の組子にいたるまで家中ぜんぶの内外木材にこの仕上げを適用して、新局面を切り開いた。

高名な建築史家・大熊喜邦を父にもち、当時、大成建設設計部次長の要職にあって、透視図の名手としても知られた。父からの素養もあったのだろう、今和次郎門下として民家に長じ、民芸も愛した。家全体の木材がくすぶっているというのは、囲炉裏で薪をたく農家の特徴だ。日本に煙突はなく、茅葺きの屋根を燻蒸しながら、もやもやと排煙させる。だから土間上部には天井を貼らないのだが、年を経て家中の木材はくすみ、障子紙や襖は貼りかえ、壁も上塗りして補修するから、木部との対比はいっそう鮮やかだ。

戦後の木材事情の悪化と、OS拭き取り仕上の登場とは、ごく自然に大熊に民芸風の味わいを想起させたのである。それればかりではなく、活況を呈してきた日本の工業社会が生み出した大量のホワイトカラーたちを背景にして「トリスバー」や大規模ビヤホールが各地に出現したが、酒場らしい雰囲気を英国調のハーフティンバー造りに求めて、ここでも、ラワン材の造作の濃い（木目があまり見えない）OS仕上げが多用された。つまり、この仕上げによって、タタミ坐とイス坐は通底し、大正デモクラシー以来の課題、起居形式における「和洋折衷」の新しい局面もにじみ出てきた。

大熊は私的にもたくさんの住宅をつくっている。当時はいまよりもはるかにタタミ坐依存度が高かったが、いまさら長押がつく訳もなく、つまり、数寄屋普請に類別されるのだが、それがもたらす独特のニュアンス、つまり女性原理は、ここでは払拭されている［★六——「粋」と女性原理］。ことに吉田五十八のつくる数寄屋の、一種独特の女性原理は、水商売の連想さえさそいかねまい。大熊は、時代の建設事情と、時代の新局面とに呼応して、ごく自然に堅気（かたぎ＝まじめに生きる人々）の数寄屋ともいえる作風を確立したことになる。健全な数寄屋というような意味だ。

書院造りとは、絶対主義社会における身分制と、武家社会内部の階層性に依拠して成立し維持されたものだ。明治維新と敗戦との二回にわたって、これは根拠を失った。残った日本のすまいは数寄屋普請だ。しかし、とくに戦後社会にあっては、かつての町衆文化やその精神（たとえば西鶴や近松の文学的主題としての「心中」）を継承したもの、とも言いがたい。それは、開かれた市民社会をいとなむ健全な市民が継承するにたる日本家屋、というような意味であろう。

註

★一――職業的茶席の畳割り

たとえば表千家宗家の広間「残月亭」を写真でみると、炉がなかったり、炉の位置が変わっていたりする。ことに広間の茶会でそうだが、季節や催しによって、炉の位置が転々と変わる。各派の宗匠の広間などは炉をいくつも切り、必要に応じ炉欠けのない畳を複数用意し、これで被っている。ために、その広間用の畳はすべて同じ大きさである必要があり、内法制で座敷をつくることになる。必然的に柱間のモデュールはまちまちにならざるをえないのである。ちなみに「京畳」の母材は床、表とともに六尺三寸×三尺一寸五分（一九〇九ミリ×九五四ミリ）までのサイズを供給できるものだ。

「建築家」はこういう整合性に欠ける普請をきらう。ために職業的茶人からうとまれ続けてきた。まずは数寄の心に富めばお茶の宗家は営みにくいという前提もあるのではないか。

★二――東海道線と日本の重工業社会

日本の鉄道建設はずいぶん複雑な経路をたどっている。

最初の鉄道、神奈川―新橋（一八七二）は大阪―神戸（一八七四）と並んで官営によって建設される。だが、後者が京都まで達して西南戦争となり、国庫は逼迫、民間にも鉄道建設の免許を与えるようになった。日本鉄道社は、上野から前橋、盛岡、青森と鉄路をのばし（一八九一）、山陽鉄道は神戸から下関をつなぎ（一九〇一）、展望車や食堂車の連結など民営ならではの多彩なサーヴィスも誇った。この頃になると、機関車以外は国産でまかなえるようになって、多くの支線の建設も進んだ。

日露戦争に辛勝した日本は、いよいよ近代国家の整備が課題だ。政府は「鉄道国有化法」を発布（一九〇六）、私鉄一七社を買収して、その後の延長二万キロの鉄路ユニヴァーサル・サーヴィスの基礎をつくった。他国にもならって「国鉄」が生まれるのだが、その記念事業として、首都中央駅たる「東京駅」が建設され（一九一四）、丹那トンネル（東海道線、一九三四）、清水トンネル（上越線、一九三一）がそれぞれ開通している。なかでも活火山の裾野を八キロも掘りぬく清水トンネルはあいつぐ落盤や出水にみまわれ、犠牲者六七名を出し、完成までに一六年の歳月をかけている。日本のトンネル土木技術の原点となる。

これが開通するまで、東海道本線は御殿場線まわりを強いられ、東京―下関の急行列車は二〇時間を要していた。折りからの大不況期に活路を求めるかのように、国鉄は初のネーミング特急「燕」を運行、東京―神戸を九時間半で結んだ。ために、東京―名古屋三〇〇キロをノンストップで走りぬく必要にせまられ、当時最強のC53機関車に給水タンク車を連結、さらに御殿場線の急勾配を押す補助機関車は無停車のまま連結・離脱をしながら要員交代もはたすという荒技をやってのけて話題となった。丹那トンネル開通後、沼津まで電化区間がのび、戦後唯一の流線型電気機関車EF55を配備（一九三六）、所要時間を三〇分縮めた。全駅電化によって、さらに三〇分を短縮したのは、戦後の五六年のことだった。

17――EF55型電気機関車

だが、五八年には電車特急「こだま」が六時間運転を実現、その後の新幹線の技術体系の基礎をつくった。この技術は、実は小田急・箱根特急（3000型SE車、一九五七）で確認されたものだ。狭軌電車をもって、時速一〇〇キロを超える持続運転を可能にした記念碑だった。

近世社会は運河を掘って運搬手段とし、軽工業化社会は鉄路を布設して効率化をはかった。この技術蓄積によって重工業化社会は開かれ、ここで高速道路網は築かれる。だが、現在の日本は人員輸送の圧倒的な役割を電車鉄道が担い、物資輸送の過半をトラック輸送が担っている。アメリカはちょうどこの逆であって、その結果、一人当りのエネルギー消費量をアメリカの六割にまで減じている。

また、山陽本線とつらなって下関に直結し、関釜連絡船（下関―釜山）を経由して、大陸経営の幹線を担ったのも、戦前の東海道線だった。ことに戦前にあって、関東と関西を直結したことだけが、その役割だったとは言えまい。東京とシベリア鉄道とを結ぶ、はるかな夢も託されていたのである（『鉄道データファイル』3、26、27、36、42、63、デアゴスティーニ・ジャパン、二〇〇四—〇五)。

ちなみに、いま新幹線が使っている「第二丹那トンネル」は、戦時中に開通していた広軌用トンネルにほかならない。

★三——天井高さ七尺で、どこまで広い部屋ができるかの私的体験

建築基準法では、旧法「市街地建築法」から引きついで「居室」の平均天井高を二・一メートル以上としている。この七尺はサンナナ（三尺×七尺=九一センチ×二一二センチ）という合板規格をちょうど使い切る長さだ。タテ目地だけの「合板目透し貼」（後出）もできるし、床から天井までのフラッシュ・ドア（合板やボードを太鼓張りにして大手をまわしたポピュラーな扉）をそれほどコスト増なしに取りつけられる。この場合、〈目透し貼〉の下には引込み巾木、扉の下にはアンダーカットをとるから、それほどの無理なしに二一五〇ミリという天井高が得られる。

これにこだわっていたのが私の七〇年代後半、「普通の家」シリーズだった。二〇帖を超えるリビングルームもこれでつくった。この天井高をそのまま軒天井につづけ、ガラス戸などの外部建具もぜんぶこの高さまで一本でとることが原則だ。当時は、棟梁が曲（むくり=この場合、天井中央部を気がつかない程度もちあげること）をとってくれたが、この頃は指定しないと本当に平らに貼られてしまう。

同じようなことは、SHシリーズの広瀬鎌二も、RC打放し住宅の安藤忠雄もやっていたが、私も含めて、立面のプロポーションをよくする効果もまた期待されているのである。

★四——モース『日本人のすまい』

「日本の家屋（…中略…）は、その第一印象の段階にあっては、失望を味わわされたというのが偽りのないところである」、「ひとりのアメリカ人として、あるタイプの家屋がそこの住人の貧困および無気力に封じ込められた生活状態を象徴し、また、あるタイプの家屋がそこの住人の向上意欲および豊かさに溢れる生活状態を象徴している、とする識別方法に、久しく馴染んできたものだ」、「アメリカ人は自分の国のこれと類似した非塗装の木造建築との比較を、つい行なってしまう」、「田舎なら納屋や物置小屋にしか用いられないのが通念であるし、都市ならば貧民層の住居にしか用いられないのが通常である」（斉藤正二+藤木周一訳、八坂書房、一九九一）。

★五——合板の耐水性等級

戦後のJAS（日本農林規格）やJIS（日本工業規格）では、合板は一定の耐水性を持つことを義務づけられ、完全耐水合板（タイプI「T1」と表示）、耐水合板（T2）、簡易耐水合板（T3）とに分かれる。T3とは、AEPなどの水性ペイントをかけても剥離したりすることはないとされたが、現在では生産されていない。二〇〇三年には、「ハウスシック症候群」対応のために、ホルムアルデヒドやトルエンを含有する接着剤の規制がはじまっている。だが、その最高水準である4☆（S4）のT1合板の現場での耐水機能はまだ現場では確認される段階ではないことも事実だ。

★六——「粋」と女性原理

九鬼周造の名著『「いき」の構造』（初版一九三〇）が、二〇〇三年末、講談社学術文庫入りを果たした。

藤田正勝の解説によれば、一九二一年から八年間にわたるヨーロッパ留学のさなかで、その草稿はまとめられたという。九鬼はドイツでハイデッガーを、フランスではフッサールを専攻、観念論の思考体系のなかに、日本人の生活態度の規範、あるいは美意識を「いき」として位置づけ、構造化した人なのである。

本文中にも触れたが、「いき」は「粋」と書き、しばしば「野暮」との対比のなかで位置を得てきた。だが、上品—下品、派手—地味、甘味—渋味などの対比も知られている。これらの構造的図解をこころみ、それぞれの中位を結ぶ法線を設定した。「この法線OPは対自性的矩形面と対他性的矩形面との相交る直線にほかならないが、この趣味体系内にあっての具体的普遍者を意味している」と解く。

「数寄」の原理を、「粋」に求めることによって哲学的正当性を得てきたのは、町人ばかりのことではない。王朝の権威主義と陰謀術策に対抗して政権を奪いとった武家社会の、思想的背景が禅宗仏教にあったことは、まず想起しなければならない。自力本願を旨とするとの教義は、おそらく「粋」の見えない核心を形成した

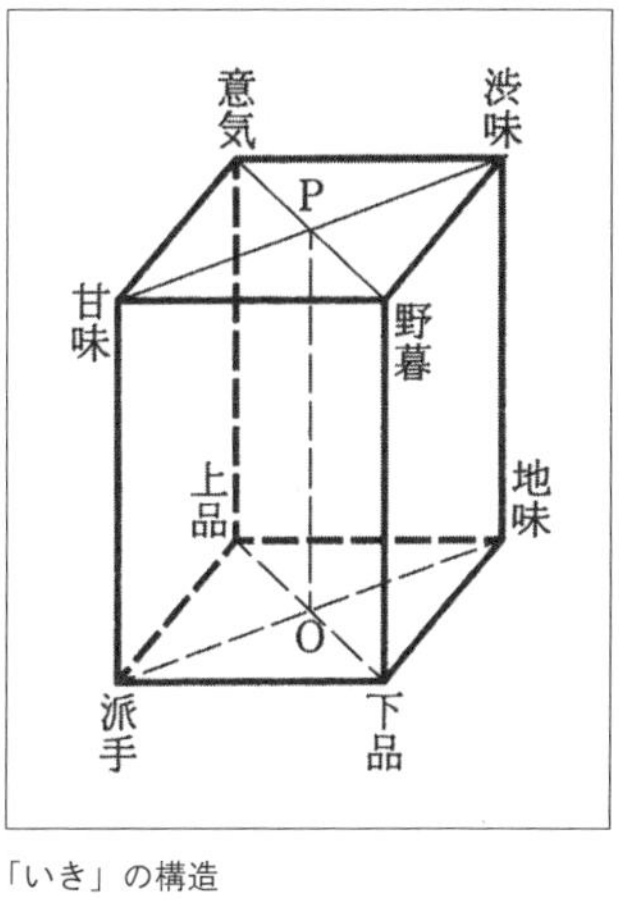

「いき」の構造

引用図版=九鬼周造『「いき」の構造』

（講談社学術文庫、2003）

のだろう。ついで、その前後から一貫して伏流をなした「隠者」の処世術もまた、美意識としての「粋」の中核に育ったのだろう。ことに後者は、ただひとり自然に対峙し、四季にうつろうその美に逆に心を開いてきた。世阿弥の説く「花」（人のつくる美）もまた、この回路なしには考えられまい。

　つまり、「粋」とは王朝時代（古代）末期から八〇〇年以上をかけて蓄積してきた日本の美意識の、ひとつの決算だった。その決算をになったのは、絶対主義下の町人社会だったのである。このことが最終的な仕上がりを女性的なものにした可能性がある。

　たとえば近松もの（近松門左衛門、一六五三―一七二五）の主題となった「心中」だが、私たちの世代の教育では「封建制に圧殺される自我」となった。さすがにこんな自虐史観（事実認識にも誤りがある）は修正されている。社会規約（義理）と自然人格（人情）との相克という、すぐれて普遍的な主題だ。社会が組織化するほどに相克は極大化、「疎外」という専門語さえ生まれるのが近代社会だ。

　これを遊郭という極限社会に取材し、ために結末としての「心中」も導かれる。「運命悲劇」から「性格悲劇」への転換が近代演劇の原理だと説かれるように、同じ死という結末が導かれるにしても、シェイクスピアと比べて相当に近代性に富むものなのであろう。すぐに西鶴もの（井原西鶴、一六四二―九三）が演劇化され、「世話もの」に展開するのだが、はるかに小津安二郎の祖形のようにも観察され、こちらは、むしろ現代的な演劇主題だとはいえまいか。

6 外廻り編

Out Looking: Roof shape had been important in the exterior of Japanese architecture.
Because one-storied building was typical, specially in the residence.
However, at the civilian building in mid-town, wall and the openings design appear clearly at once.

平屋を規範とする日本のすまいにとって、外部の表情は屋根に求められた。しかし、町家では一転して、表情は壁と窓とにある。

31 入母屋屋根

IRIMOYA (semi-gabled) ROOF

屋根型の意味作用

日本建築は屋根の建築だとしばしばいわれる。その屋根の代表は入母屋だとも思われてきた。それでは、入母屋は日本に固有の屋根なのだろうか――。

ちがう。仏教とともに朝鮮からもたらされた。その朝鮮には、おそらく仏教以前に中国からもたらされていよう。それでは、入母屋屋根のオリジンは中国かといえば、そうともいいきれない。スマトラをはじめとする東南アジア各地の部族社会や首長社会（部族社会と国家社会との中位の段階）にしばしば見られるのである。いまだ鉄製の工具に恵まれない段階の木造文化圏にあって、切妻屋根の妻側も拡大して建物の大型化をはかる普遍的な技法だったのだろう。

中国にあっては、北京をセンターにする北部文化圏と、南京をセンターにする南部文化圏とが古くから併立していたことが知られ、「南船北馬」といわれてきた。前者は黄河文明を育み、早くから乾燥性の風土となった（もともとは豊かな森林を育んでいたことが、最近、実証された）。したがって、この地域には主に組積造系の建築術が展開する。一方、後者は東南アジアモンスーン気候帯下に長江文明を育み、木造軸組系の建築術が展開する。必然的に基幹農産物さえ、北は麦、南は米であって、食文化にも大差は生じた。

とはいえ、北部中国の組積造系の建物もまた豊かな屋根をかけて「建築」となっている。瓦は、中国全土をつらぬく屋根葺き材だ。この場合、その下地は木軸だが、かならずしも入母屋屋根だけが葺かれたのではないが、ことに仏教系伽藍にあって、それは支配的だった。

さて、高麗《こうらい》経由で仏教とともにこれがもたらされて、辺境の地・日本の「文明」化のインセンティヴとなる。第三章、第四章にみた通りだ。世界最古の木造建築・法隆寺は、主要建物である金堂、講堂が入母屋、「方形屋根」をのせた五重塔との緊張した対比が示されている。

ふたたび言うが、強烈なインパクトだったはずだ。だから神社は瓦を葺かないと説いたが、同様に入母屋の神社もない。仏教より古い固有の信仰が神道だという主張だ。ちなみに最古の住宅の遺構・伝法堂（第三章参照）は、見るからに「切妻屋根」、神社の本殿に残されているような古来からのすまいの様相がプランとともにそのまま残され、「建築」化されていることが見てとれる。

その一方、歴代天皇の宝物の収蔵庫たる正倉院は、高床校倉《あぜくら》造りの上に瓦葺きの「寄棟屋根」をかけている。よく考えた選択だ。この普請（ふしん＝建築行為）の三年後に鑑真による唐招提寺の建立がなっている（七五九）。その金堂をおおう巨大な寄棟屋根は、大棟の両端にあげられた鴟尾（しび＝鬼瓦の役をはたす魚形や轡《くつわ》形の棟端かざり）とともに新鮮な感動をあたえたにちがいない。さて、唐招提寺金堂の計画段階の構想がヒントになって正倉院がありえたのかどうか、思いはつきない（中国の殿舎には、入母屋の上にも鴟尾をあげた例が多い。「屋上屋を重ねる」ごとく、キッチュ［露悪的］だ。日本では名古屋城など数えるほどだ）。

つまり、奈良時代の終りには、切妻、入母屋、方形、寄棟などの屋根型がそろい、それぞれの意

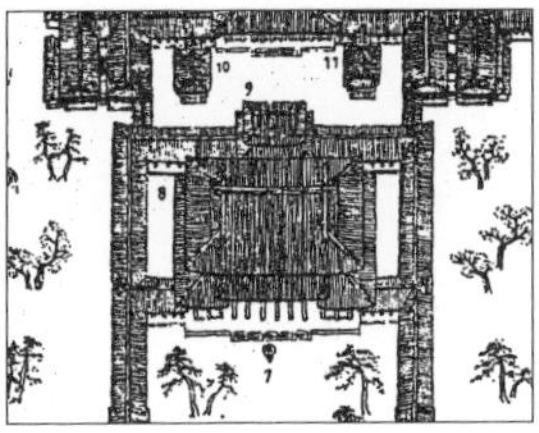

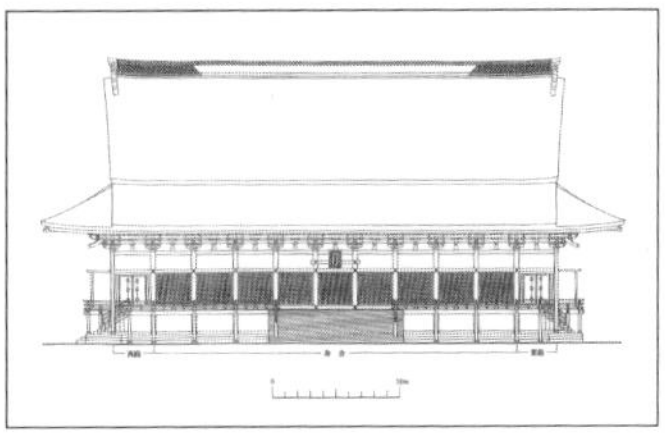

1（左）――紫禁城（北京）主殿。反った入母屋の上に鴟尾をあげ、さらに裳階（もこし）をまわしている。瓦葺き。
2（中）――吉田鉄郎の描く創建当時の東大寺大仏殿。『JAPANESE ARCHITEKTUR』から（部分）
3（右）――京都御所紫宸殿。入母屋の上下を分節した錣（しころ）葺き。桧皮葺き。
4（下）――桂離宮古書院。曲（むく）りを大きくとり屋根妻も強調して切妻のように見える入母屋。桧皮葺き。

味作用の整理を終えた、と考えられる。さすがに日本人だと思わされる。過剰なところがなく、説得力ある展開となった。たとえば吉田鉄郎は、『日本の建築』（一九五二、ドイツ語版。日本語版＝薬師寺厚訳、東海大学出版会、一九七二／鹿島出版会、二〇〇三）のなかで、東大寺大仏殿をとりあげ、重源による再興の段階（鎌倉時代）では、いまの寄棟屋根だったはずはないと説いて、入母屋屋根に変えた想定図まで描いた。一九六〇年代の文化財修理で、その説はほぼ実証されるのである。当時、財政にこと欠いて安易に走らざるをえなかったのであろう。ことほど左様に、屋根型は安定した意味作用をまとい続けて、時代を横断しているのである。

さて、天皇の住む殿舎、つまり国事行為の場をどうつくるかについての確定は、寝殿造りの成立をもって、平安時代になされている（第三章参照）。これもまた、入母屋のオンパレードとなった。大陸風の反《そ》りのある入母屋から、曲《むく》りをとった「和」の表情に大きく転じた。ここに権威の中和をみるより、国風の確立を見るのが正しかろう。とはいえ、大陸風の殺伐とした超越性の権威と一線を画して、にじみ出る尊厳の表示として、これを見ることもできる。だとすれば平安期に、すでに、その後の歴史の転換は用意されていた、とみることもできるかもしれない。

いずれにしろ、入母屋は最上位の表示として、その後も日本文化のなかに位置を占め続けた［★一――錣《しころ》葺きと寛政度御造営］。書院造りは、やがて瓦に葺きかえて、権威の表象として日本文化のなかに命脈を保ちつづける。

ただし、この屋根は前章に論じた「和小屋」の温床となった。帽子や冠《かんむり》のように、ただ載っているだけだ。仏教建物の内陣と外陣との区画を根拠とする屋根型から殿屋建築の屋根に転換したとき、建物内実との関連や整合を失うことになる。ギリギリ最後の整合は寝殿造りの主殿（宸殿）にあったが、それ以後、屋根のための屋根、形だけの屋根に転じて、和小屋の不実を許した。

いま、郡部にたつ土地長者の御殿ふうの居宅を見るとき、また、市部にたつ戦前型の中小規模の居宅を見るとき、いずれも瓦葺きの入母屋屋根なのであって、ことに入母屋を載せた門構えが特徴的だ。妙に裏悲しく映るのは、このためだ。虚飾に終っているのである。戦後の、意識的な近代和風の普請は、ことごとく入母屋屋根を嫌っている。

附言すれば、だから、入母屋の数寄屋もまた、同様の難題を内在させている。ただし茶席の天井は「掛込《かけこみ》天井」をひとつの規範としているのだが、たんなる「囲い」だった原形を継承しながら、ギリギリの内外の整合を様式化したと考えてよかろう。内部に下がる小壁は、そのまま立上って外からは妻壁になっている。こうして内外の整合を得るのである。あえて柿板葺（こけらいたぶき＝薄い削り板で葺いた屋根。江戸中期までは都市部民営建物の屋根だった）の入母屋をかけるのは、おそらく「数寄」の主張だ。畳縁に黒を用い、その幅を七分（二一ミリ）に縮めるのと、同じような態度であろう。

　ちなみに、平内家初代の政信が「匠明」殿屋集（一六〇八）に示した書院造りの規範は、実作たる三井寺光浄院・勧学院の両客殿も、桧皮葺《ひわだぶ》きだ。おそらく、寝殿造りにならって居住用建築のアイデンティティとして桧皮葺きが採られたのだろう。しかし、徳川家の京都別邸である二条城（一六〇二。一六二六に小堀遠州が大改修）では、同じ屋根型——入母屋——を高らかに瓦で葺きあげている。これが新たな範となったのだろう、以後、武家の居住用建築たる書院造りは、瓦葺き入母屋となっていった。

5——掛込み天井（妙喜庵待庵）

32 一文字瓦

Dutch-lap method of roof tile

都市防災と町衆文化

江戸とロンドンとは、しばしば大火を出した大都市として知られる。

　一八世紀中頃にあって、すでに人口五〇万人を超える大都市は相当数に達する。北京、上海、ボンベイ、カルカッタ、ウイーン、パリ、ロンドン、大阪などだが、江戸は別の意味で群をぬいていた。ここの火事は年中行事のようなもの。冬になれば妻子を郊外に疎開させるのが有産層の常だった。疎開もできない貴重品は蔵をたててしまい、一方、刻みのすんだ建替用木材を貯木場の水中に用意していたという。いさぎよいというのか、異常だ。

　どうすれば耐火建築ができるかを知っていたが、これには住もうとはしなかった。夏は暑く、冬は寒くて住めなかった。「土蔵ずまいは万病のもと」だったのである。英国人が石造のすまいを嫌ったのに似ている。

　首都・江戸の都市行政も幕府の仕事だが、町方の奉行たちは都市防災に必死だった。明暦の大火（一六五七）以後、瓦屋根の強制と火除地（ひよけち＝延焼防止用空地）の確保をもってのぞむ。「火盗改め役」や「町方火消し組」を組織、火災の度に積極的に破壊消防にはげんで不良建物を駆逐し、火除地を拡大した。たとえば上野・広小路はこんな方法で生み出される。

　江戸に瓦屋根を普及させるにあたって、瓦そのものの技術革新にも裏付けられている。

　仏教とともに持込まれた瓦だが、これはたいへんな代物だ。野地板の上に粘土を厚くのせて反りを調整し、わずかな凹みだけのある「平瓦」をのせてかため、平瓦と平瓦の継ぎ目に割竹状の「丸瓦」を漆喰ではりつけていく。堂営（瓦の世界ではこの用語が用いられる）用だから瓦も大きく、全体の重量も尨大であって、寺院という枠を超えて日本に瓦が普及しなかったのには訳があった。たんに記号性（意味論）だけに理由を求めきれないのである。軽く簡単な工法への技術改新がないかぎり、その普及にはほど遠かった。

まずは、平瓦と丸瓦とを一体にし、瓦と瓦とのタテ・ヨコの重なりを瓦自身がセルフリミングできるようにしなければならない。そのうえ、瓦自身が自力で野地板に喰いつけるようにも変えなければならない。おもに瓦の裏側が主役の改良であって、かといって表側の美しさを譲るわけにもいかないのである。

古代の瓦と近世の瓦との差異、それは「商品」たりうる瓦の成立でもなければならない。

これを「桟瓦」という。野地板の上に水平に打った桟木にひっかかる瓦という意味にほかならない。こうなってはじめて、瓦は四寸勾配（四〇％勾配）までは耐えられる、というような公準が成立するのである。昭和に入って「逆流止め」の桟瓦が開発されて三寸五分勾配にまで耐えられるようになる。

屋根の不燃化は富裕な商家から始まる。桟瓦で葺いても、軒先にだけは丸瓦のような見えがかりを残した軒先瓦もつくる。「饅頭瓦」と呼ぶのである。饅頭の並ぶような軒先は、商家のアイデンティティとなった。

残された課題は住宅の不燃化だ。

当時、専用住宅に住んだのは武家と僧侶、それ以外にも、隠居や文人や芸能人などにも及んでいくのが近世都市だ。その間取りなどは論じてきた通りであって、和小屋を組んで主屋を瓦葺きすることがまずは可能だ。しかし、その外周をなす縁側をおおう下屋や庇を不燃化するには銅板の平葺きしかない。下屋は棰《たるき》だけで持ち出し、丸太桁《まるたけた》の外に大きくオーバーハングするから、瓦では葺けない。庇にいたっては片持ちだ。いまでも高価な銅材をつかえるケースは限定されよう。つまり、産業革命をまってトタン（亜鉛《あえん》鍍《と》薄鋼板。鍍＝メッキ）が広く普及するまで、住宅の不燃化は中途半端なかたちだった。ここに柿板葺などが残り続けたからだ。前章にも触れたように、縁側が室内化するのは、トタンとガラスという産業革命の成果があってのことだったのである。

饅頭《まんじゅう》瓦が商家の軒先瓦だったように、住宅用の軒先瓦は「一文字瓦」だった。軒先下端を一直線にそろえることによって、瓦であることの表象性を極小化したものといえよう。その材質も黒光りするのではなく、渋く銀色を発するにこしたことはない。結局のところ、これは三河特産の「三《さん》州《しゅう》瓦」の味であって、いまだに独占状態にある。これに対して、各地で生産される瓦は「地」の瓦とよばれる。ツヤツヤと黒光りするのである。黒くなく赤茶けた瓦を供給している地方もある。前

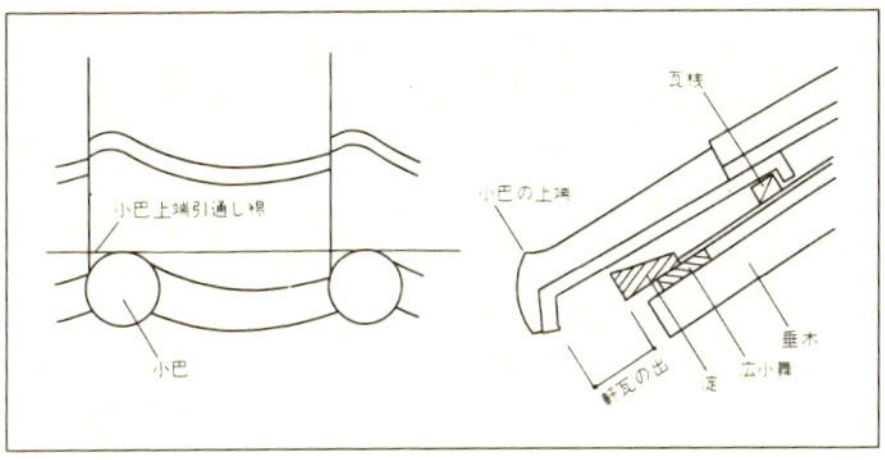

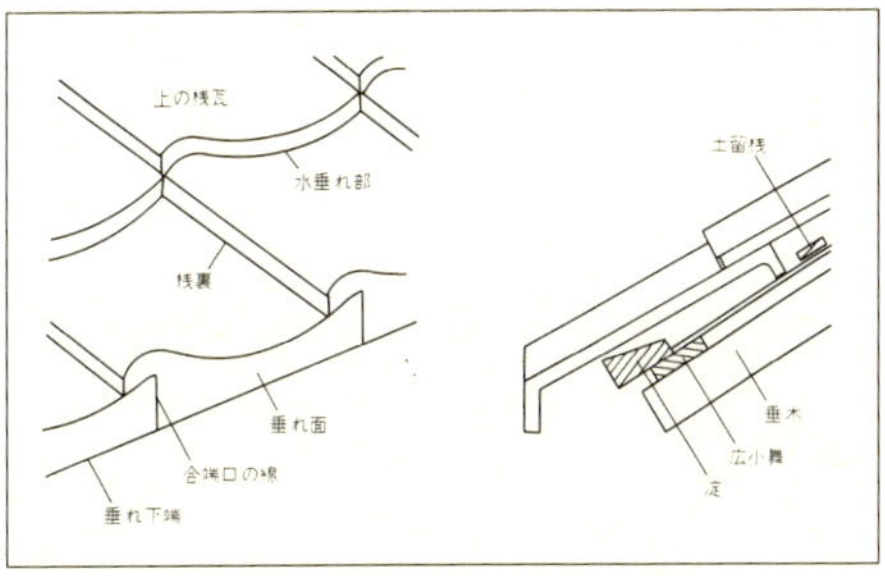

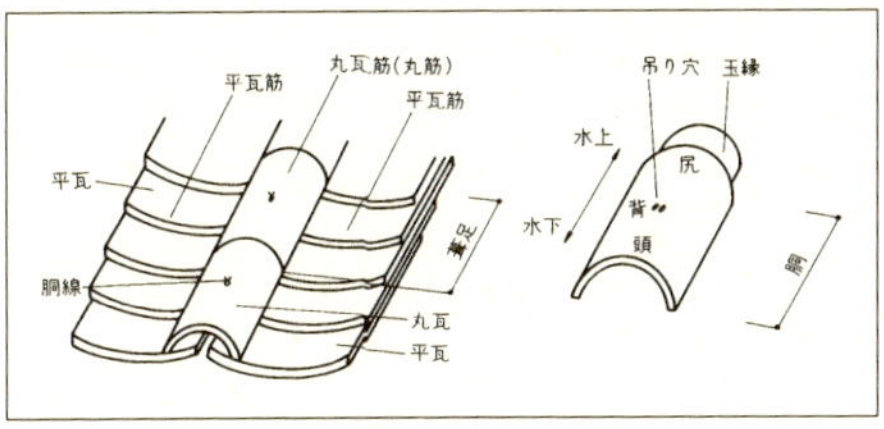

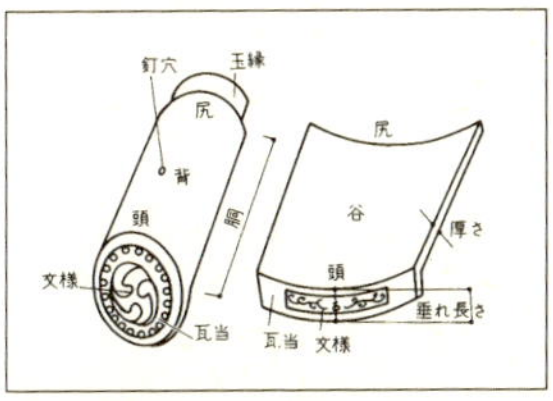

6――饅頭軒瓦（桟瓦）｜7――一文字瓦（桟瓦）
6、7引用図版＝坪井利弘『日本の瓦』（新建築社、1987）
8――本瓦｜9――本瓦の軒先役物
8、9引用図版＝坪井利弘
『古建築の瓦屋根』（理工学社、1981）

者には軒先瓦は饅頭瓦だけしかなく、後者でも一般的には饅頭瓦、石州産には一文字瓦もあるが、どこでも使えるとはいいがたい。のみならず、棟端部の鬼瓦や、その下でケラバ（妻側の端部役物）頂上をおさえる巴《ともえ》瓦もまた、いかにも地方色豊かだ。琉球のシーサーなどの例もあるにしろ、たじろぐほどキッチュな例にとんでいる。

一文字瓦は、したがって軒先瓦のバリエーションのひとつではなく、屋根全体を三州瓦葺きにせざるをえないという現実にも直面することになる。当然、高価とならざるをえない。

数寄屋普請の全国化は、こうして三州瓦を全国ブランド化する。ここで技術革新があり、味わい深くて安い新建材が登場するというのが当然の順序だ。しかし、現実はことなる。登場したのは「カラーベスト」や「エタニット瓦」などの、いずれもアスベスト基材の洋風の屋根材だった。ともに軒先役物は商品化されていない。軒樋で隠される確率が高いからだろう。かわって内樋の外縁、つまりハナカクシ様の幕板やその上端（笠木）の処理が意匠原理となっている。かえってクリエイティヴなのかなと思いもするが、三州瓦の全国ブランド化が、ひるがえって和瓦そのものを駆逐することになったのかもしれない、と思っている。

ちなみに、一文字瓦の軒先には樋をつけないのが原則だ。入口など、やむをえずつける場合、一段下って樋が吊れるホルダー（樋受け）が用意されている。

33 生《なま》子《こ》壁《かべ》

Tiled fire wall

都市型建物と耐火仕様

秋田県南部の内陸に、「みちのくの小京都」とされる小都市、角館《かくのだて》がある。秋田藩の家老に佐竹家が分けた知行だった。秋田平野を潤して日本海にそそぐ雄物川の支流、桧木内川にむかってゆるやかな起伏がひらける。この家老家にはすぐれた都市計画の才ある人がいたのだろう。丘から削った厖大な土量をもって堤を築いて桧木内川を整流、いまは、ここがしだれ桜の名所だ。丘には家老家の居宅となる出城をつくり、そこから川と平行する直線の道をのばした。今日に立派に通用する広い道にもしだれ桜が街路樹として植えられている。

この道の両側は「黒塀」で画され、武家の居宅が並ぶ。丘に近く大邸を配して、この道が終ったところで広いオープンランドがとられ、道は大きくクランクする。武家の街区と町人の街区とを画す火除地だ。いまも火除地をそのまま残して、この一部に町役場がたっている。町人の街区に入ると、一転して道の両側の家々は肩を接し、すぐ道に面して並ぶのである。なんともあざやかな対比だ。そのうえ、大店（おおだな＝大規模商店）は漆喰で塗りかためていて白が基調だ。これを「塗り屋」という。

かねて論じてきたように、おそらくは世界史的にみて最初の専用住宅が書院造りだ。それは外庭式たる必然があり、その家が開放的なつくりだからこそ黒塀で画される。ただしここは名にしおう豪雪地帯だ。凍害を避けて、屋根は草葺き（火除地を広くとった理由である）、雨戸は縁側の外をまわるタタキの上に角材の一筋（ひとすじ＝雨戸の下レール材、ふつう、縁側の外端の「地長押」の役割もはたす）をおき、この上に建て込んでいる。

一方、町人の街区とは職住混然の併用住宅だ。商いは、道にすぐ面してこそありうる。そして、商いの規模は間口の幅によってきまる。当然のように敷地いっぱいの構えとなり、隣家と肩を接することになる。店の裏に中庭をとり、住居はここに面してつくる。京都など条里制の都市では敷地は奥深い。この奥に第二の中庭で画した蔵をさらに続けている。つまり、都市型の建物はコートハウスたらざるをえない。灌漑農耕段階（文明段階）以後の人類社会すべてに共通することなのである。だが、防火性能に劣る木造文化圏にあって、対策はいかになされてきたか。ここ角館の場合、凍害にある程度は耐える陶質の赤瓦が屋根材として用いられた例が、安藤商店などに残されてはいる。おそらく、島根産の石州瓦が使われているのだろう。

都市防災に資する民の営みの数々は、まだ各地に残されて地域の文化資産となっている。浅野平八は、その代表例として、つぎをあげている（『風土の意匠』学芸出版社、二〇〇〇）。

塗り屋がつらなって京や大阪ふうの都市景観に近づいている例として、陸前村田（宮城県柴田郡）、近江八幡新町通り、美々津（宮崎県日向市）、有田（佐賀県西松浦郡）。

蔵造りや蔵屋敷の例として、喜多方（福島県）、高岡（富山県）。

水量ゆたかな水路を街路に引いて防火用水とし、「袖ウダツ」をたてて家並の一軒一軒を防火区画している例として、北国街道海野宿（長野県小県郡東部町）。

そして、塗り屋や蔵造りに「貼り瓦」をして耐火性をあげ、かつ独自の表現にいたった倉敷（岡山県）、高梁《たかはし》（岡山県）、塩飽《しわく》（香川県丸亀市）——。

浅野の指摘する通り、台風の日本海通過などを原因とするフェーン現象におそわれ、たびたび大火を出している地域が富山、山形、新潟だ。いまは富山県だが、高岡は前田利長が開いた条里制の城下町、一八二一年の大火の後、江戸にならった街の防火対策がすすんだ。火除地として広小路をとり、街角に土蔵を建てさせて防火に資したという。町火消し組をつくり、夜回り番、出火の連帯責任制、用心水桶と水桶見回り方をおくなど、防火ソフトにも力をつくした。

漆喰はモルタルとならぶ耐火被覆性能をもつが、現行基準法でも塗り厚二五ミリ（片側）で三〇分耐火とされる。現に、大火を経験しても土蔵は生き残ったのだが、これを塗りかさねて、なお意匠化していることが見どころだ。白漆喰と黒漆喰とを使い分け、梁型や破風型、腰壁、窓枠などに段差もつけて、なお骨組構造であることの本質を表示しつづけている。

すでに述べているように漆喰は純度とともに耐水性を増す。しかし、建物の裾など雨水のハネ返りを受ける場所では汚れやすい。黒漆喰でも事情は同じだ。これをどう防ぐか、いろいろな試みがなされてきた。たとえば布基礎のように石材をめぐらし外幅木のようにあつかう。漆喰塗りの上に板を貼り、朽ちてきたら取替える。犬矢来（第七章参照）をめぐらす。だが、蔵造りや蔵店《くらだな》の定番ともいえるのが貼り瓦だ。

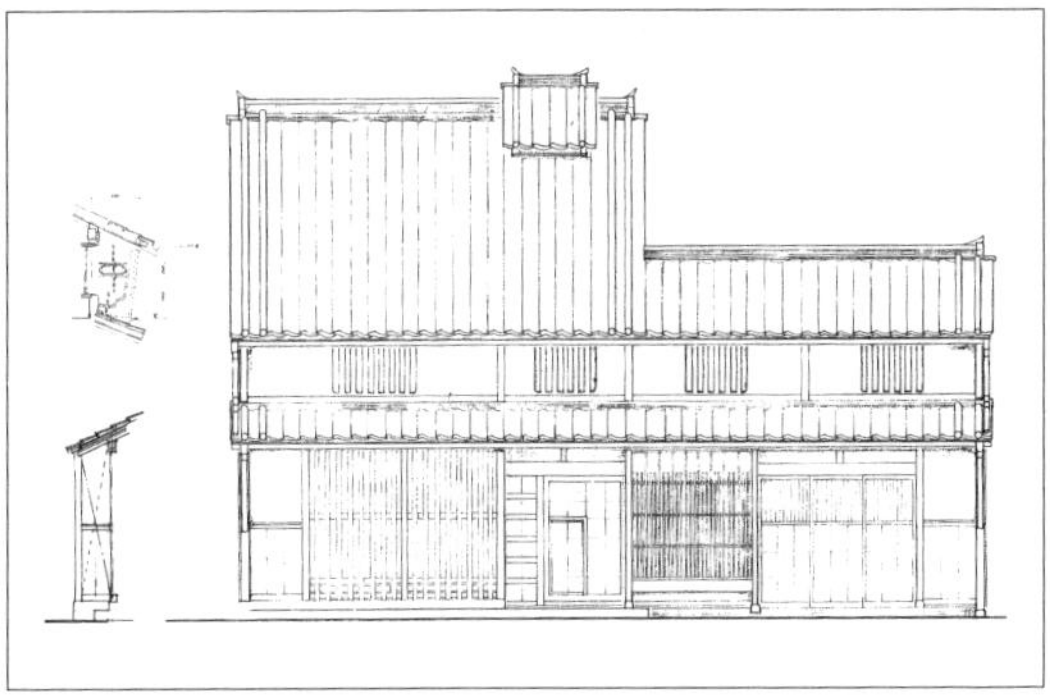

11——典型的な町家（立面図・ウダツと出格子の詳細図）
引用図版＝吉田龍彦『格子の表構え』（学芸出版社、1996）

もともとタイル状（尺角＝三〇センチ角）の平瓦は寺院本堂の土間などに敷く床材だ。ダイヤゴナルに（四五度ずらして）貼ることになっている。本場中国では、これを「眠り目地」で貼り継ぐのが本格仕様だった。製造精度が悪かったからなのだろう。瓦一枚一枚の四周を裏からヤスリで削り限りなく薄くし、隣同士を合わせて継ぎ目（目地）を目立たなくしている。銘石の縞文様を合わせて貼り延べていくとき、いまでもこの方法をとるが、厖大な工賃となる。日本では、桟瓦ができる頃に瓦そのものの製造精度もあがり、細い目地をとっても平瓦を貼り延べていくことが可能になったのではあるまいか。この場合、目地は黒漆喰だ。

さて、その平瓦を蔵造りや蔵店の腰に、やがては壁全体に白漆喰で貼っていくことになるのだが、どのような目地処理をしたものか。

定規に目地幅の板をつかい、瓦を貼りつけたうえで、目地からハミ出た漆喰を特別なコテで鋳押しして盛りあげている。瓦をタテに貼っているのだから、たいそうなフラットネスは期待できない。いっそう目地を盛りあげて、それを目立たなくしているのである。これを「生子《なまこ》壁」というが、「生子」には鋳型という意味もあり、カマボコの形でもあり、銀や金のインゴットの形でもあった。ようするに、抜きやすい形だ。

中国やインドと対比したとき、日本文化の工人観がにじみ出しているように思えてならない。きわめて現実的であって、それが意匠化されているのである。きっと、奴隷という制度は日本になかったのではあるまいか（古代にあっても）。

いうまでもないが、生子壁は町人による町人のためのクリエイションだ。町人をブルジョアジーと言いかえるとすれば、西欧では、ブルジョアジーが独自の表情をもつにいたるのはアール・ヌーヴォーをまつことになる。その差は二世紀といえよう。吉田五十八は、大阪・文楽座の再建に際して、ビル型のファサードの全面を生子壁で貼りあげた（一九五五）。

浄瑠璃や人形浄瑠璃、そして歌舞伎そのものが町人文化なのである。表象は、内実なしにはありえまい、と思うのである。

附言すれば、「トタン生子」がいつから普及したのか、私は知らない。波型に成形されたサブロク（三尺×六尺）版の亜鉛鍍薄鋼板だ。仮設小屋の屋根や応急的に貼る外壁材として、しばしば眼に

12──文楽座（吉田五十八）
引用出典＝『数寄屋造りの詳細──吉田五十八研究』（建築資料研究社、1985）
13、14──倉敷の蔵造り町家｜写真提供＝浅野平八
15──各種のトタン生子を集めた外壁の町家。鎌倉の御成通り商店街の裏道で。筆者撮影

する［★二——ユンカース機の波板構造時代］。これで葺いた屋根は涼しい、隣のボヤがこのおかげで移らずにすんだ、との評判もある。空気層に滞留する空気が熱上昇して換気され、鉄板の温度はあがりにくく、一方、鉄板が相当に温度上昇しても、下地材とはラインタッチしかしていないから、下地の温度も発火にまでは至りにくい——。意外な効果だ。いずれにしろ、応急、復旧、仮設という課題を背負って市場に登場しているのではないか。「生子壁」の意義と、あたかも正反対の存在なのではあるまいか。

34 簓《ささら》子《こ》下《した》見《み》

Japanene weather board covering

この近世的なるもの

幾度も論じているが、明暦の大火（一六五七）以前の江戸と、以後の江戸とは、その規模も都市の性格も本質を異にしている。封建都市から絶対主義都市（メトロポリス）へ大変革をとげるタイミングを、この大火は結果として与えた［★三——「総曲輪」区画から「朱線引」区画へ］。

一九世紀初頭の江戸の人口を六五万人程度とすれば、うち五四万人強が町方人口だった。だが、町人に大きく割り当てられたのは内神田から新橋まで、そして木場と浅草だけであって、あとは街道沿いに貼りついた町家だった。ほかの広大な用地を武家屋敷がしめる（幕府用地はおどろくほど少ない）。ことに各藩の上屋敷や下屋敷は七〇〇をこえ、一二〇〇の社寺の用地もまた広大だった。

町人の領域は、おそらく、市街地の三分の一以下なのではないか。そこにひしめき合って町人たちは住み、商ってきた。江戸は、たしかに特殊な政治都市だが、各藩の城下町でみるかぎり、江戸との抜本的な違いは発見しにくい。遠い知行を分けられている藩臣たちも、城下町に上屋敷を営んでいたからである。

上級の武家は、さらに臣下のために武家長屋を併設している。長屋門とは、一般にこのことである。この重い塀に囲われ、外庭をとって、書院造りは成立する。すでに見た通りだ。

いままで主庭に面した表座敷ばかりを見てきたが、さて、裏にまわって外から見るとどうなっているのか。

表情を一転させ、そこには壁がつづく。便所もあり、風呂場もあり、納戸もあり、押入れもあるのだから、壁があって当然なのである。内側は漆喰塗り、外部では、それが板材でおおわれ、下見になっている。その典型、地域をこえて普遍的ともいえるのが、簓子《ささらこ》下見だ。あまりに普遍的なので「日本下見」という人さえいる。たぶん、「ドイツ下見」とか「南京下見」とかの洋風下見も使われるようになって、こういう言い方をする人も出てきたように思える。実際、洋風の下見は働（はたらき＝重なり部分をのぞいた見かけの寸法）が小さく、材厚がやや厚い。ドイツ下見で働が一八—二〇センチほど、南京下見では一五センチほどだが、簓子下見では八寸（二四センチ）ほどだ。出隅の柱に見切り材を打ち、二分三厘（七ミリ、ただし現行）厚、幅八寸五分（二六センチ）の板を見切材の内側から羽重《はがさ》ねにして横貼りしてゆく。その上か

16――手斧をふるう大工（手前）
『木颰杜野狐復讐』（1803）
出典＝国立国会図書館

17――住宅地を特徴づける簓子下見。
鎌倉の雪の下と琴弾橋で　筆者撮影

ら、下見のハネ止めに簓子を打ちつけていくのである。一尺五寸（四五センチ）間隔だ。当然、入り隅《すみ》では大壁になるが、出隅《ですみ》では柱が四分の一ほどみえる。

　簓《ささら》とは田楽の竹の串のようなものの総称だったという。簓子は一般に〝インニイッスン材〟（三六ミリ×三〇ミリ）などを用い、その裏側で羽重ね部分をカキ取る。八寸ピッチで鋸目《のこめ》をつけ、手斧（ちょうな）をふるって鋸目までをカキ取っていく。低い作業台の上に簓子の裏を表にして踏みつけて、手斧をふるう。うかうかすると、自分の向う臑《すね》を掻払《かっぱら》うことになるので、みていてヒヤヒヤものだ。

　いまの台鉋《だいがんな》が登場するのは近世だ。木材表面を平滑に仕上げる目的で、中世まで手斧が、古代では槍鉋《やりがんな》が用いられた。いまでは、各地の神社の新年の行事「手斧始めの儀」に登場するだけの古式の工具だが、その最後の役割が簓子《ささらこ》の加工なのだろう。当然のことながら、板材の材厚は工具がきめる。五分（一五ミリ）を割るような薄板をつくれ（だから幅広材がとりやすい）、これを貼りついで外壁までつくれるようになったのは、大鋸（おが＝第一章04節、第四章24節参照）と台鉋とのおかげだ。手工業時代の最終的洗練、つくづく近世的なるものであろう。

　すでに見た棹縁天井と、この下見板とはほぼ同材だ。だが、平滑な棹縁をつかい、天井板のほうに反りをとって見えないところでクサビを打つのが天井の工法、密にふさいで熱を逃がさず、天井裏のゴミを落とさない。しかし、簓子は自身に羽重ねのカキ込みをもち、雨がかかると延びてスキマをふさぎ、晴れると反ってスキマを拡げて浸み込んだ雨水を乾かすようにはたらく。感心してしまうのである。

　とはいえ、この下見はモノを言う。陰影にとみ、相当な存在感がある。モダンデザインを見なれた眼では、むしろキッチュだ。下手《げて》に見える。実は、書院造りというものが全体的に背負っている、ある種の雰囲気だといえるかもしれない。たとえば松本城では黒い漆塗りの簓子下見を見せていて有名だ（ハケ塗りで終っているから艶はでない）。おそらく下見板厚は一寸以上、簓子は二寸角もあるのではないか。木材質量がこれほどあり、しかも硬木《かたぎ》なら、火矢が何本か当たったぐらいでは焦げもしないのだろう。同じような感慨（質量感）は、いまに残る長屋門などを見ても思うところだ。堂々たる釘隠《くぎかく》しも打たれたりして、これほどに豪放ならば、また別世界だ。だが、御殿が邸宅になり、邸宅が居宅に転じていくとき、キッチュさは、いやまさっていく――。

　これは、タテ羽目《はめ》や目板打下見《めいたうちしたみ》などと比較して、明らかなことだ。日本ではヨコ羽目（たとえばドイツ下見や南京下見）はほぼ使われていない。一方、幅広のタテ羽目材の継ぎ目に目板を打ちつけた下見、「目板打下見」は、木材文化圏のほとんどに分布している。寒村や漁村、辺鄙（へんぴ＝文華果つるところ）の地の営為として普遍的だ。C・ムーアたちの「シーランチ」（一九六五、カリフォルニア）を想起されよ。厚手、幅広の木材を惜しげもなく使ってなりたつ。この場合、無尽蔵というような意識で、木材資源をみているのであろう。そのような意味では、ログハウスや校倉と似ている。

デザインにおけるアノニマス（匿名性）とはなにか、つくづく考えさせられるのである。それが自然発生的というような意味なら、シーランチは、それらしいヴォキャブラリーを意図的に集めて構成されている。それは辺鄙の地の表象のコレクションであろう。しかし、都会にもまたアノニマスの営為は満ちあふれているはずだ。

そう考えれば、簓子下見の家並は都会の住宅地の表象だったはずだ。それも、工業化の時期をむかえて郊外に展開しだした初期の新興住宅地は、その典型だったろう。まだ生えそろわない生け垣のむこうに、どの家もどの家も簓子下見を見せていたはずだ。壁は北側に集中し、そこに玄関を開いているのが大半の例だからである。しかし、第二次大戦後の住宅地展開では棰構造の屋根とともに、ラワンのタテ羽目外壁が典型となった。木材事情の悪化とともに、美意識の転換もまた訪れている。

申し添えるが、数寄屋や数寄屋普請にあって、当然だが、当初から簓子下見は好まれていない。相反するもの、といえよう。

35 面《めん》格《ごう》子《し》

Window grill

実用が文華になるとき

前の二節で「壁」を論じてきた。壁があれば「窓」もまたあったはずだ。こんなことをなぜ言うのか——。日本の建具は柱から柱までいっぱいに納められてきた。これが芯々制の真壁構造の原理だった。だが、「窓」とは壁に穿たれた穴だ。これと真壁構造とはどう共存したのか。

まず、窓は何処にあったかだ。蔵につく開きの防火窓がまず思い当たる。鉄製で幾重にも段差をとった召し合わせがあり、漆喰を塗り重ねて耐火被覆にしている。今日の耐火金庫の扉と同じつくりだ。まさに防火壁に穿たれた穴、換気や採光のために穿たれた穴を塞ぐためには、開き **swing** という形式がふさわしいことを証明している。しかも外開きだ。西欧の窓にガラスの入ったケースメント窓（縦すべり出し窓）が採用されるようになって、上げ下げ **sash window** という形式が発案されるまで、ケースメントは内側に開かれていた。外につく鎧戸が外開きだったためだ。ガラスを室内から拭ける利点はあるものの、カーテンははるか内側に吊らざるをえず、この距離が壁厚と釣り合っているにしても、窓台には植木鉢も置けない。つまり、雨や風の密閉材は外開きの鎧戸に頼っていたのである。ガラスの性能が信用されていなかった時代だ。

蔵とは、独立家屋状の金庫のようなものだ。これほどの耐火性能を期待しないまでも、日常の営為における防火性能を上げようとして「塗り屋」はできていよう。

塗り屋は都市化の進んだ地域に位置する豊かな町家の表象であろう。必然的にある程度以上の開口にめぐまれてこそ成立する。両妻側を塗りかためるには自己の間口から一尺（三〇センチ）ずつ程度はさかざるをえない（合計二尺で足場が組める）。すでに見たように町家は二階建てとなる必然があるが、道路側の二階にも開口を採ろうとすれば、隣接からの距離も必要だ。現行基準法もまた「二以上の階にあっては隣地境界線から五メートル」を「延焼の恐れがある」とする。軒の低い間口側の二階にもこの数値を適用すべきか疑われるとこ

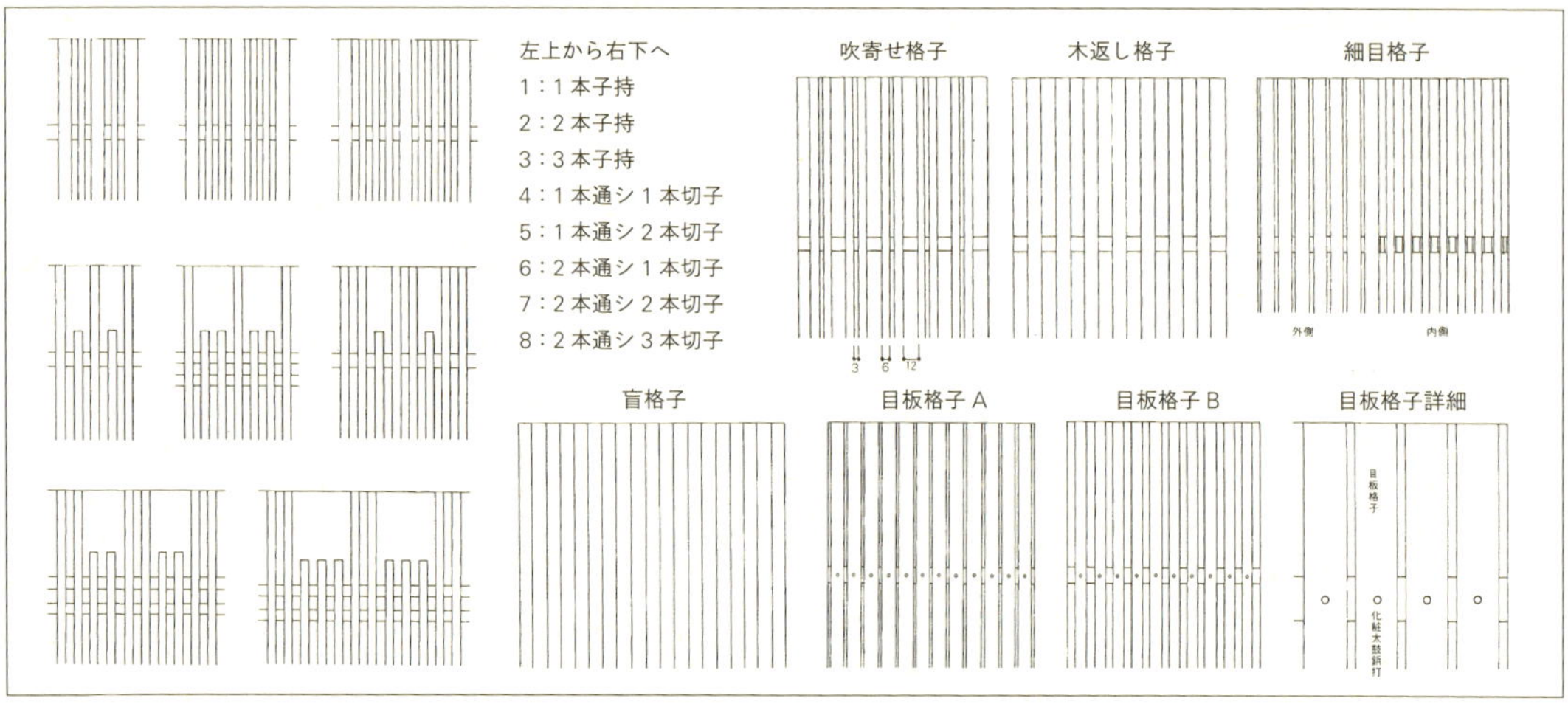

18――格子名称

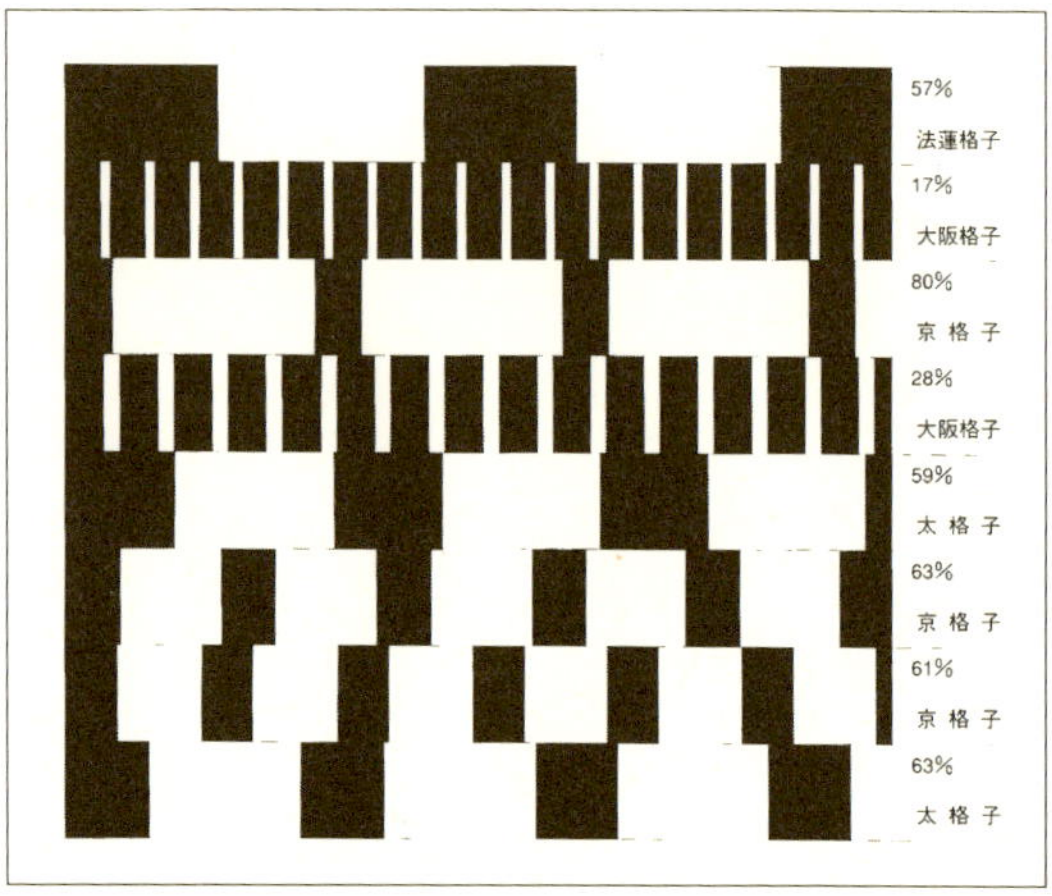

19――空隙率

18、19引用図版＝吉田龍彦『格子の表構え』（学芸出版社、1996）

ろだが、両側から一間（一・八メートル）以上をとって穿たれるのが、町家の厨房二階の正面にあけられる虫籠窓《むしこまど》だ。太いタテ格子をまばらに入れ、縄をかたく巻いて下地にし、漆喰を塗り重ねる。外から見ると格子と四周の枠が一段浮いて仕上げられるのである。その四隅に匙型《さし》に面（外接円型の繰《く》り型）をとるもの、面を大きく丸くとって雲型につくったもの、横に長く続くもの、いくつかの窓がならぶものなどがある。

虫籠窓はもともと延焼の恐れの少ない場所にとられた間口だ。そのうえ、妻側《つまがわ》ではなく平側《ひらがわ》にとられて軒も深い。都市化の進んでいない立地では、たんに天井裏通気口になっている例も少なくないという。前にも触れたが、丁稚（でっち＝年少の奉公人）部屋などとなる。この場合、格子の内側に障子が入るだけだ。

一転して、町家の一階正面は木質だ。

壁や塀の腰は、肩の高さ近くまで木質で覆われる。間口いっぱいに開口がとられ、入口にあたる木戸（一般には格子戸、外に雨戸用の防犯戸＝木戸もっく）以外は格子におおわれる。京都市街の仕舞屋（しもたや＝市街地型一般家屋）の格子――京格子――はことに美しく名高い。なかでも「千本格子」はよく知られているが、一間幅（通称）に三六―三八本を駒返（こまがえし＝タテコとスキマが同寸）でならべた繊細なものだ。これを紅殻で拭き込むか、木綿の布に米ヌカを封じて丹念に磨いている。

採光量をもう少しあげるために、格子の上部分を切り欠いたものを「切子《きりこ》格子」というが、二―四本に一本は上下つながったタテコ（竪の組子）が必要だ。この材だけを大きくする。この格子は西陣などの繊維関連の細かな作業に向くからだろう、「糸屋格子」「織屋格子」などと呼ばれる。ただし、太さの異なるタテコをまぜて格子にしたものを「子持格子」という。子供一本も三本もあるが、切子に組まずこれで上から下まで格子となっている例も少なくない。しかし切子格子はほぼ子持格子だから、さて、ややこしいのである。

京都の場合、ほかに「酒屋格子」「米屋格子」「麩屋格子」「炭屋格子」なども知られるが、もともと、街区が職能単位で構成されていたのが近世都市だ。それぞれは、街区のヴィジュアル・アイデンティティとなっていたのだろう。

ほかに、出窓状の「出格子」も目立つアクセントだ。その裏に何があるのか、ルールはないそうだ。出格子に対して、その他を「平格子」ともいう。いま、京都市街では、先斗町《ぽんとちょう》通りが京格子のミュージアムのようになったが、織屋格子が平格子でどこまでも続く西陣の大宮通りや、大店の並ぶ麩屋町通り、御池《おいけ》通りから蛸薬師《たこやくし》通りも美しい[★四――ほんとにある京格子ミュージアム]。

念のために申し添えるが、京都の格子は、祭りなどに際して取り外せるようになっているといわれている。つまり、ある種の建具なのではなかろうか。そのことの意味については、やがて触れよう。さて、ことに関西で、格子はいまも特徴的であり、美しい。

大阪の格子は、見付が京格子より太く、かつスキマは小さめ、法善寺横丁などによくみられたものだ。より健全な感じもある。この格子をテーマにした水谷八重子邸（一九六〇、東京）で、吉田五十八は格子見付の六七%でアキをとった。京格子では裏の桟木を見せないが、合欠（あいがき=断面の半分ずつを欠いて合わせる）にして、水平材も見せているのが特徴だろう。「大阪格子」という。

奈良・法蓮町の町家では、甲丸面《こうまるめん》の太い格子を大きな間隔で打ち付け（釘がみえる）、内側から簀（よしず）をそえる。西沢文隆によれば用心がよく、大胆な大型開口がとりやすいといわれる。「法蓮《ほうれん》格子」とよばれる。

加賀では、外格子を細めの角材で組み、したがって内側からは水平材もよく見えるのだが、これを篠竹（しのだけ=細い竹）で補って、開放性にも富む街区が特徴的だ。「虫籠格子」とよばれる。

飛騨・高山も匠の里として名高いが、ここは千本格子のような細いタテコで、二本の親、一本の子という意外で繊細なパターンの切子の子持格子で出格子が構成される。このパターンは「飛騨の匠」の系譜にある各地の町家にも見られるようだ。

さて、さて、窓格子とは何か、改めて考え直してみよう。

窓は「建築」とともに現われた。「連子《れんじ》格子」は法隆寺にも大々的に存在し、緑《りょく》に塗り分けられている。とくに回廊外側の格子などは透過性と遮断性とを両立させなくてはならない。ふさわしくも、正方形断面のタテコを四五度に振って斜めに使っている。見るからに透過的だが、実は遮断性に富むのである。たとえば五重塔の連子では、厚い板をギザギザに削り取ってハメているだけだ

20――京都の町家
21――軒すだれのかかった町並み
22――連子格子（法隆寺西院）

（伝統のディテール研究会［広瀬鎌二］『伝統のディテール——日本建築の詳細と技術の変遷』彰国社、一九七四）。ここに開口をとる実利はなく、見かけの窓でよいのである。

一方開口の実利にそくしてきたのが面格子一般であろう。いままでみてきた通り、タテコは開口に並んで平行に配されてきた。まさに実利にそくしていよう。つまり、格子のつく開口には、ほぼ雨戸をつけていない。その内側はいきなり障子だ。つまり、庇を補完して面格子は雨除け装置にほかならない［★五——茶席における「有楽窓」の意味］。

申し添えれば、このような窓は、座敷にはとらない。板の間や土間、例えば台所、便所、湯殿、作業場、廊下等にとられるのである。ハレの場ではない。だから、障子紙には油紙や渋塗りも用いられる。番傘を思い出されよ。竹の骨に紙を貼って渋を塗り、傘にさえしてきた。ただ、ここまで防水性にこだわると、紙の寿命とともに障子も捨てることとなる（破れ傘は骨ごと捨てるのが番傘の常）。漆を糊にして渋紙や油紙を貼ったりはしなかったと思われる。

座敷にとられた開口にあっては、かならず、障子の外には雨戸がある。荒天になって雨戸を閉めても、最小限の採光は欄間開口からとれる。だが、二階には縁側のない座敷も多くとられる。これが客席の場合、たとえば梅雨の期間、雨戸を閉めて営業はできにくい。このようなケースに応えているのが、軒簾《のきすだれ》であろう。これは夏の風物でも、たんなるプライヴァシー装置でもなく、採光のための雨除け装置なのではないか。

京都市が必死に「修景」に取り組んだ結果、鴨川から花見小路までの堀川南通りには、二階の間口いっぱいを軒簾でおおった仕舞屋が並ぶようになった。これは、近世というより近代初期の景観なのだろうが、とにかく美しい。当然ながら、その奥にはガラス戸もありそのうえ雨戸もたつのだろうが、この場合、戸袋までを軒簾で統一的におおって、修景はなったと見ていい。たいした知恵だ。

申し添えるが、格子の裏の障子は産業革命以後、ガラス障子に転ずる。当然、防犯だけを格子が担うのだから荒組みになる。だが、文化的蓄積に富む市街では、文華を継承する格子が、そのまま生き続けたのである。この場合、ふつうスリガラスの使われる場所に透明ガラスをもって事足りたのであろう。

36 格子戸

Vestibule

張床文化の普遍化と「玄関」

敗戦直後の住宅復興のなかで、とりわけ説かれたのは、日本住宅の封建性（濱口ミホ女史による当時の書名）、その打破こそが「これからのすまい」のポリシーだとされた。攻撃の急先鋒にたたされたのがまずは、玄関と門構えだった。

当時の文献を読み返してみる機会があったが、ずいぶん幼い認識だ。本編で論じてきた戦前型の一時的なすまいの打破が論じられているのだが、これを「封建的」だとして切って捨てる。乱暴な話だ。

とはいえ、当時を代表して「戦後」モダニズムを切り開いた住宅、増沢洵自邸（一九五二、第四章参照）、清家清自邸（一九五四）、丹下健三自邸（一九五四）などには、いずれも玄関はない。ただし、建築家の自分の家だった（実際、当時の進駐軍が各地に建てた兵員用住宅「ハウス」は入り口扉がリビングルームに直接つき、板の間を土足で暮らしていた。三人の建築家の例はこれほど極端かつ不自然だったのではない)。

実は、秀吉の聚楽第（一五七八）をもって書院造りの誕生だとしても、ここに玄関はない。むしろ宗教的な意義から、「玄関」というネーミングの装置は考案されたとされ、大徳寺大仙院（一五〇九）がオリジンだといわれる。それは幽玄《ゆうげん》の世界に入る関所だと説かれている。幽玄とははかり知れないほど味わい深いこと、つまり禅宗仏教の境地のことだ。

第三章（成立編）にも触れたが、時代が古いほど床の張られた「場」は権威に満ちていた（寝殿造りの時代を想起されよ）。そこに昇殿《しょうでん》できるのは、まさに特権的だったが、その人々（皇族と貴族）が外出するとき、常用したのは御所車、中世からは輿《こし》もつかわれるようになる。おみこしのように肩の上にかつぎ上げる乗り物だ。

たとえば桂離宮（一六二〇―一六四八）は、宮家の別荘だから、そのアクセス口は「御輿寄せ」だ。具体的には大きな石の台であって、その上に載せた輿から、同じ高さのプラットフォームに乗り移る仕掛けになっている。これは玄関ではない。だいいち外部だ。書院造りの成立期にあっては、武将も高僧もまだ輿に乗っていたのである。「中門廊」とは、実は、そのためのプラットフォーム装置であった。当然のことながら、寝殿造りの尾てい骨のようなものだ。

二条城は徳川将軍家の京都別邸だ。

まず、家康の「征夷大将軍」任官にあたって、急遽建てられた。だが、朝廷と幕府との鎹（かすがい）として二代将軍秀忠の末娘・和子が、時の後陽成天皇の三子・三宮（後の後水尾天皇）に入内することになる。小堀遠州を擁して本格大改修がはたされる（一六二六）。三宮が和子を二条城までむかえにくるセレモニーも仕組まれていたのである。

江戸から京都までの道中の豪華さは、その後な

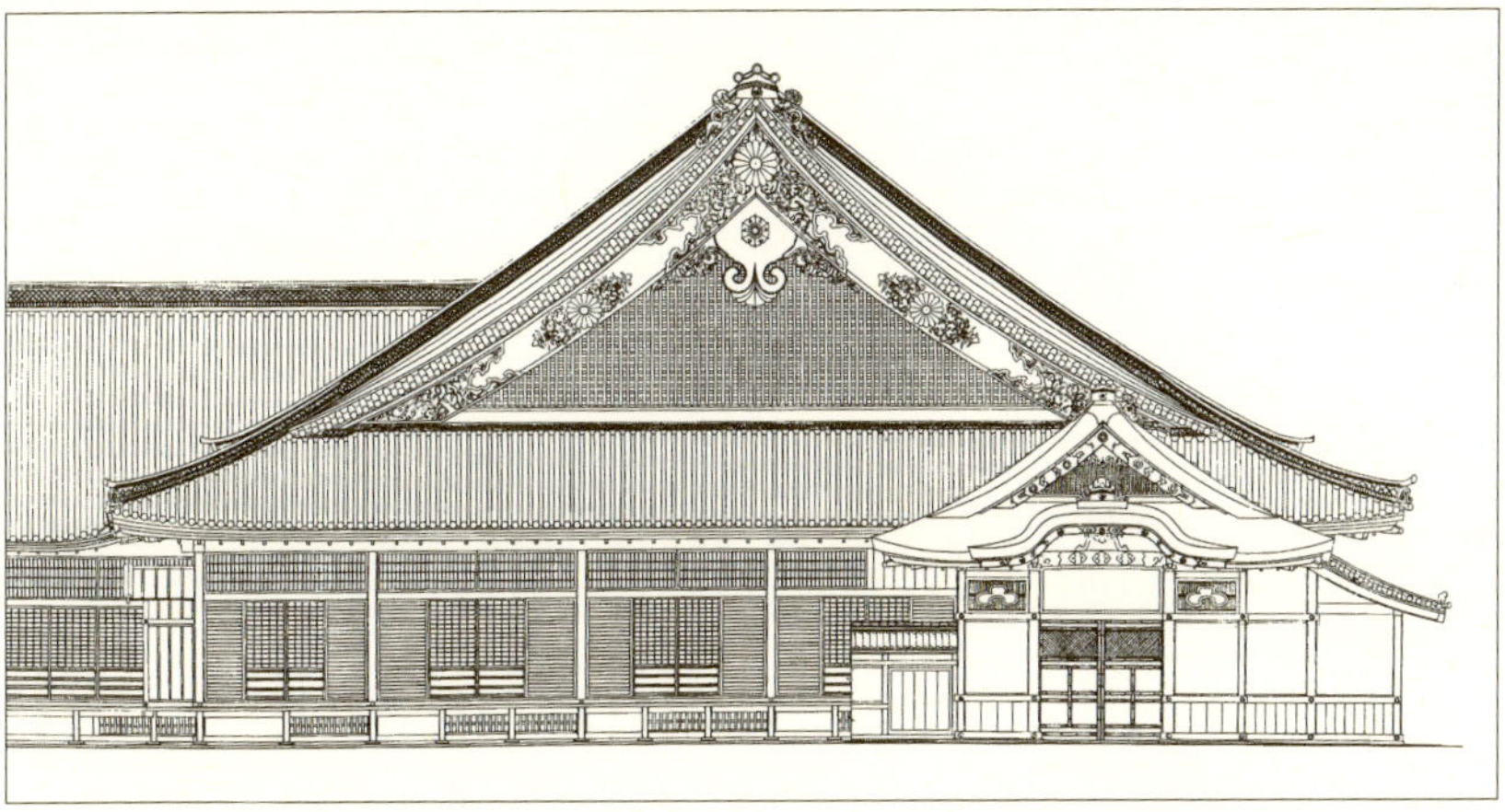

23——二条城。正面玄関は右側｜引用図版＝『重要文化財二条城修理工事報告書』（第三集）（京都市恩賜元離宮二条城事務所、1958）

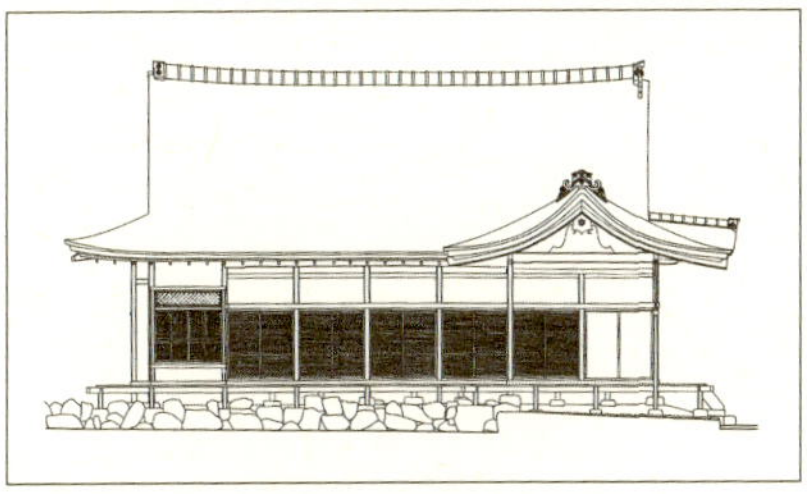

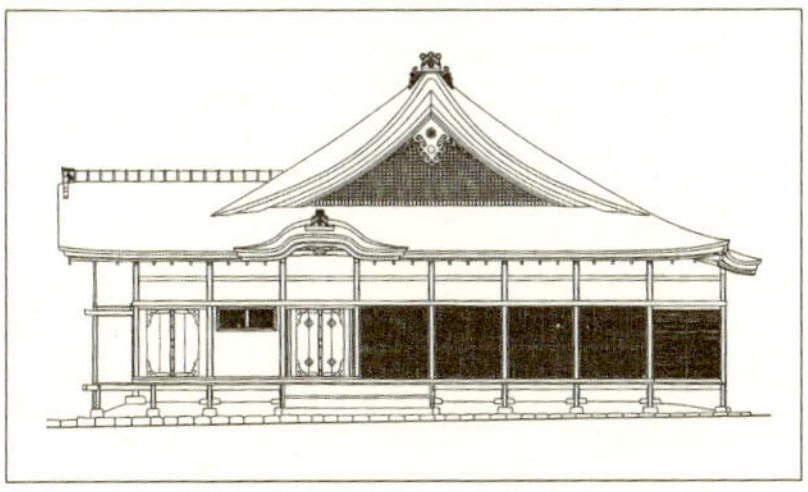

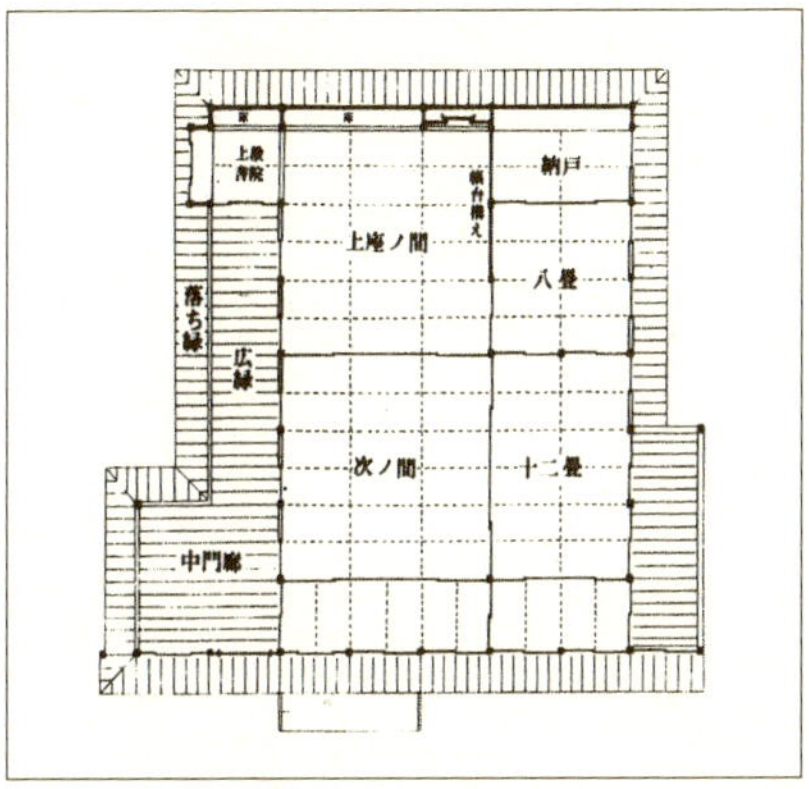

24——三井寺（大津）光浄院客殿
南側立面図（左）、東側立面図（右）、平面図（下）
勅使門はかねて唐破風を載せてきたが、おそらく、これが転じて入り口のメタファアとなった。とってつけた唐破風の下に階（きざはし）をかけ、ここから輿（こし）に乗った貴族が上がってくる。そこまでの階位になり来訪者は、中門廊外縁を廻って妻戸から中門廊に入る。引用図版＝太田博太郎『日本建築史基礎資料集成16 書院Ⅰ』（中央公論美術出版、1971）、藤岡通夫＋垣成一訓『書院1』（創元社、1969）｜図版協力＝多田豊

がく語り継がれたが、そのとき、和子の乗り物は駕籠《かご》だった。太平の世は始まった。これは、上級武家の平時の乗り物だ。唐破風のそびえる二条城(本丸御殿)の玄関は、この時できたのであろう。平瓦の敷かれた土間は広く、広く高い階(きざはし=階段)を昇って畳廊下に達する。その横、畳廊下の末端に裸の階もついているから、公家は、ここから昇ったのかもしれない。どちらも、とってつけた印象をぬぐえまい。

これより前、このような装置はあったのかなかったのか、大仙院の「玄関」は参照されたのかどうか、確たることはわからない。しかし、玄関を得て、書院造りはもっとはっきりと武家のものとなった。

二条城の場合、唐破風の下には荘重な板唐戸が両開きでつく。いま、一般参観者もここで履物を脱いで簀《すのこ》に移り、階を昇る。

その後の建物では、これほど床《ゆか》が高いこともない(「真」の「真」の形式はあとは江戸城本丸にしかない)。土間と床《ゆか》の間に「式台」をつくり、これを囲うことが玄関の本質に転ずる。

式台とは、来訪者を家人が平伏(へいふく=ひれ伏す)して出迎える装置だ。さらに位の低い家人は、土間や外の土の上に並んで平伏して迎える。来訪者も、門の手前で駕籠を降りて歩いて門をくぐり、玄関に向かうことになる。この間、駕籠は門外に待機するのだが、どんなケースでそのまま待たせてよいのか、どんなケースで駕籠を屋敷内に入れて従者たちをどうもてなすのか、細かなルールを定めて、たとえば「小笠原流」の礼儀作法が成っている。とはいえ、いまでもタクシーを乗りつけずに門の手前で降りる作法は、なかば生きていよう。

こういう玄関だから、当然、まず、慶安の御触書(一六四九)で庶民には禁じられる。すでに論じているが、享保の改革(一七一九—)を経て、天保の改革(一八四一—)では三〇〇石取り以下の武士にも玄関を禁じている。次の間や棚も禁じられた。現在に残る多くの武家屋敷はこの時期以後のものだから、遺構を軸に玄関を考えても不毛だ。

明治維新以後の工業化社会のなかで、長押とともに玄関もまた、日本型専用住宅の鍵たるべき象徴として蘇っている。形ばかりの唐破風の下には、「草」のケースでは格子戸の引き違いが(間口一間)、「行」のケースでは間口一間半(二・七メートル)に二尺二寸五分の格子戸を引き分け、その幅の舞良戸《まいらど》で外を補う。両端に戸袋をとっているのである。つまり、土間は外部だ。外部と内部とを仕切るのは、入側(いりかわ=とりつぎにあたる畳敷き部分)端部に入った障子だ。ここでも障子は室内側に組子がくるから、外側の腰に化粧桟を入れたり、塗り縁《ふち》にしたりで工夫がある。この障子で、室内外は仕切られる。

もう少し付け加えれば、土間と畳との間に段差が大きい「行」では土間に沓石をおくのだが、床の低い「草」ではその必要もない。

昭和初年から、格子もガラス入りとなる。

戦後の住宅金融公庫仕様でコンクリート打ちの布基礎が義務づけられるようになる。この段階で布基礎上端が玄関土間の高さとなる。したがって、床《ゆか》までは階段一段ほどの段差になるが、かわって玄関外にポーチをつけ、地面からの段差をここで取るようになったのである。やがて、和風の家でも戸締まりのよい開き扉も採用するようになった——。

だが、それでも日本の住まいからは「玄関」はなくならない。土足と上足とを分けて、私生活は営まれているからだ。公的生活はとっくに土足に席巻されているが、私生活には、長い歴史が刷り込まれている。みんなが「殿上人《てんじょうびと》」になっていったのだから、それでもよかろう。

註

★一——錣葺《しころ》きと寛政度御造営

現在の京都御所は幕末の安政度御造営にかかるものだと第三章にすでに論じている。

その前の寛政度の造営は京都天明の大火(一七八八)で消失、幕府はさっそく、寛政度での考証をそのまま再現している。したがって、錣屋根もまた再現されているのだが、固禅による『大内裏図考証』はおもに平面や屋根を外した室内外(「吹き抜け屋台」と呼ぶ)の考察だった。つまり、構造や家屋全体の構成は工匠にゆだねられた。藤岡通夫によれば(「寝殿造と京都御所」『世界建築全集』[平凡社、一九六一])、宮内庁書陵部の資料に、当時、「年中行事絵巻」などの絵巻物を工匠に貸し出した記録があり、このなかに仁寿殿が景観として描かれていたという。この屋根を根拠に、紫宸殿の錣葺きとなったのではないか——。もともと、寝殿造りの屋根はゆるい。あれほどのライズになったのは、納まりをよくしたかったからではないか、と藤岡は説いた。

王宮や主要建物をそれらしく表現するために何段にも分けて屋根を葺きあげていく手法は、タイの文化にも特徴的だ。見るからに用とは無縁の屋根だが、これは、共通する人の業のようなことかもしれない。

★二——ユンカース機の波板構造時代

旅客機というものを実用乗物に育てた機体に、ユンカースＪＵ52型機とダグラスＤＣ3型機とがある。片や三発機(六〇〇HP×三)一八人乗り、片や二発機(八五〇HP×二)二一人乗りだった。無比の実用性をほこり、一九三〇年代の開発だったが、辺境の空路では七〇年代いっぱいまで実用機だった。第二次世界大戦勃発直後の仏領モロッコを舞台にした映画『カサブランカ』では、ナチスの将校がユンカース機でこの地に降り立ち、パルチザンだった恋人同士はＤＣ3機に搭乗して逃げおおせる。ともに、ルフトハンザとパンアメリカンの定期便でだった。

このユンカースＪＵ52はタンテ(おばさん)と呼ばれる頑丈な機体を誇ったのだが、それを担保したのが、独特の波板ジュラルミン板を使った応力外皮構造にあった。極限の重量軽減を至上命題とする飛行機建造では、木骨布貼りから全金属製に移行する過程でさまざまな試みがあったが、これはそのひとつ。やがて与圧キャビン時代をむかえてハネカムパネル(蜂の巣状の極薄板構造の上下に薄板を貼って厚みをつけ、強度を上げた板)がこれにかわる。エンジン出力の向上と同時に進む過程だった。

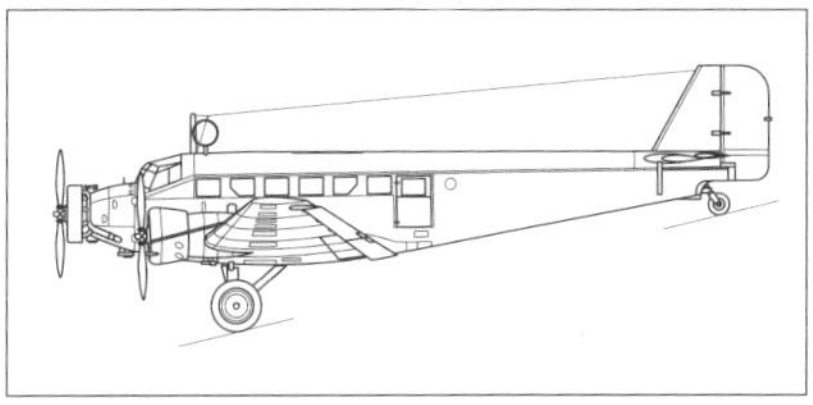

ユンカースJu52/3m(上)
ダグラスDC3(下)

★三——「総曲輪《そうぐるわ》」区画から「朱線引」区画へ

家康が入城する前の江戸は、広大な湿原が入り組んだ入り江につらなる湿地、日本最大の「豊葦原」だった。

太田道灌が一五世紀に築いた江戸城は、場所は同じだが一〇分の一程度の規模、石垣さえも組まれていない。土塁をめぐらしただけ、掘割りも北側にはなく、満潮になると土塁の南側にまで潮がのぼってきたという。

家康は全国の大名に命じて人夫を出させ、福島正則をはじめとする錚々たる腹心の大名を責任者にすえて「天下普請」にあたった。駿河台にあった神田山を切りくずして、今の日比谷から呉服橋にあたる一帯、日本橋から京橋にあたる一帯を埋めたて、前者を武家屋敷群に、後者を町家群にあてている。さらに伊達政宗は自ら引き受けて今のお茶の水の掘割りをぬき、この水利を得て江戸城の石垣を組んでいる。このようにして内堀と外堀からなる大規模な城下町は出現した。これを「総曲輪」(あるいは総構え)と呼ぶ。

しかし、参勤交代の定着によって江戸の人口は急増、大名屋敷がひしめき合ったが、明暦の大火は、この全てを焼き払う。ゆきづまった江戸の都市改造をはたす好機ととらえた幕府は、つぎのような対策を講じた、と大石慎三郎は説く(『江戸時代』[中央公論社、一九七七])。

まず、総曲輪内にあった大名屋敷と寺社とをその外に出した。ついで、焼跡の焼土を集めて木挽町、赤坂、牛込、小石川などにあった多くの沼地を埋め立てて新地をつくった。また、両国橋をかけ掘割りもぬいて隅田川以東を市街地に加えた。品川から本所まで、この範囲を地図上に「朱線引」きして、主要街路を一〇間に広げ、各地に防火堤や広小路をつくり、やがて江戸「八百八町」に育っていくのである。

★四――ほんとにある京格子ミュージアム

府立京都文化博物館（中京区三条高倉）の一階に、各種の京格子を路地沿いの店舗ごと再現した「ろうじ店舗」が相当規模で展示されている。江戸期末の考証。店舗には飲食や物産の老舗をテナントとして入れて、なかなかのにぎわいだ。この本館の隣には、辰野金吾と長野宇平治による旧日本銀行京都支店が保存され、別館として使われている。東京駅の丸の内側駅舎を彷彿とさせる「辰野式」の煉瓦と白御影石のドレッシングで知られる建物だ。

★五――茶席における「有楽窓」の意味

茶人・織田有楽（一五七六―一六二一）は、「それ茶の湯は客をもてなす道理を本意とする也」（『茶道識有録』）として、茶道に利休の次の時代を画した人物だ。

残された茶席「如庵」（二帖半台目、一六一七。もともと京都・建仁寺にあったが、戦後、犬山に移され「有楽苑」が開かれた）では、手前座の明かり窓に独特の工夫がある。篠竹の半割り材を窓の外にツメ打ちした窓だ。冬の低い日差しは、その内側の一本引きの障子に縞模様をつくって美しい。今まで入射光でのコントロールばかりが論じられてきたが、こんな暗い窓がなぜ必要だったのかはもう明らかだ。荒天の日の茶会にも、唯一、採光しうる窓だったのだろう。現に、ここにはツキ上げ雨戸をつけていないのである。町方の千本格子を、竹という節のある材料にかえて、その結果もたらされるイレギュラーな縞模様も楽しんだのである。

有楽窓の内外（如庵）
ともに引用図版＝堀口捨己『茶室研究』
（鹿島研究所出版会、1969）

7

作庭編

Garden Design: Gardening is important matter in architectural design always.
However, garden and building have been continual one-body,
specially in Japanese residencial architecture. Furthermore, it is not inner-garden (patio),
but the tempered environment of fruitful nature it's own.
It may be able to say 'No-wall civilization' in all means.

外庭式という形式を借りて専用住宅は成立する。外との区画は塀がになうから、庭は建築の一部、しかも風景式たらざるをえない。

37 犬走り

INU-BASHIRI (Eaves' dropper's lane):
To be interflowed between in-side & out-side

屋内外を媒介することの実相

縁側は、近世までは動線としても便利に使われたが、主として屋内と屋外とを媒介する役割を負うものだと説いてきた。しかし、縁側の幅に匹敵するほど、庇はさらに外にのびている。

居住性の向上を求めて「座敷」が成立するのが近世はじめ、さらなる向上を求めて縁側の外に雨戸をたてるようになるのが近世も後半、さらに産業革命がなると雨戸内側の柱間にガラス戸もはいる。深い庇で暑中の直射をさけ、木枯らしの吹込みを防ぐとともに、寒中の低い陽光を屋内に導こうとしているのである。こうして、縁側はしだいに屋内に取り込まれていくが、そうなればなるほど、屋内外の媒介の役割は外の庇に移っていく――［★一――近代数寄屋における縁側省略］。

とはいえ、縁側から地面まではずいぶんの段差もある。床高（ゆかだか＝畳面から地表までの高さ）は本床《ほんどこ》のある家で三尺、「草」一般で二尺が慣例だ。当然、沓脱《くつぬ》ぎ石がないと外には出られない。しかし、それだけで屋内外の媒介がはかれるものではなかろう。

布基礎という近代工法が登場するまでは、座敷外周の柱列で地表近くに土台を廻し、玉石地業《たまいしじぎょう》の上に、これを載せている。ひとつひとつの玉石に合わせて土台を欠きとることによって、地震時に基礎から土台が外れないようにしているのである。一方、縁側は下屋にすぎないから、支柱は独立して沓石（ピンコロとも呼ばれているものもある）に立っている。つまり「庭」は容易に縁の下にも入り込んでくるのである。地表面近くにあって、どこまでを屋外（庭）とし、どこからを屋内とするか、相当に重要な課題はにわかに立ち上ってくる。

屋内に土間と床があり、下足と上足とが区別されているように、実は「庭」にも、ペーヴ（舗装）とアンペーヴ（非舗装）という対比がある。すなわち、床と土間、ペーヴとアンペーヴという四つの領域の区分や対比、そして相互侵入によって、屋内外は連続した世界として形成される――、そのさまざまなヴァラエティこそが日本の文化がつむいできた営みであろう。つまり、庭もまた「建築」にほかならない。

結論が先に出てきてしまったが、建物と庭との境に、決定的な役割をはたすのが、「雨落ち」だ。

戦前型の居宅――書院造り――にあって、軒樋が廻されているのは、大屋根だった。大屋根がじかに外壁の上に載っている北面や西面では、軒樋にそのまま鮟鱇（あんこう＝呼び樋）をつけタテ樋を結んで流すが、深い下屋がのびる南面や東面では、下屋の上に「流し樋」（上端がオープンになった樋）を載せて、その先に鮟鱇をつけてタテ樋に結ぶことも、しばしばなされてきた。だが、そうなっていたにしろ、下屋に降った雨水は、その軒先から「白糸の滝」のように流れ落ちてくる。大屋根からの排水量に比して、たいした量ではないものの、深い軒だと意外な水量にもなり、そのままでは地面に線状の雨ダレ溝を残すことになる。そのハネ返りも、建物を汚すばかりか、ピチャピチャと嫌な音もたてるのである。

昔から、ここには砂利が敷かれて「雨落ち」にしてきたが、さて、そのままにしておけば砂利はちらかり、地面に沈んでゆく。これにどう対処するか、そこから作庭ははじまるのである。

この雨落ちは、縁側とほぼ同じ幅で建物から離れることが常だ。雨落ちから建物までをどう仕上げるか、これがまず問われる。これも床の高い「真」では座敷の外縁の柱列に簀子《すのこ》状の面格子な

1——犬走りと雨落ちの外縁。上方にコンクリート打ちの壁が見える｜引用出典＝堀口捨己『一住宅とその庭園』（洪洋社、1936）
2——秋草の庭｜引用出典＝堀口捨己『家と庭の空間構成』（鹿島出版会、1978）

どをつけて内外を区画し、ここまでが、その仕上の領域となる。だが、床の低い「草」では縁先の地長押（一筋＝06節参照）の奥に萩簾（はぎすだれ＝よく乾かした萩の茎を細いシュロ縄で編んだ簾）などをかけて、つまり風通しのいい区画をしている。もっとも、ここまでやるのは作為的につくった「草」、ほとんど数寄屋といえよう。この中位にある「行」では、どちらかをやったり、状況によって両方ともやったりする。この雨落ちの内側よりの仕上幅が「犬走り」とよばれるのである。

しばしば三和土（たたき＝03節参照）で仕上げられ、風流好みになると修学院離宮中の茶屋の「一二三石」のように、小さめの砂利を、一ヶ、二ヶ、三ヶとかためて散らばしたりもする。だが、ここに一大改革をもたらしたのは堀口捨己だった。コンクリートを打って犬走りも雨落ちの外縁もつくった。金ゴテできれいに磨きあげている。岡田邸（一九三四）でのことだった。断っておくが、本体は木造の数寄屋普請だ。前もってあった布基礎を利用しながらの普請ということも後でわかった。そのような意味では清家清の名作・斎藤助教授の家（一九五二）と同じだが、清家が簀《すのこ》を張り出して未使用部分の布基礎を隠したのと対照的に、わざわざコンクリート塀をも打ち足して、これを銀屏風にみたてて「秋草の庭」をつくっている。ようするに積極的なのである。

世代的な理由なのだろう、だが、堀口は打放しコンクリートは好まない。このコンクリート塀にしろ、雨落ちの外縁にしろ、打放しなら、やがて普遍的な手法になろう。これが金ゴテ仕上であることに違和感がある。だが、犬走りの場合、水平面である以上、打放しということはありえない。類似するものがあるとすれば、「豆砂利入りモルタルの流い出し」仕上げだ。

そもそも、モルタルとはセメントと砂（細骨材という）とを水で練ったもの、コンクリートとは、それに砂利または砕石（岩や石を砕いて砂利状にしたもの、砂利を含めて粗骨材という）を混ぜてのばしたものだ。粗骨材《そこつざい》を選んでいるから、わざわざ「豆砂利入りモルタル」という。これを打って、乾くまえに、ハケでモルタルを洗い出して豆砂利の顔を出させるのである。問われるのは、どんな豆砂利を使うかだ。石は黒、白、青、赤、縞入りなど多様だ。ちょっと誤れば、とたんにキッチュ（露悪的）になる——。だが、堀口のモルタル金ゴテ仕上げ以後、逆に、この技法が犬走りの主役となった。後にも論ずるが、石とは、ことほど左様にやっかいな存在だ。ル・コルビュジエは、日本でおそらくはこれを見たのだろう、西洋美術館（上野・一九五九）以後、コンクリート洗い出しのページを好んで使うようになる。建物の前の広場などにだが、「モデュロール」模様［★二——ル・

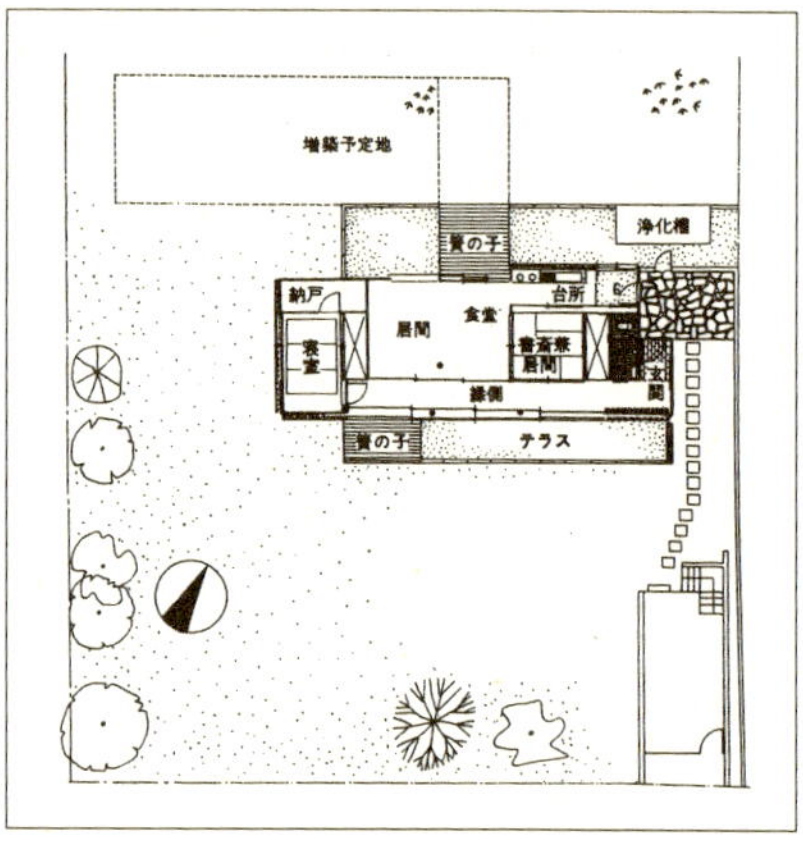

3――清家清《斎藤助教授の家》平面図
引用出典＝栗田勇『現代建築家全集16清家清』
（三一書房、1974）

コルビュジエと「モデュロール」の目地を切り、洗い方を加減しているから、砂利は出っぱってはいても、顔は出していない。水平面までも「打放し」に近いテイストで仕上げる技法にゆきついたのである。

ついでに雨落ちの外縁だ。

ここに、白御影の切り石が使われるようになったのは、いつからであろうか。たとえば『慕帰絵詞』をていねいに見ていっても、その形跡もない。書院造り成立の頃、まだ、そこまでは眼が届かなかったのかもしれない。

たとえば京都御所だが、紫宸殿に面する広大な白砂は四周に幅七寸（二一センチ）もの切り石をまわして雨落ちをとっている。だが、これが幕末の造営であることは、度々ふれてきた。この白砂の南端には塀をたて承明門で仕切られているが、そもそも、寝殿造りの原形は、白砂がなんとなく緑の庭となり池に続くように描かれてきた。どう区画したのだろうか。いまに残る浄瑠璃寺を見ても、かんじんの白砂はない。五寸（一五センチ）幅の雨落ち外縁がまわっているだけだ。これも、後代のメインテナンスで追加されたのかもしれないのである。

たぶん、小堀遠州以後と、以前と、様相は異なるのであろう。

京都・二条城の記録的な大屋根の連続に対応して明確な雨落ちを画して排水計画をつくり、池や堀で遊水させる総合的な利水計画をたてたのであろう。これがあってこそ、桂離宮増築に際しての、あの雨落ちデザインがありえたと考えてよかろう。自然な成りゆきだ。大小の自然石の一辺だけを直線に切り、引き通した糸をたよって石を置いていったのだろう。日がな一日、現場に遠州がついていないかぎり、これはできない。作庭一般に関していえることだが、相手が規格品でも人工物でもないから、「実施設計」は現場でなさざるをえないのである。

「建物」は雨落ちまでが領域だ。「庭」は犬走りから始まる。ここで、建物と庭とは重なり合うのである。はるか後で「屋内外の融合」というようなテーゼがとなえられるが、その実体は、まさにここにあろう。

38 高麗芝

Lawn covering: To cover or to pave the naked ground

裸《ら》地《ち》を被うということ

建物のなかに土間と床との区別があるように、庭にもまたペーヴとアンペーヴという区別がある、と少し前に言っている。

ペーヴとは、人通りや人の溜りがあることを予想しているという意味であり、アンペーヴとは人の立入りを予想していない、見るだけ、というような意味だ。いずれにしろ、裸地は被われなければならないという大原則の上にたっている。裸地とは、ただそのままというようなことであって、人の支配がいまだ及んでいない印だ。

　人の支配といえば、少し大げさかもしれない。意図的ではないと言いかえることもできよう。ことに不毛の地に居住せざるをえない民族にとって、このことは重大だ。緑にあふれた豊かな国土――キリスト教の『旧約聖書』では、このことを「蜜流るる地」という――を人為的につくる（農地や牧草地のこと）ことになり、そのような地に移り住むのが民族の大願望であって、なかなかそれもかなわないとすれば、権力者や成功者は、その雛形を身辺にいとなむ、それこそが特権だった。限られた水源を独占して、塀や建物で囲った限られた領域に給水して、緑のアルカディア（蜜流るる地）の限定的再現に浮身をやつした。

　キリスト教とイスラム教とは、もともと、隣り合わせた地に育まれた兄弟宗教だった。やがて緑の地にセンターを移しえたキリスト教に対して、イスラム教はいまだ乾燥の地を脱しない。ここに「アルカディア」の願望は募るべくしてつのって、世界の名園の数々を生んだ。「一一本のオリーブの庭」「フェネラリッポ」（グラナダ、一四世紀）などは、このような意味だ。

　ほっておけば雑草が繁り、実生（みしょう＝鳥のフンなどにまじる樹木の種子が芽を出し樹木に育つこと）の樹木さえ生える。日本の風土とは、本質を異にするのである。どちらにしろ、「庭」とは理想郷の模式的な実現にほかならない。裸地が露出しないことは普遍的だ。だが、日本では、なお雑草におおわれないという条件もつく。つまりアンペーヴの領域、緑の領域、それも人為的な植物領域ということになる。「ランドスケープ」の用語によれば、「高木」、「中木」、「低木」、「グラウンドカバー」という四段階に造園植物は分かれるのだが［★三――オルムステッドと「ランドスケープ」］、うち、グラウンドカバーが被う平地は雨落ちから始まり、先に続く。それが定石だ。高麗芝は、その代表選手、葉先が細くあたかも緑の絨毯《じゅうたん》のように仕上げることができる。ただし、日照条件がよく、人がめったに立入らないという条件がつく。

　人の立入を予想すれば野芝、これも手入れがよければ密に地を被うが、冬に枯れる。いまでは、冬枯れしない輸入種も用いられるようになった。だが、日照条件がよくなければまずリュウノヒゲが候補となり、ついでツルマサキがこれに代わる。もう人は入れない。崖や塀に垂れ下がったりもするから、後者の場合、ことに斑入り（白い模様入りの葉をつける）の亜種は好まれる。だが、もっと日照条件が劣ると、グラウンドカバーにヤブコウジを植える。冬、赤い実をつけてかわいいが、そう密には育たない（尺坪に五株程度までか）。こうなると、グラウンドカバーというより、株の葉のかさなりで裸地が見えるのを遮っているだけ、ということになる。

　坪庭のように少しでも日照が望めるのはほんの一部分という場合、日影には砂利やビリを敷きつめても裸地は被っている。ビリとは、アラレ状に砕いた細砕石だ。白砂様の「伊勢ビリ」と黄土色の「侘びビリ」が知られる。被う面積が広くなると熊手を使って波形模様もつけているが、こうなると、日のあたる所に島のように緑を配するのだが、そのメインテナンスも並ではない。

　話を戻そう。雨落ちの外縁からグラウンドカバーがはじまり、その外縁に低木を植えこみ、中木に連続させ、その外に高木を植えるというのが、日本の庭の植栽の原則のようなものだ。高木に落葉樹をまぜれば、日の高い夏に影を多くつくり、日の低い冬の庭を明るくできる。植木の植生とよく合うのだ。山里に続くような風情は形成され、それを価値としているのである。少なくとも一五〇坪程度の敷地を要し、これは「行」の様相、戦前という時代を通じて、これは成功者のすまいだった。

　だが、手に入れた敷地がもともと松林だったり竹林だったりの例もあろう。ともに風情ゆたかなものだが、これを伐採して、標準仕様の構成をしようとすれば、それは愚かなことだ。

　松も竹も、落葉がすぐには朽ちずに残り、独特のグラウンドカバーを形成する。裸地はいつも被

4――鎌倉・材木座海岸の松林
引用出典＝『鎌倉』（岩波写真文庫、1950）

われているのである。いずれも林の中は意外なほど明るい。建物をたてるに必要なだけ樹は切ればいいのである。つまり、できた建物は土地の風情とともに山荘ふうだ。数寄屋普請の世界となる。

　松は、戦後まもなく広域の虫害にあって、関東以南では激減した。自然林のように立つ松は（実は植林の場合が多いが）、いまでは東北と日本海岸だけにしか見られなくなっている。「国華」という言葉があるが、この樹は「国樹」のような存在だ。残念なことだ。かつて、関東では湘南、関西では須磨が「白砂青松」の地だった。松はもともと塩害には強く、いずれもが保養地として知られたのである。一方、竹は関東では生田（川崎北部）、関西では千里丘陵が知られているが、そろってニュータウンにつぶされた。ニュータウンそのものも、計画人口に達しないまま人口の老齢化に苦しんでいる。いま、ほんとうに足元を見なければいけない時になったのである。松も竹も、人為的に育てようとすれば長期間を要する。松の場合、ヘンに造りこまない植木職の知恵も必要だ。いずれにしろ、一朝一夕にはいかないことだらけである。

　もう一度いおう。庭が庭であるためには、裸地を見せてはならない。ただし「裏庭」とは物干しをしたり、薪を割ったり、犬を飼ったりするアクティヴな場だ。当然、裸地も出よう。そこに、どこまでタタキを張る（コンクリートを打つ）かは、アクティヴィティの量と質とに由来するはずだ。これと主庭とは、日本では別のものなのである。

39 瓢箪池

'HYOTAN' type of pond: Zen Budihism, and his ALCADIA

禅宗仏教と、そのアルカディア

京都・天竜寺の開山として知られる夢窓国師（疎石、一二七六―一三五一）は、幕府崩壊後の荒廃した鎌倉を訪ね、万感をこめて瑞泉寺を建立している。二階堂の奥、屏風のように鎌倉を囲う丘陵の頂部近くの、遠く相模湾を見はるかす地だ。

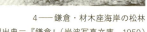

　一九六〇年代、ひょっとしたことから小さな本堂の裏に池の跡が見つかり、発掘の末、国師のつくった庭の復元がなった。山地の崖の下に池を掘り、崖に穿った矢倉（やぐら＝座禅する座、あるいは遺体を葬るためのヨコ穴）と関連させながら、中之島（岩礁）をへて小さな橋をかけて陸に結ばれている。崖と、その下の池は、いま見てもそうとう凄惨な風情だ。その一方、本堂手前には四季の花が咲き乱れる庭があり、はるかに海がのぞまれる。先代の和尚は「花咲き、鳥笑うところ、それは仏教の境地です。都会に疲れたみなさんに、せめて味わっていただければ――」といいながら、せっせと雑草をとっていた人だった。

　鎌倉の社寺の池のなかでも、この池は相当に特異だ。起伏に豊んだ山地、しかも頂部ちかくで、こうしか池はとれなかったのかもしれない。しかし、かねて、池こそ「庭」の主要構成要素であり、そのことは中世——鎌倉時代——になっても、それほど変わったとはいえない。鎌倉の場合、鶴ヶ岡八幡宮（源頼朝建立、一一八五頃）に「源平の池」という左右大小の相当規模の池があり、その中くぼみに橋をかけて、これがメインアプローチになっている。同様に円覚寺（北条時宗建立、一二八二）にも瓢箪型の相当規模の池があり、もともとそのくぼみからのアプローチだった（いまは、横須賀線が池とお寺との間を走っている）。「白鷺の池」という。

だが、古代——寝殿造り——の池と、中世からの池とは、本質を異にするのではないか。

寝殿造りの規範にあっては、池は敷地いっぱいに広がって、その南端をしめる。あたかも「海」だ（だとすれば、白砂は池に達して「浜」を形成していたかもしれない）。舟を浮かべて、景色としての建築を見ながら、宴は開かれている。たしかに中之島はあるが、大きな太鼓橋がかかっているのは、その下に舟を通すためだろう。

鶴ヶ岡八幡宮や円覚寺の池が、その入口にあるというのは極端にすぎようが、そこで派手な舟遊びがあったとは、もはや思えない。いまでも「観月の宴」をはる京都・大覚寺の「大沢の池」とは、規模も違いすぎるのである。

武家の心の支えは禅宗仏教だと説きつづけたが、瓢箪池とは、その教義に深くかかわっている。大の方の池に中島をふたつ取って、全体で「心」と読む。おそらく、権勢を得た者でも静かに池を望んで、その「心」を問おうとしているのであろう。これを「回遊式」庭園などと呼んでいいのか、たじろぐところだ。古代から中世への転換とは、結果として、権勢者の拡散であろう。当然、それぞれが営む造営の小型化も趨勢であろう。それに対応したもの、それが回遊式庭園、その表象としての瓢箪池、こう説いてしまっては、ちょっと、えげつなさすぎるだろうか。

古代に戻るが、遣唐使は七世紀から九世紀にかけて一八回にわたって派遣された。太宰府（大津浦）から出港、朝鮮半島の西沿岸にそって山東半島に達し、陸路、長安（いまの西安）にのぼるのが初期のコースだった。その後、東シナ海をまっすぐ西航、蘇州に達するコースや、琉球を経由して蘇州にわたるコースなどに移り、この場合、水路もまじえて長安に達している。

何が言いたいのかといえば、奈良時代の伽藍は、回廊に囲われ白砂に被われた、乾いた聖域だった。これは百済経由でもたらされた仏教伽藍そのままかもしれないが、初期の遣唐使が確認したところでもあろう。だが、平安期に入って寝殿造りが成立、これが演繹されて、社寺における平安伽藍も成立する。広大な地の背後には、うっそうと茂る築山が配された。後期の遣唐使の見た蘇州や長江流域の風物、そこに営まれる庭園と何かの関係に

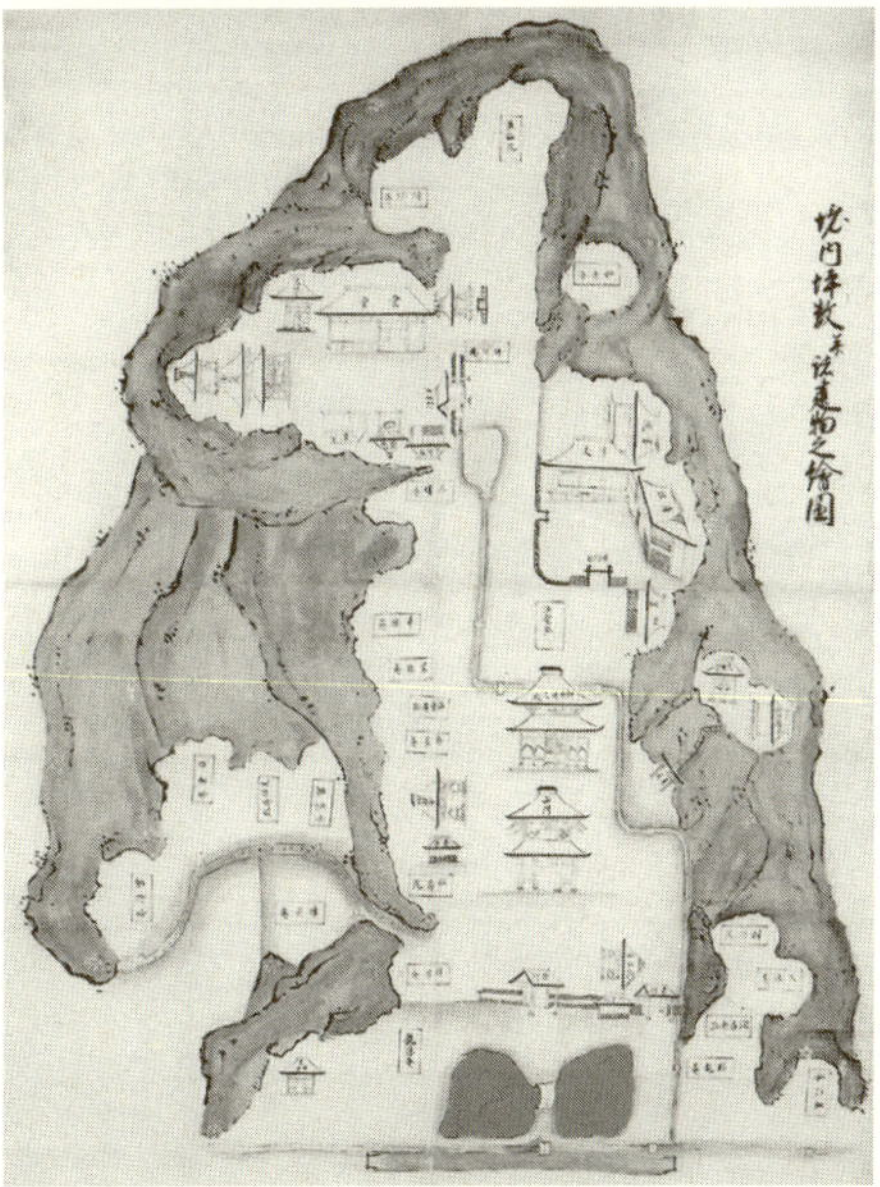

5——瑞泉寺の池泉｜6——円覚寺境内絵図（1791）
引用出典＝円覚寺門徒機関誌

★column——風景式庭園と幾何学形態

古代ローマから継承されたルネサンス庭園のことを「建築式庭園」と呼ぶことになっている。敷地の高低差を利して噴水を吹き上げたり、階段状のカスケードを落としたり、あるいは石崖を壁のように組んで涼窟（グロッタ＝涼むための洞窟）を穿ったりして、花の群れ咲く楽園をつくるからだろう。屋外の「建築」ともいえそうだ。イタリアに特徴的なのである。

これがフランスに及んで「整形式庭園」になる。絶対主義の成立と結びついてヴェルサイユ宮の大運河という終局を迎えた。「建築式」にしろ「整形式」にしろ、人の秩序が及べば、直線、直角、円角、多角形など、つまり幾何学形態は必ず忍びよることになる。これに反して「風景式庭園」を指向しようとすれば、ここから離脱し「自然に学ぶ」（ルソー）ことこそがコンセプトだ。

たとえば、フラクタル図形などという電算処理が自然の形態一般を解析しうるかもしれないという認識にたどりついたのは、20世紀も末の末だ。一方、「風景式」の端緒を開いたものがあるとすれば、西欧にあっては軍事技術としての測地法の登場による客観的な「地図」の認識と何らかの関連があろう。これについては、第4章（21節）の註などにふれた通りだ。

英国における風景式庭園に附帯にした「ピクチャレスク」という概念については、本文にふれた通りだ。中国文化圏の昔からの庭園に学んだところは明らかであって、「近世」に向かって出遅れた英国が、はるかに極東を商圏にせざるをえなかったことの所産だ。だが、日本の近世庭園に見え隠れする幾何学好みについては、これらと一線を画するところがある。

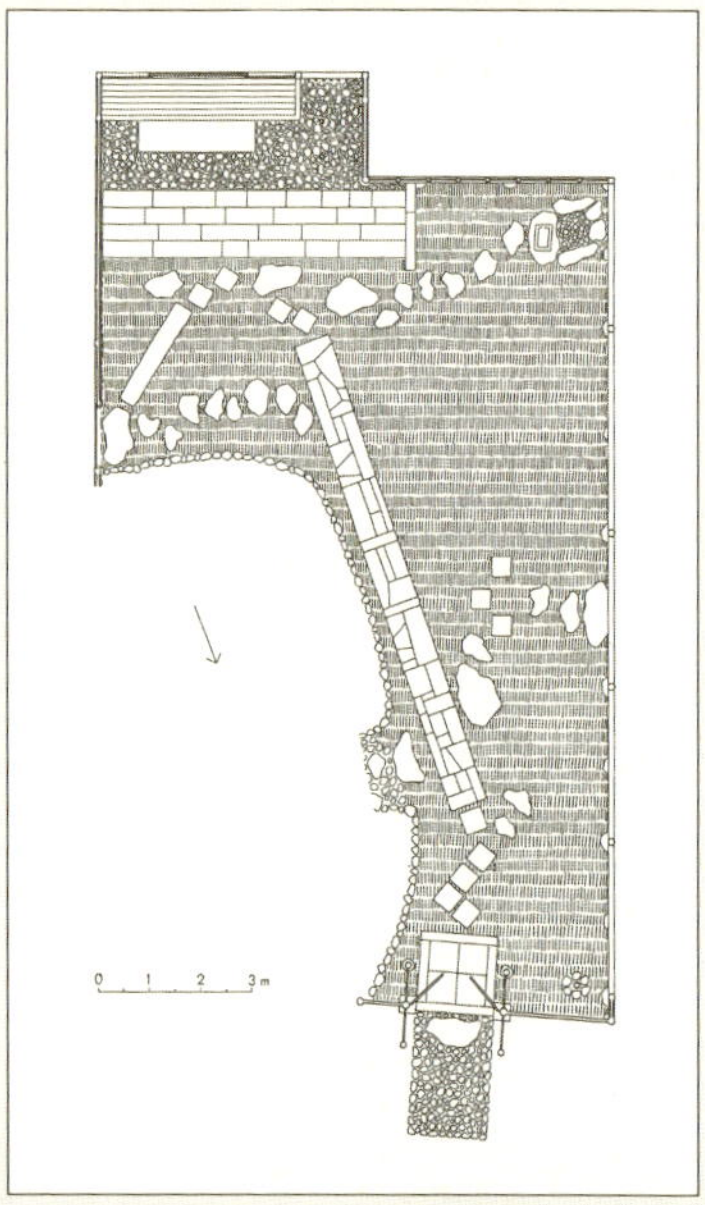

右上——幾何学好み（桂離宮）｜左下——桔梗の庭（大徳寺芳春院）

引用出典＝堀口捨己『庭と空間構成の伝統』（鹿島出版会、1977）｜右下——本法寺花窪（伝・尾形光琳）

結ばれるのかもしれない。いや、その記憶と、日本の風土との親和が、平安庭園を築く端緒ともなりえた、といい直そう。かくして、日本は独自の風景式庭園を営みだす。これは日本の風土の表象化だ。中国にはとっくに風景式が営まれていたのだろうが、それは華北にも残った森や水辺の表象、あるいは江南（長江下流）の風土の表象なのではないか（ひとは、知っていることしか作れない、と何度も説いてきたが、そのことをここでも説くのは、たぶん、ふさわしくない）。

だが、室町時代になってもことに池のあり方は平安庭園の影をひきずる。金閣寺（一三九七）の池はまさにそうだ。ここに再現されているのは海、それもリアス式の入江であろう。後にも論ずるように、平安時代に書かれた『作庭記』は規範として生きつづけた。ことに畿内で、ここからの離脱はたいへんだ。銀閣寺にも泉殿があり、釣殿の位置に東求堂がつくられたのではないか、という説にはすでにふれた（12節コラム参照）。敷地の規模がもたらしたことでもあろうが、しかし、銀閣の庭は回遊式だ。中之島に石橋をかけ、水のなかに飛石もおいて、池をわたる回遊経路を複雑にしている。

雪舟が『山水長巻』（四季山水図巻）を描いたのは、ちょうどこの頃だ（一四八六）。水墨画を学びに明に渡り、逆に大評価を受けて帰ってくる（一四六九）。たんなる修景や圧倒的な自然が描かれているのではなく、あたかも生き物のように、水そのものが描かれているところが眼をひく。

はるかに西欧でジャン＝ジャック・ルソーが自然主義をとなえ、やがて英国の庭園に風景式 **landscape garden** が登場するのは一八世紀のことだ（ブレニム宮・一七二五）。**picturesque**（ピクチャレスク）という用語で、その美が語られる。そのことの内実にも、すでにふれた。羊が遊び、ひなびた柵や廃墟のある景観が描かれるだけではなく、庭園としてわざわざつくられるようになる。

東山文化では、『山水長巻』の影響は逆に景観の抽象化にむかっている。竜安寺の石庭（一六世紀初め）や大徳寺大仙院方丈の「枯山水」（一五〇九）をすぐにも生むことになる。禅宗仏教における「悟り」の境地の視覚化という課題に展開したのである。このことは次節に語りつごう。

さて瓢箪池だが、書院造りの確定以後、その「行」にあたる中規模な造営や町方の数寄屋普請にともなって、池の規範となり、明治以後、戦前型の居宅では「草」にあたる例にまで拡大して庭の規範となった。いまでは、街道沿いのＤＩＹ店までがプラスティック製の超小型瓢箪池を売っている。つまり、庶民の「庭」願望のようなものを一身に背負って、瓢箪池は、いじましくもいまも健在、ともいえよう。

40 庭石

Garden stones: How many necessity; stones in the Japanese garden

庭にとって、石はどれほど必要か

遣水《やりみず》の石、野節の石、廻石、底石、水切の石、つめ石、横石、水越しの石、脇石、前石、にぐる石、をふ小石、三尊物の石、品文字石、臥石

正応二年（一二八九、鎌倉時代の中頃）に後京極良経が写したという奥書のある『作庭記』は、これより前に記されていた多くの口伝書や聞き書を集めたものらしい。はっきり平安末期のものとわかっている『山水抄』も収められていたり、そこに記された建物や庭のあり方は明らかに寝殿造りだ、と堀口捨己は説く（『庭と空間構成の伝統』鹿島出版会、一九六五）。ここに引いたのは「立石口伝」という部分からだ。

しかし、『山水並野形図』（一四四八）になると、その前提は初期の書院造りになり、「石の名」のリストもおどろく程、その名称も固有名詞化している。

石とは、庭にとって何なのであろう。

白幡洋三郎によれば、「庭園」とは明治の造語、江戸期には「林泉」といった。万葉集では「にわ」「その」「しま」が使い分けられている、というのである。「にわ」とは屋前、「その」とは樹林、「しま」とは山地をあて、それぞれは意図的な造形だという（『庭園の美・造園の心』ＮＨＫ人間大学テクスト、日本放送出版協会、一九九八）。平城宮跡では、たしかに内裏とは別の左京三条二坊庭園が発掘され（一九七五）、池も遣水もある平安庭園の原型のようなものが、すでに推定復元されている。これこそが山地、石の登場となるのであろう。

「文明」とは石を制する力量——技術段階——だ

とは、西欧の解釈だ。それが「建築」となって組積造の系譜を生むことになる。一方、木造をもって「建築」たらしめた日本では、身近に山地（庭）をつくり、ありうべき自然を人為的に再構成した。ここに石材が登場する。石を、ここで制しているのである。この山地は、やがて建築と一体となって、さらに精密な人為世界を切り開いていった——。だとすれば、石を制すること、それは普遍的な人の業だったのである。

望む形と肌に恵まれた石など、そうあるものではない。捜しだして人力で運び出すのだから、想像以上の労力を要する。望む形に成形し、ひとつひとつのピースを小型化する西欧の建築術のほうが、はるかに省力的かつ率直なのではあるまいか。それぱかりではない。庭石は見える部分の倍以上を埋めろという教条までがついてまわる。小ピースに分け、日本でも施工の合理性を追求した「石垣」と、庭石とは、本質を異にするのである。

じっさい、庭石はときとしてキッチュ（露悪的）だ。たとえば竜安寺の「石庭」と大仙院方丈の「枯山水」を比較するとき、「石庭」は幽玄と映るが、「枯山水」はむしろキッチュだ。前者では、あの広さの区画に対して、大小あわせても一五の石しか据えられていないが、後者では命名された銘石だけで二〇を数える。それでも荒れて「石を持ち去られた時期もあり、当初よりも数を減らしている」といわれる。石は魔物、げに恐ろしい。

前の節にふれた堀口捨己のコンクリート打ち犬走りの試みには、実は、石恐怖症がひそんでいよう。ことに庭に水を引くなり池を掘るなりすれば、かならず石は必要になる。少なくとも縁取りには石を配さざるをえないのである。堀口はコンクリートを打って四角い池を作り、ついに逃げおおせている。日本庭園がモダニズムで洗い直されるにあたって、どうしても避けては通れない過程だった。

吉田五十八は、別の意味でもっと頑固だった。神奈川県二宮の自邸を仔細にみると、あまりに明瞭だ。市井の居宅として充分に広い敷地と立地とを利して、まず、どこから領域に入ったのかわからないようなアプローチだ。ゆっくりと曲がる竹穂垣にそって小砂利の歩路を歩いてゆくと、一本だけの門標があって孟宗竹の竹林があらわれ、さらに曲がり込んで小さな玄関がある。その犬走りと玄関土間に丹波石が貼られているだけだ。奥の深い主庭は曲水のように蛇行したビリ敷きの小道があるだけ、その両側には幾重にもヤマモミジ

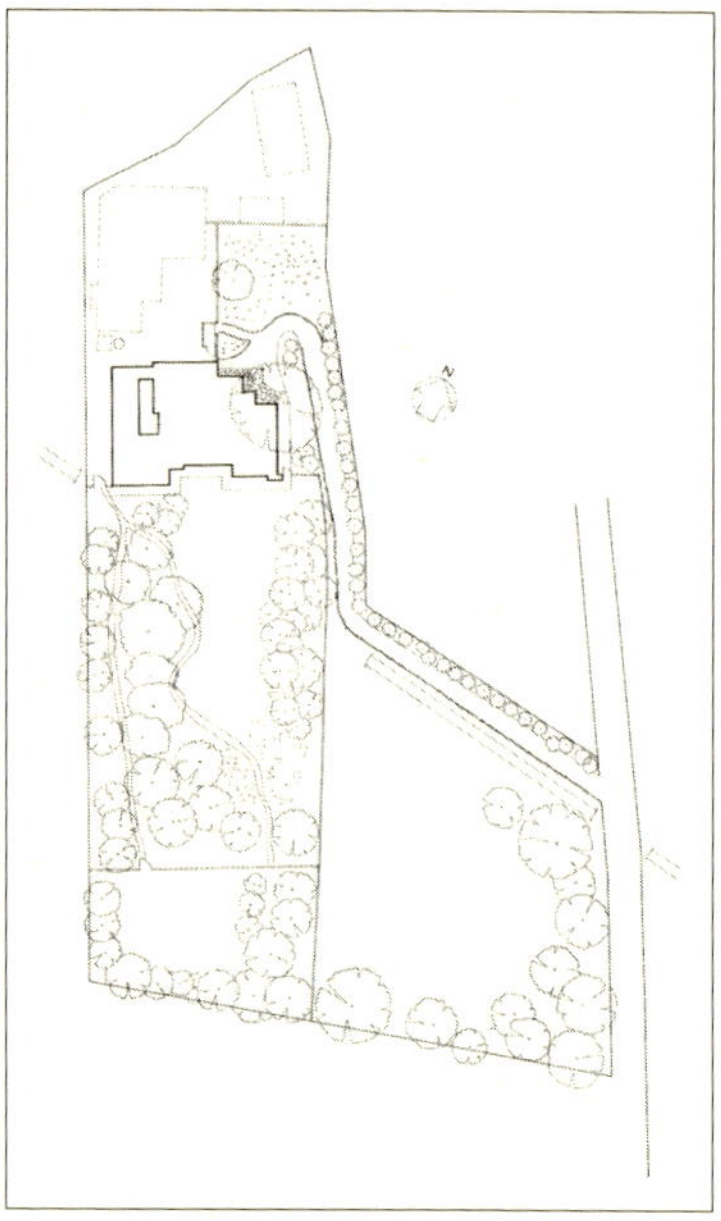

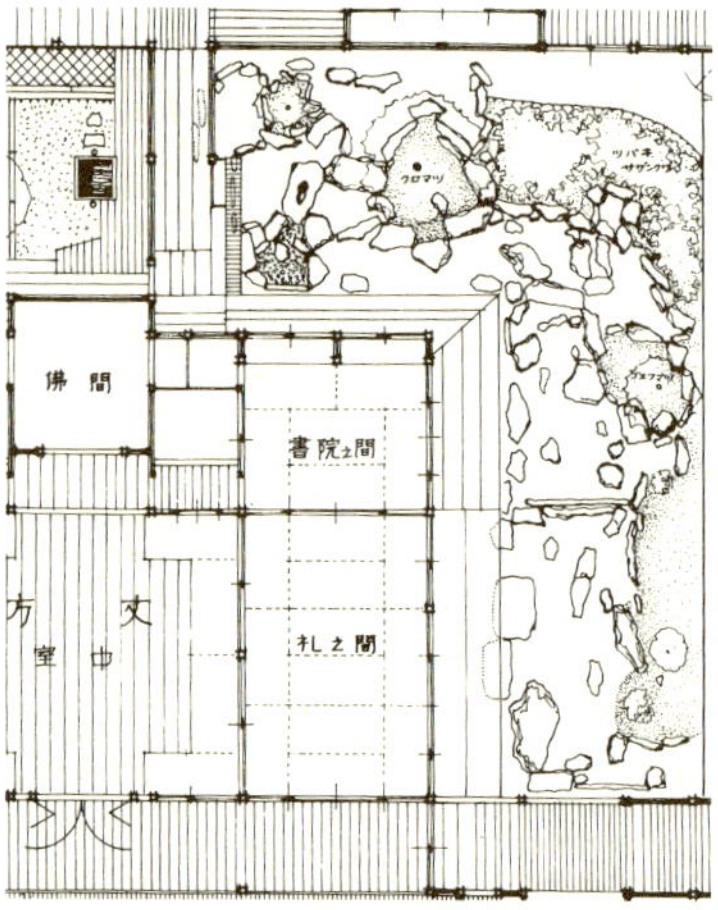

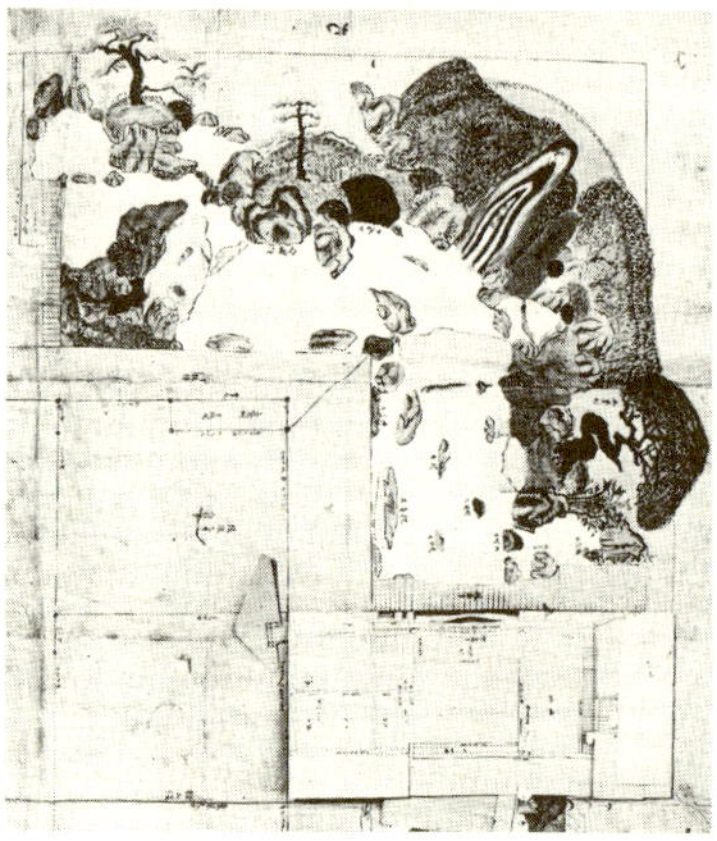

7——吉田五十八邸庭園図
8—大仙院庭園実測図（重森三玲、1937年5月）
引用出典＝『実測図・日本の名園』
（誠文堂新光社、1969）
9——同、起こし絵図｜引用出典＝堀口捨己
『庭と空間構成の伝統』（鹿島出版会、1977）

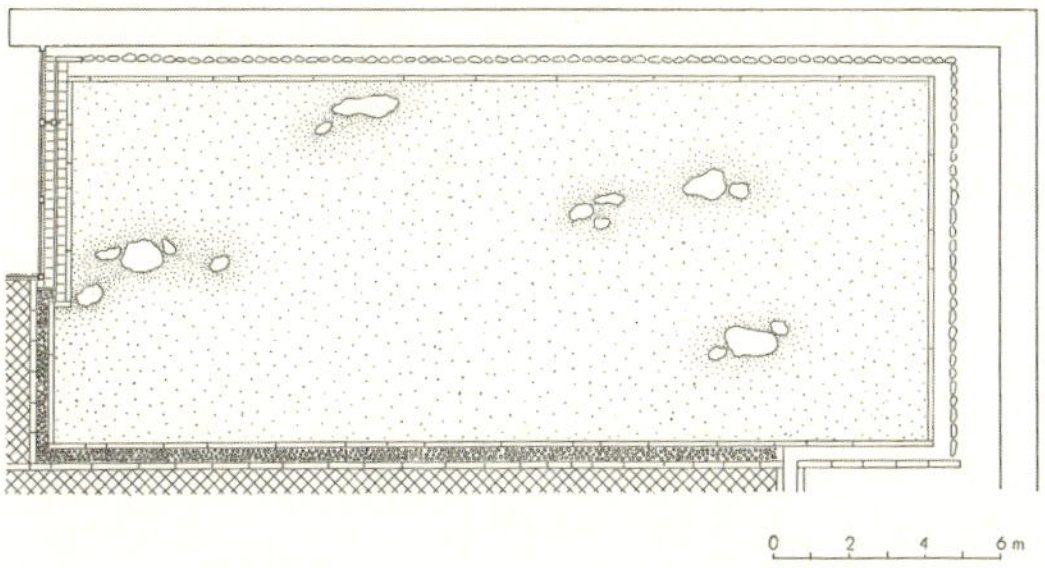

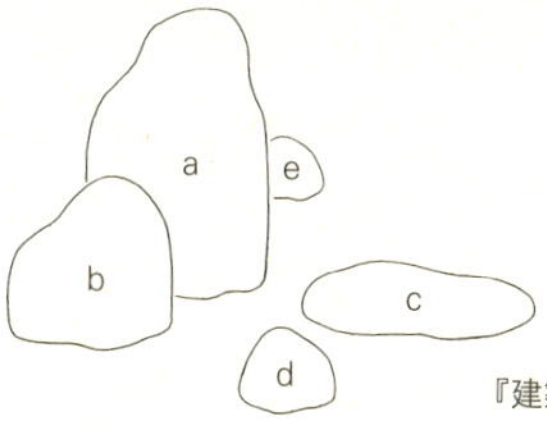

10——竜安寺石園実測平面
11——吉田鉄郎の説く石組構成。
a–c で品文字石、d、e は控え
10、11 ともに引用出典＝
『建築家・吉田鉄郎の『日本の庭園』』

が茂っている。歩路の両際にはわざわざ柵杭（しがらみぐい＝水際などに打ちならべる小径丸太の杭）を打って路面を少し掘りさげ、乾いた曲水をつくった。意図的に、石も水もない庭だ。ただ、そのメタファーが柵杭とビリだけで示されている。この家は太平洋戦争のさなかに作られ、一八坪までの戦時統制に縛られた普請だが、戦後も、納戸と四畳半の書斎とが足されただけ、ついに床の間のないまま、主を失った。これも、すさまじいばかりの決意表明だ。しかし、充分に広いその全体は、膨大な費用で維持されてきたことは明らかだ。その境遇と、巨匠にしてはじめて可能なのだろうが、それでもなお、これが「分」相応という（町方の）意地につらぬかれていたのではあるまいか（たとえば柵杭を置石にかえれば、それだけでも維持費は減る）。

庭石は、その過半を沈めて用いよという教条がある、とすでに説いた。石や岩はもともとタダだ。だが、巨石になるほど、それを運び出し、据えつける人件費は巨額だ。場合によれば、怪我人も死者も出すことになるかもしれない。だから、権力や財力にあかして使え、と説いているのではない。めったなことでは使うな、と戒めているのではないか。ことほど左様に、石を安易に据えた庭はキッチュになりやすい。

歩石は、まだ上端が平らだし、歩くという「用」に縛られているからキッチュをまぬがれやすい。しかし、点景として据えられる石は、美的センスと財力とだけを根拠にする。つまり拠りどころがないのである。

一方、歩石の置き方にも、実は、ある種のルールがある。門から玄関にいたる歩石は、切り石を敷いたり、大小の割り石を集めて長方形の石畳（延段）をつくって、グラウンドカバーに浮かせる。他方、主庭にはポツリポツリと踏み石を置いてグラウンドカバーを保護する。歩石の前者のあり方を「真」、後者を「草」と呼ぶのだという。「草」の踏み石の場合、これが続くと飽きるので、適切な場所で長い切り石を置いたりするが、ここが見所という景観ポイントと、当然のことながら関連

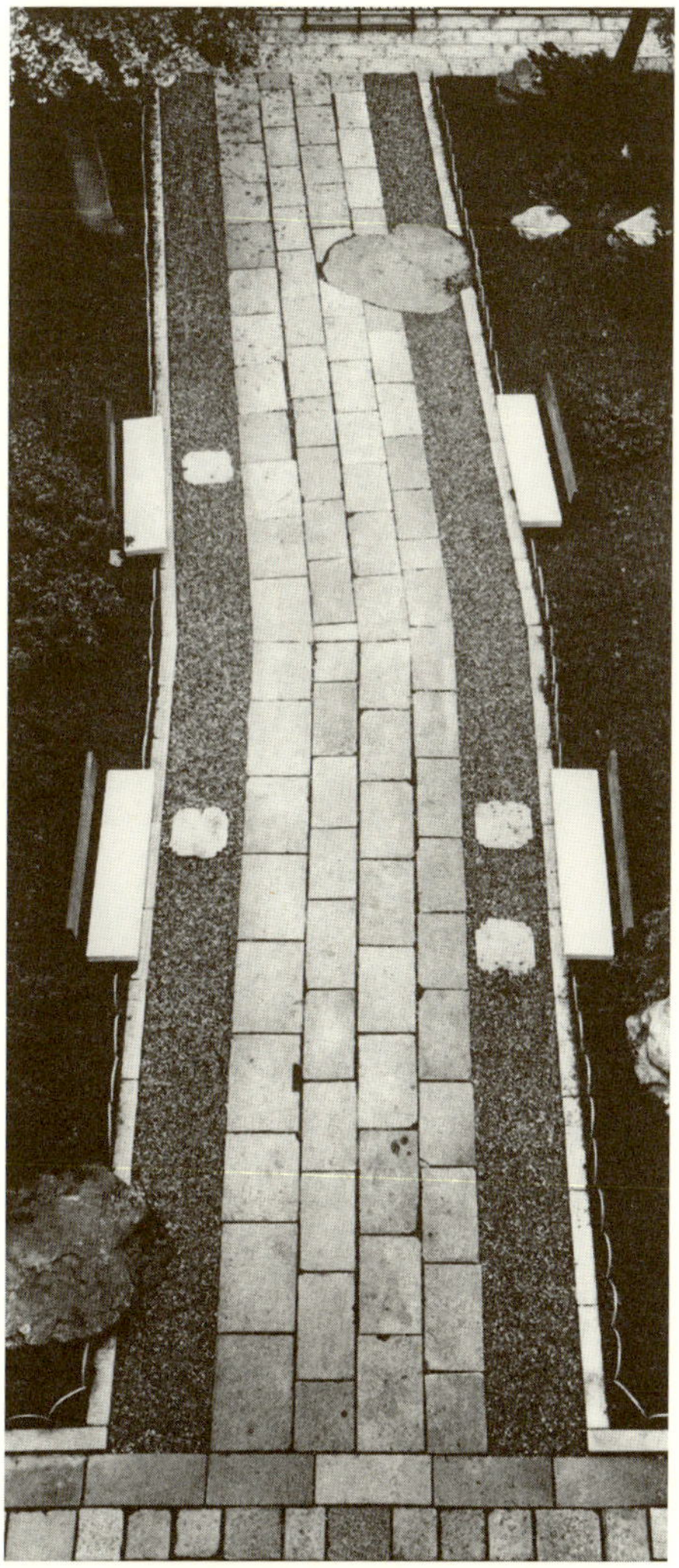

12——明治大学図書館前庭（堀口捨己、1959）
撮影＝川澄明男

する。こういう広大な庭は、めったに作れるものではなかろう。

堀口捨己は、戦後、明治大学工学部建築学科を立ち上げるとともに、多くのキャンパスの造営や整備にかかわった。いずれも、近代化された日本庭園、なかでもアクティヴな場に日本庭園の趣きを持ち込んできたが、庭石がつかわれたのは、駿河台の中央図書館の前庭だけだった。頭の平らな巨石を埋め、これを歩路と関連させ、その溜りとした。こういう処置をしたうえで、植物区画のなかに幾つかの中規模の石を立てている。アカデミィの象徴たりうる名園だったが、いまは、見る影もない。

建設用の素材として用いられる石材は、大きく分けて三種類だろう。

大理石や御影石などの火成岩や花崗岩（切り石として多く用いられる）。岩様の庭石として用いられる玄武岩、そして大谷石などの軟質の凝灰岩だ。

このうち、外部の舗材に用いないことになっているのが大谷石だが、谷口吉郎は好んで舗石にもテラスにも用い、吉村順三は自邸の玄関までのアプローチに用いて両側にリュウノヒゲを密植している。いずれも四角い切石、敷けば「真」様になるが、見るからに軟質の素材感と低価格とが、「真」たるを自己否定する。

ことほどに左様に、石材（あるいは庭石）とは、避けては通れないにしろ難物だ。

★column──庭の種別としての「真・行・草」
あるいは、日本の庭における「水」

庭の敷石のあり方に「真」と「草」とがあるとは、すでに本文中にふれている。行儀よく切り石を並べたり、割り石をつめて合わせて石畳にしたり（「乱貼り」という）、大小の自然石を集めて合わせたり（「あられ敷き」という）して石畳をつくる。こういうのを「真」の敷石という。玄関から門までの「前庭」で使われるのだが、「露地」の入り口にしばしば「あられ敷き」の石畳が用いられる。一方、「主庭」にあっては、縁側から沓石に降り、飛び石を伝って庭を回遊することになる。これを「草」の敷石という。ここまではすでに論じた。

だが、「主庭」そのもののあり方をめぐっても「真」と「草」とが区別されている。

これをよく論じたのが吉田鉄郎だ（『日本の庭園』)。「日本の庭園には、三つの種類が伝統的に知られている。池泉回遊式庭園、枯山水式庭園、そして茶庭である」。「池や築山を設けた庭園や平庭（ひらにわ＝ことさらに築山や池のない庭）は、『真』『行』『草』という三つの形式の性格を規範につくられる。真は写実的かつ客観的、草は象徴的かつ主観的で、行はその中間的な性格をもつ。この三つの性格は、庭園だけでなく、日本の芸術のさまざまな分野にみられる」と説き、江戸期の作庭指南書の図版を添えている。

つまるところ、御殿に附帯する大規模な「池泉回遊式」が「真」、邸宅に附帯するような池はあっても平らな（築山のない）庭が「行」、寺院の塔頭や方丈の面するような、あるいは御殿の奥深くの「坪」のような限られた庭を、「草」と呼んでいることがわかる。しかし、そのいずれもが水をテーマとするのであって、かくして「枯山水」（水が枯れていて砂や砂紋で表示されている庭）というような言い方になろう。だとすれば、建物の真・行・草に対比して、あたかも長押（内法長押）のようなものが、庭にあっては「水」なのであろうか。思えば、これは本編の主要なテーマのひとつなのである（第2章参照）。

だからこそ、というべきかもしれない。茶庭（露地）にあっては、蹲踞にだけ水が配され、手水（ちょうず＝手洗い）をとった水は、足元の砂利敷にすぐ吸いこまれていく。用と関連してのみ、水は配されているのである。

枯山水にかかる石橋（上）と、排水を吸い取る手水構え（下）。
ともに恵観山荘（宗徧流家元）露地、鎌倉
ともに引用出典＝堀口捨己『庭と空間構成の伝統』

41 四ツ目垣

Bamboo fence: There have been no Japanese garden without bamboo materials

竹材なしに「庭」はありえない

竹林は東海アジアモンスーン地帯に特徴的な風景だ。この地域の生活のなかに、竹という素材は深く根づいている。

たとえば、南中国では建築現場の足場に孟宗竹がいまでも用いられる。相当な高層建築も足場は竹だ。また、輸送用の梱包として竹篭が広く用いられている。一方、インドシナ半島諸国では、竹材は工芸品の素材としてしばしば登場、竹篭は持ち歩くバッグに、日除け帽子にも、筵にも編まれる。竹材の表皮を剥いで、幅広の芯材として用いられることが特徴的だ。柔軟性があり、水の含浸も少ないから、筵は臨時の囲いや舟（ジャンク）の帆にも用いられている。

日本はモンスーン地帯の北限、その使われ方は独自のものがある。竹の表皮をつけたまま、その節を意匠の要として竹材は用いられてきた。ただし、古代の殿上人の生活にあって、竹の使用は遠慮がちだった。典型例は御簾だろう。一見して、何から作られたかはわからない。

なぜだろう、と思ってみる。日本の古代は、ことに唐を規範としている。その都・長安は西域への入口だ。遠くモンスーン地帯からはずれて、竹そのものに恵まれていないのであろう。たとえば京都御所をみても、その庭には、紫宸殿と清涼殿とをつなぐ長橋廊（切馬道）の傍に「漢竹」（かわたけ）が一株あるだけだ。白砂のなかに布袋竹をうえ、根を格子で囲っているのは「右近《うこん》の橘《たちばな》」「左近《さこん》の桜」と似ている。

すでに論じたように、だが、武家社会の成立は北宗の崩壊と呼応し、ことに南宗の文物と深い関連のうえで展開している。「竹林の七賢人」の地だ。竹は湿潤の地で繁茂力が強く、成長も早い。安心して使い捨てもできる素材だ。屋外にあって、一〇年足らずの寿命で更新を繰り返している造園用の素材として、竹材に着目したのである。

かつて、菊竹清訓たち数名の建築家が「メタボリズム」というチーム名を標榜したことがある。その意味は新陳代謝だ。生物の全身を構成する細胞が、ひとつずつ入れ替わって生物に長寿をもたらすように、日本文化に根付いた永続観なり長寿観なりは、まさにその通り、伊勢神宮の式年遷宮を見よ、と説いたのは当時の気鋭の論客・川添登だった（『日本文化と建築』彰国社、一九六五）。石造建築をもって、永遠の不動性を主張したかに見えるユーラシア大陸の諸文明観に対して、畳替えや障子・襖の張替えを繰り返して新鮮な日々を享受し、一方で修繕を繰り返しながら世界最古の木造建築を法隆寺などに保有しえた日本の文化を、川添は意味づけた。いま破綻の淵にある物質文明の今後に、この永続観は寄与するところが大きいのではないか――、と。

さて、庭園の竹材である。

竹垣は、その筆頭だ。築地塀《ついじべい》に対して、竹垣は堅牢とはいえない仕切りだ。いちばん見慣れた竹垣は「四ツ目垣」だが、しばしば二尺（六〇セン

13――円通寺庭園

引用出典＝堀口捨己『庭と空間構成の伝統』

チ）程度の高さだ。その役割は植え込み（密植された中・低木）の前縁をなす。逆に、密植そのものを刈り込んで、ひとつのマッスのように仕立てることもあろう。これに成功した例は、比叡山を借景として名高い京都・円通寺の苔庭だ。ややキッチュな庭石をランダムに配した枯山水の一種だが、いまでは一面に苔むし、その背後に一直線の刈込がある。そのむこうに比叡山が見えるが、刈込の外の高い杉の下枝をはらって山は望まれ、刈込の上にも近くの自然林が頭を出している。つまり、遠景、中景、近景が立体的に構成されて、あたかも絵画たりえているのである。あるいは、銀閣寺アプローチに立ちはだかる角刈りの刈込みも名高い。

しかし、もっと平凡な庭で、その一部を低く囲うことに意味が生じる。明らかな人工物をそえて、ささやかな点景となりうるからだろう。前々節にふれた「ピクチャレスク」にほかならない。

そこに生じた意味に、もっとモノを言わせようとしたのが「金閣寺垣」だ。一般に、通路と建物との間の植込みの前縁に用いてふさわしい。

似たような例では、「光悦寺垣《こうえつじがき》」も知られる。これは主庭に用いられるのだが、竹林をダイアゴナルに組んだうえ、さらに曲線でフチ（縁）取りしている。だが、広すぎて手が廻りきらない庭に、ここまで手がはいっていますという中仕切りとしては用をなす。意味を発生しすぎて騒々しいかぎりだが、その背後がボサボサで自然林に近ければ、よくできた工夫ともいえよう。

その一方、築地塀を築いて外周を画然と囲うことに、違和感をもつ人もいよう。分不相応と思ったり、野暮（30節参照）だと感じたりのことだ。「建仁寺垣」や「竹穂垣」は、点景としてより、趣きのある外周の垣根として、しばしば用いられてきた。

「建仁寺垣」とは割竹を密にならべて、同様の割竹を一尺五寸（四五センチ）ほどの間隔でヨコにおさえる。「竹穂垣」では、地面に石をならべて下縁をつくり、篠竹（しのだけ＝背が低くボサボサとしげる細竹）を乾かした束を窓に立てならべ、建仁寺垣と同じように割竹のヨコ材で押さえた垣根だ。

特徴的に竹垣に富む所として、吉田鉄郎は、鎌倉をあげた（『日本の住宅』『日本の庭園』）。一九三〇年代から五〇年代にかけて、たしかに鎌倉は竹垣の町だった。湘南の保養地という土地柄が、結果

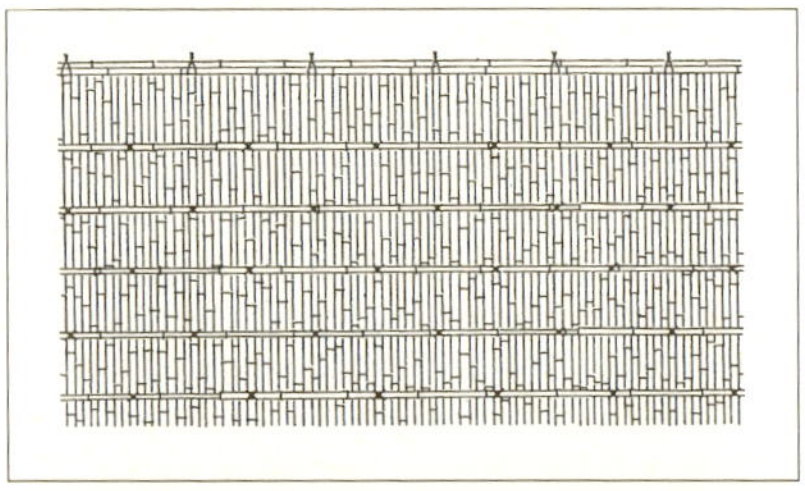

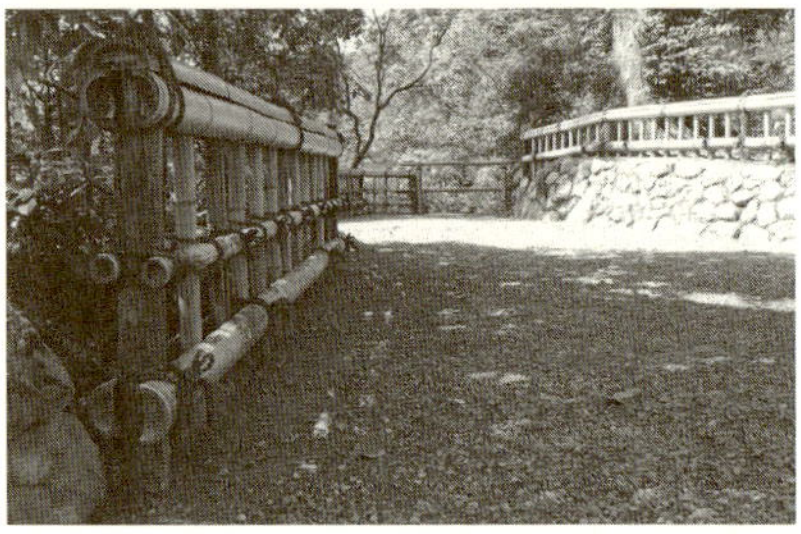

14――四ツ目垣｜15――建仁寺垣
16――竹穂垣（桂離宮）
14、15、16引用出典＝
『建築家・吉田鉄郎の『日本の庭園』』
17――金閣寺垣

として、人々をして竹垣の町に育てたのだろう。

だが、海際の松林が消えていくのと呼応して、竹垣はブロック塀や金属フェンスに変わっていく。人件費の高騰がもたらしたことだが、同時に、日本人の永続観も大きく変化していった。

同じ関東でも、一九三〇年代に開かれた住宅地では田園都市の思想がしみこんでいる。成城学園、玉川学園、国立などでは、いまも生け垣が残っている。一〇〇坪未満の、当時では小型の敷地に、仲良く文化的に住もうとした。その現われが、サザンカやサンゴジュそしてキンモクセイの生け垣だ。枝葉が茂るまで、幼木は五尺（一・五メートル）ほどの四ツ目垣で補完されてきた。こういう生け垣の使い方は、江戸末期にはだんだん豊かになって、職住分離を少しずつ果たしてきた庶民住宅に由来している。

生け垣が残ったのは、これも庭木として宅内外からの眺めを潤わすところにあるが、一方、自分で手入れすれば維持費が安く上がるところにもある。しかし、植木職が手入れをしないと下枝がなくなって、補植が必要になる。毎年、春秋に手入れをしてもらうのなら、維持費総額はむしろ建仁寺垣のほうが安いという計算もできる。

再びいうが、永続性についての価値観が目先の打算に大きく傾くと、もう社寺や公園にしか、日本の庭はなくなってしまう。残念なことだ。

42 露地

Foot path to the tea ceremony: How to make up "SHICHU NO SANKYO"

市中の居宅にどう山里をつくるか

市井の専用住居の庭は、門（あるいは街路）から玄関までの「前庭」、主な居室を屋外に媒介して潤いをもたらす「主庭」、サーヴィスヤードとして使われる「裏庭」、以上の三要素に分かれると論じてきた。

さて、ここで茶事が営まれるとき、庭とどのような関連が想定されるのであろうか。もとより、茶事は数寄の心にのみ依拠する。主庭に張り出したテラスに出て野点《のだて》を楽しむもよし、居間の片隅で心静かに盆点《ぼんだて》を楽しむのもよい——。だが、ある程度専用化した——そこが予備室などを兼ねてもいいが——茶室をつくろうとするとき、ことにその庭を先人たちはどうしてきたのか。

すでに論じてきたように、珠光や紹鷗が開いたのは「草庵の茶」、都会を離れた静寂の地の草むした隠居のことだ。これに反して、利休の茶は、都会の日常に接して心の静寂を求めた。仏門における「出家」と「在家」の対比に似ている。だからこそ、利休以降の茶席は、市中に山里を再現する作庭が大きな主題となる。皮肉にも、これが「侘び茶」と呼ばれるのである。ロドリゲスがゴアのイエズス会支部に送ったレポートにある「xichûno sankio（市中の山居）」とはこのことだ。

山里を再現した茶庭は、利休は「路地」としたが、江戸期に入って「露地」と書かれるようになる（重森完途「露地」〔『茶室と露地』〕）。一般に「前庭」に接して区画してとられ、ここに中門がつく。山里にここから入るのである。

山里とは何か。里山のことではなく、奥山のこと、「深山」のメタファーとされてきた。だが、そこを通って、人は茶席に向かう。腑に落ちないものを感じる。言語矛盾であろう。これを解く鍵としてであろうか、利休は「飛び石」を考案した。歩いてみせて、足跡に石を打たせたという。へエーと思う。だとすれば、たとえば銀閣寺の飛び石は、後で配されたことになる。

高木のうっそうたる「山里」を抜け、蹲踞で手水をとり、外腰掛（雪隠つき）で待つ。やがて呼ばれて躙口から茶席に入ることになるが、すぐ近く

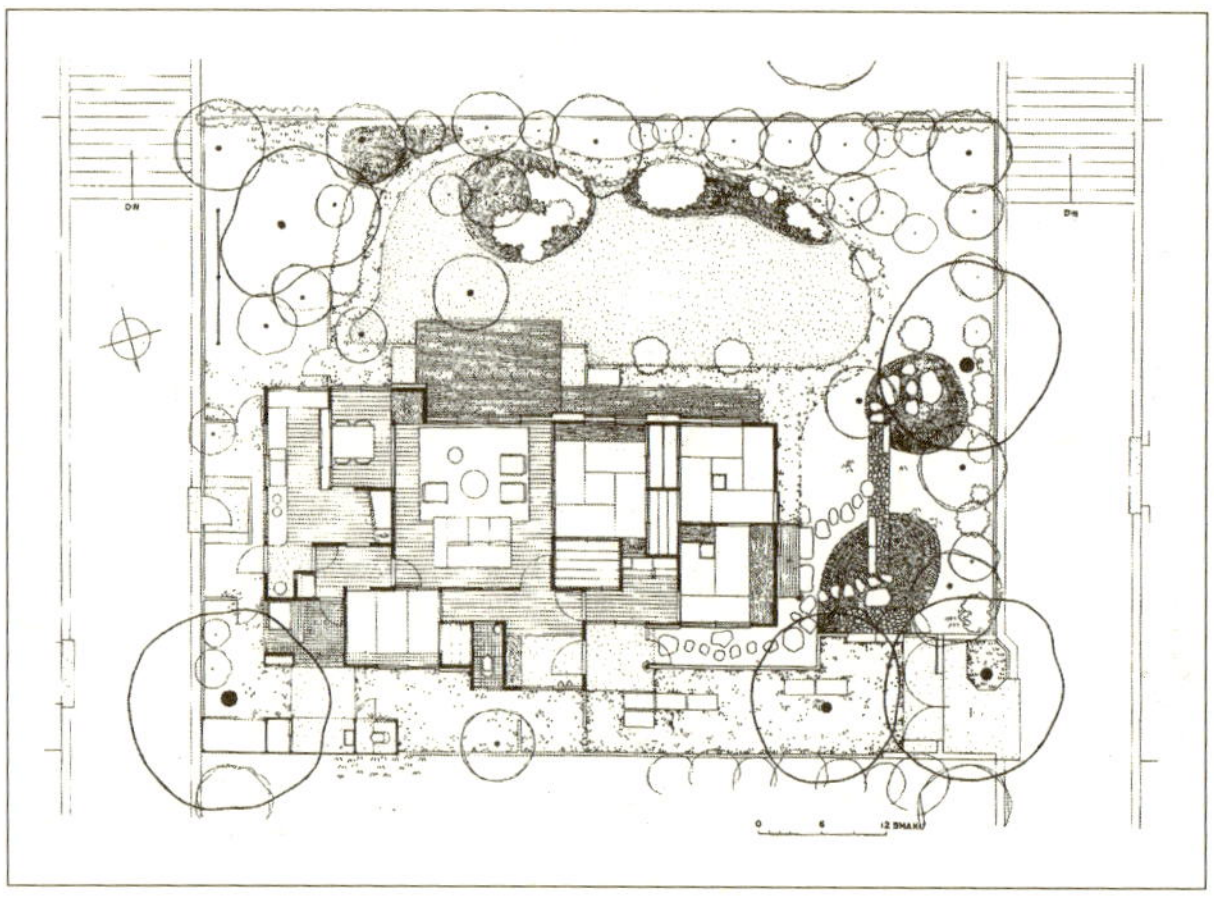

18——典型的な露地（裏千家の門から玄関をみる）｜引用出典＝堀口捨己『庭と空間構成の伝統』
19——堀口捨己自邸平面図｜引用出典＝『現代日本建築家全集4堀口捨己』（三一書房、1974）

に器状の焼き物を埋めた塵穴があって今日の席のテーマと関連した設えがある。そばの覗石にも立って、謎解きをしておく。

附言すると、茶の宗家や道場など、いくつもの茶席が露地に点在している場合、ここまでを「外露地」といい、揚簀戸（あげすど＝表千家不審庵）、猿戸（藪内流燕庵）などで中仕切りされた奥に、さらに「内露地」が続いて、また同じような仕掛である。

いったん茶席に入ると、外の見えない人工の世界が展開する。窓障子に差し込む微妙な陽光や月光と、生け花だけに大自然は象徴されている。ちなみに土用（盛夏）の席は早朝に開かれ、このときも窓障子は閉じている。したがって、花見や雪見、そして観月の席（宴）は、亭や四阿（あずまや＝壁のほとんどないキオスク）で開く。茶事にとっては余興にすぎまい。桂離宮の月波楼、賞花亭、卍字亭などが特に有名だが、これはエンタテインメント席だし、大名庭園を別にすれば「市中の山居」がとても及ぶ範囲ではなかろう。

そのような意味では、堀口捨己が五〇年代の東京・大森に営んだ自邸は、市中の山居がいかなるものかをよく示している。

一〇〇坪そこそこの敷地に三〇坪台の普請だから、当時にあって市井の小住宅、もともとあった四本の黒松の古木をそのまま生かして山里に利した。敷地の北東端に砂利敷き（全面舗装の一種）のスクエアな「前庭」をとり、南に「主庭」、二つの間に「露地」、北西端に「裏庭」をとっている。

この地割りは、おそらく武者小路千家の「官休庵」にならったものだろう。前庭から露地に入る中門があり、さいの目に切り石を混ぜた畳石をまっすぐに進んで蹲踞、少し引き返して外腰掛の待合、回り込んで躙口《にじりぐち》に至る。このルートは玄関ポーチにも行き着く。

二帖台目に広い間口の床の間が印象的な主席はコセコセとせず、誠にのびやか、ここから小幅の通い口（一本引）で堀口の書斎につながる。この開口のほか、書斎へは濡れ縁を通ってしか行けない。ここにこの家の、もうひとつのコンセプトがかかわってくる。板の間のリビングルームから広い竹材の簀子が張り出して南の芝生の主庭に連なる「青空の部屋」を、ここのテーマとしているのである。この簀が延びて濡れ縁をつくり、書斎に達している。このほうがメインルートであろう。

堀口が公職の一切を退いたのは七五歳の時、一九七〇年だった。七〇年代後半のある日のこと、老いた堀口はしばらくぶりに独り旅に出ている。書斎には「捜すな」という書置きが残されていたという。

八〇年代に入って、金沢で堀口らしき気骨の老人を見たという人がいるそうだが、何もかもが杳として知れない。

松尾芭蕉のことが重ねて思い出される。「旅」とは、知識の血肉化をこととする追体験だと、しばしば説かれた時期があった。「奥の細道」行もまた、円仁和尚が遙か九世紀に開いた陸奥四寺を訪ねる旅だったようだ。あたかも、西行にならったような求道の旅だ［★四——西行における「もののあはれ」と旅］。

まず松島の瑞巌寺に参じて「松島や　鶴に身を借れ　ほととぎす」とよみ、ついで平泉の毛越寺と中尊寺では「夏草や　兵どもが　夢の跡」「五月雨の　降りのこしてや　光堂」とよむ。そして山寺（山形県内の地名）に立石寺を訪ねて「閑かさや　岩にしみ入る　蝉の声」を残した。

このあと、奥羽山脈の襞をぬって山形に出て、日本海沿いに新潟、金沢とめぐり、畿内に入る直前に倒れている。これは義経の逃避行の逆行ルートでもあって、周知のように「旅に病んで　夢は荒野を　かけめぐる」が辞世の句だった。

堀口捨己もまた、日本文化を体現した明らかな求道者だった。終わりのないはるかな「旅」に人生を重ね合わせていたのである。

註

★一——近代数寄屋における縁側省略

ガラスの日本家屋への導入は、まず「猫間障子」から始まっている。B4大ほどの透明ガラスを、障子の、座って眼の高さに割込んでハメ込んだものだ。溶けたガラスを管の先にとって、人が息を吹き込んで円筒状に広げ、切って板ガラスをつくっていた。したがってサイズも小さく、厚さも一定していない。これを集めてガラス戸もつくるようになるが、骨が細かく入ったガラス戸の背景には、当時の産業事情があった。

だが、昭和期に入って板ガラスの量産がなり、普通の家でも縁側にガラス戸が入るようになった。「並板」といわれ、厚さ一・九ミリ、三尺×二尺が規格だった。この三尺×二尺ものが市場に出て、「雪見障子」ははじめて可能になる。障子紙は六段に貼るが、下三段分にガラスを入れ、孫障子を重ねて、上下にスライドさせている。これが水腰障子を前提になされていること、自然発生的な「猫間障子」に比べて意図的抜本的であることからみて、関西普請（第五章参照）が参照される過程で、建築家によって発想されたものであることは明らかだ。実証しえないが、おそらく吉田五十八が開祖であろう。

とはいえ、ことに縁側が広いと座敷に座った眼の高さから、庭がよく見えない。縁側の省略による屋内外の親和はなされるべくしてなされるのである。この場合、堀口捨己はガラス戸に工夫を凝らして孫障子をハメ込み、外に雨戸の一筋を付けて補って岡田邸をつくり（隙間風は防ぎきれなかったろう）、吉田五十八は雪見障子、ガラス戸、網戸、雨戸と、計七本もの建具を入れる枠をつけて吉屋信子邸（一九三六）を完結させている。装備は完璧だが、一尺にもなる枠は再び屋内外の親和を害しだす。難しいところだ。

一九六〇年代の中頃、フロート板ガラスが市場に出て、ガラスの厚さ（の耐風圧性能）によって屋内外が画せるようになり、和室にもエアコンが及んで、雨戸や網戸の省略は可能になったが、この時、座敷はすでに予備室的な用途が主流になっていた。

★二——ル・コルビュジエと「モデュロール」

モデュラーコーディネーション（Moduler Co-ordination）とは、寸法の体系化というほどの意味だ。工作編（第四章）にすでに見たように、建物を構成する諸要素を「商品」として流通させるためには、寸法体系の共通化は欠かせない課題だ。レンガという小単位にしか共通寸法のない西欧社会では、建築の工業化（近代化という意味）推進のために、寸法体系の整備は急務だった。

第一次大戦後の軍事産業の民間転用をテコに、住宅供給の工業化を一気に図ろうとしたル・コルビュジエは、まず、このことに気づく。CGS単位制（メートル法）はナポレオンがヨーロッパに拡げた。近代科学の礎だが、たとえば一〇センチと一〇〇センチ（一メートル）との間には、五〇センチという折り目はあるが、これと人体寸法とに脈絡がなく、その近くにある寸法、例えば椅子の座面の高さ、箪笥の奥行、机の高さ、手摺りの高さなどなどは、相互に関連がなく、バラバラに決まって近代化になじまない。

ル・コルビュジエは、人体寸法と**CGS**単位制を関連づける常用数値を、いろいろな方法で捜し続けた。モデュロール（フランス語読みの**Module**）の最終版は、一八三センチの身長を持つ人体をもとに展開したフィボナッチ級数として広く知られている。ブルータリズム期（第11章参照）のル・コルビュジエは、この数値をランダムに用いてブリーズ・ソレイユをつくり、裸のコンクリートを人々に親和させ、また、広場の豆砂利コンクリート仕上げにランダムな目地を切って、その単調さを救っている。

★三――オルムステッドと「ランドスケープ」

ジェファーソンがアメリカにフェデラル様式をもたらしたことは、よく知られている。連邦議会をはじめとして「合衆国」制度を体現する建物が古典主義に従ったのは、そもそもアメリカの国造りが古代ローマを見倣ったからだという（中西輝政『アメリカ外交の魂』集英社、二〇〇五）。だが、やや起伏のある広大な敷地は、ごく自然に風景に馴染んでいる。独立戦争は英国からの独立だっただけに、英国の文化――風景式庭園――がごく自然に根づいている、と見ていい。

これを意識的なものにしたのが、オルムステッド（**F.L. Olmsted**、一八二二―一九〇三）にほかならない。ニューヨーク、マンハッタンの広大な土地を公園化するコンペ（一八五八）に勝ち、現在のセントラルパークの原型をつくった。当時は馬車の時代だが、公園を横断する車道と歩道を分離、それによって区画された各部を、森、草原、水辺などに性格づけるとともに、ゆるやかに曲がって所々に溜りをつけ、ベンチや売店などを配する手法を確立している。結局のところ、日本の各地に残る大名庭園と同じ「回遊式」だが、歩路の太さや草地の大きさなど、市民公園としての性格づけがなされている。イタリアなどの建築的な都市広場と著しい対比があろう。

オルムステッドは、その後、イエローストーン国立公園の骨格などをつくった。その功績を継ぐように、まずカリフォルニア大農学部に造園教育ははじまり、一九二〇年代に「ランドスケープ」を名乗った学科に育った。**T**・チャーチや、**J**・スコットなどを、いち早く輩出している（都田徹＋中瀬勲『アメリカンランドスケープの思想――ランドスケープ・デザインを志す若人へのメッセージ』鹿島出版会、一九九一）。

附言すれば、「風景式庭園」とは、**Landscape Garden**（英語圏）といい、これをドイツ語で**Englischer Garten** という。はて、**Landscape Architecture**（米語）とは何のことか。

★四――西行における「もののあはれ」と旅

西行（一一一八―一一九〇）は朝廷につかえる武人だったが、古代末の乱世のなかで人の生の無常を知って出家、旅に仮りの世を重ねて各地を訪れ、詩歌を残した。

あはれいかに草葉の露のこぼるらむ
秋風たちぬ宮城野の原

津の国のなにはの春は夢なれや
蘆（あし）の枯葉に風わたるなり

風になびく富士の煙の空にきえて
ゆくへも知らぬわが思いかな

世の中を思へばなべて散る花の
わが身をさてもいづちかもせむ

石田吉貞は、この四首をもって西行を代表する、と考える（『隠者の文学』前掲）。そして「西行は本質的にいって、詩人なのか隠者なのか」と問う。つまり、旅は取材旅行だったのか、無常を仮託しての旅にふと洩れる詩情だったのか、という問だ。この問に回答はあるまい。デカルトのコギトという問に似ている。

しかし、旅は僧侶にとって修行なのか布教なのか社会貢献なのか、という問もなしえよう。実に奈良時代、僧・行基は日本全国をまわって、日本全図をつくったと言われる。「行基図《ぎょうきず》」とされる全国地図は、その後、改良や追加を受けながら、江戸期まで生きのびた。

石田は「弾き方の分らなくなった古代楽器」に西行の詩歌を喩えた。いまの知識や教養ではわかりきらない、という意味だ。僧侶とは、社会が「近世」を迎えるまで、唯一の自由人としての身分保障だったのであろう。それにもかかわらず、西欧の人生観は「登山」のメタファー、東洋人のそれは「旅」と言われて納得するところがあろう。この場合、「東洋人」に、北部中国人は入るのであろうか、入らないのであろうか。

8 モダニズム編

Back to the MODERNISM: Through the hard researchs of 'Japonisme' by the Japanese and French estheticians or comparative culturists in 1980's, it was excavated clearly, that Impressionism in painting, Illustration in printed media, DESIGN itself on products, those were revelated deeply from the Japanese arts and crafts at that time. But, it was lapsted out from the memory as time went on. However, each time, that Modern Design specially in architecture, have built the new stage, Japan esthetics appeared again and again, deeper and deeper, finally to Mies (a last period of the prosperous Modern Times, may be). Nevertheless, 'semiologie' –one of core charactor of Japan esthetics–, has been cleared off at the new design activities.

近代のビジュアルアートや工芸のほとんどはジャポニズムの影響下にある。モダニズムデザインもまた、それをまぬがれない。

43 Japonisme

Last pages towards the MODERN, which western society had to discover

「近代」に向かってめくられた最後の頁

高階秀爾の若き日の著作に『世紀末芸術』（紀伊國屋新書、一九六三）がある。

あたかも東京オリンピックの前年、破竹の勢いの日本は、戦後第一次ともいうべきナショナリズムの動きの成熟期にあった。欧米あるいは西欧の相対化という道筋は、当然のことながら「近代」の相対化という課題に行きついている。本編では、水尾比呂志（第二章）、梅棹忠夫（第二章）、川添登（第七章）たちの思考について触れてきたが、高階は、むしろ西欧の美そのものの解剖を通じて「近代」の深淵にせまろうとしていた。源モダニズムを、一九世紀末の西欧に見ようとしたのである。

当時、にわかに関心を集めた**A・ガウディ**、ナビ派（ゴーギャンの弟子たちが世紀末のパリにもたらした宗教色の濃い画風。**P・セリュジエ**、**A・オーリ**、**J・ヴェルカット**、**M・ドニ**など）、ナンシー派、ラファエロ前派（ロセッティからビアズリーまでの英国美術）、ウィーンのクリムトの作風などなどを、おおまかに一括した論述をこころみているのである。その背景に、新たな技術や素材、ジャーナリズム、アドヴァタイジング、万国博、そして遠い国（エキゾティシズム）や中世への憧れなどを論じた。ゴーギャンのタヒチ、シノワズリ（中国趣味）などと並んで、ジャポニスムも説かれている。

英語で日本建築を講じた数少ない建築史家だった小林文次（一九一八—八三、日本大学教授のかたわらハワイ大学、オハイオ州立大学などの客員もつとめた。最初のバイリンガル書だった『日本建築図集』は相模書房刊）にもまた、同様のつぶやきがあった。太平洋戦争から二〇年もたち、日本そのものの認識が明確ではなく、常に、中国との区別も定かではない、と。

名にしおうジャパノロジスト、**D・キーン**（一九二二—）さえ同じような回想をしている。少年時代、ニューヨークの中流家庭に育った彼は、切手の収集が趣味、それを通じてだけ日本を知っていたという。中国と同じような字が使われているが、別の国だと認識していた（「私と二〇世紀のクロニクル」①、読売新聞社、二〇〇六）。太平洋戦争前の一般的状況でも、実は同じだった。もう一九世紀末のジャポニスムは、忘れられていたのである。

こうした状況に突破口をあけたのは日本の研究者だった。七〇年代の中葉に「ジャポネズリー研究学会」（山田智三郎会長）が発足、日本の美術と西欧の近代美術との関連の追求がはじまる。現地でも、パリ国立図書館の版画部長**J・アンデマール**などの支援を得てのことだが、やがて欧米の研究者たちも積極的な関心を示し、各地で展覧会も開かれ、「浮世絵と印象派の画家たち」展にともなって各国の研究者を集めた国際シンポジウム（京都、一九八〇）に結実した（大島清次『ジャポニスム——印象派と浮世絵の周辺』美術公論社、一九八〇、由水常雄『花の様式——ジャポニスムからアール・ヌーヴォーへ』同、一九八四）。

こういう事だったのである。

江戸幕府が列強五カ国との和親条約を結ぶのが一八五四年、パリに東洋美術店「支那の門」が開かれるのが六二年、同じ年のロンドン万博にはオルコック卿が日本で収集した工芸品が出展され、これら全部をファマー&ロジャース商会が買入れている。おそらくは、このどちらかのルートからなのであろう、パリの版画刷り師ドラートルがはるかに日本の、陶器の壷を取り寄せた。チャイナという国名にも明らかなように陶器の国は中国、それにくらべ新参の日本品は安かったろう。その日、まだ、厳重な梱包は解かれてもいなかった。

エッチングという銅版画技法は、ながく途絶えていたが、これを再興したのは**F**・ブラックモンだ。打ち合わせのため、ドラートルの刷り工房をいつものように訪れ、やがて、その眼前で厳重な梱包は解かれた。木材の箱を壊し、パッキングを外してゆくが、それは見慣れぬ綴じの冊子だ。そのひとつにふと手を留めたブラックモンは、やがて、わなわなと震えだす。何冊もの「北斎漫画」がおしげもなくパッキングに使われていたのである。

銅版と木版という違いはあるにせよ、そこに活写された日本と日本人の生活、抽象化し様式化された描写と印刷技法などは、明らかに別種の文明社会が、この世にあることを示していた。

当時、西欧絵画は袋小路に入り込んでいた。画題そのものが限られている。聖書物語やギリシア神話、王侯の肖像や、その家族の肖像だ。やっと風景画が描かれだし、その点景として庶民生活にも眼が及んだばかりだった。「泰西名画」の袋小路。パリの画壇はその週のうちに「北斎漫画」を知り、蜂の巣をつっついたような騒ぎになったといわれる。まず版画や浮世絵が大量に日本から買い付けられ、怒濤のように日本の美術や工芸品が流れ込んでいった。

当時の西欧画壇は、あたかもテンペラ画法から油彩への転換をはたそうとしていた。その技法をもって何をどう表現するのか、斬新にすぎる回答は眼前に示されたのである。いま、日本の画学生たちがルーブルに画架を持ち込んで模写に余念のないように、青年ゴッホは、広重の《名所江戸百景 大橋あたけの夕立》を油彩で克明に写した。

ロートレックは日本に行こうとして日本語を習いながら、写楽の構図にならってムーランルージュのポスターを描きつづけた。版画の技法は、色刷り印刷媒体の表現にぴったりだったのだ。モネは日本庭園にあこがれてジベルニーに移り、広大な水蓮池を掘らせ、ほとりに藤棚まで組んだ。クリムトは欧州一の能衣裳のコレクターだったといわれ、あの絢爛たる画風に行きついた。

こう書きだすとキリがない。つまり、ジャポニスムなしに、印象派はありえなかった。その一方で『ロンドンパンチ』誌が創刊され、ミュンヘンの『ユーゲント』誌（一八八六）が続く、つまり、イラストレーションという分野が成立する。『北斎漫画』の直接的な影響にほかならない。やがてロンドンにビアズリーが現われ、モリスのケルムスコット・プレス社刊行物を通じて、独自の展開もはじまる。

パリの知識人の間で、日本通（**Japonizant**）であるかどうか、競われる時代となった。

なかでも、エルネスト・シュノー、ゴンクール兄弟、ミシェル・ルヴォン、テオドール・デュレらの日本文化への通暁ぶりには、ことに今を生きる日本人にとって舌をまくばかりだ。このパリに、普仏戦争の終結をまってハンブルグから移ってきたのがサミュエル・ビングだった。

さっそくショーシャ街に日本美術専門店を開き、二度にわたる日本への買付旅行のあと、ジャポニスムを自家薬籠中のものとした欧米の新工芸を集めて、「アール・ヌーヴォー」（**Maison de l'Art Nouveau de Bing**）という新店舗も開いている。ここから火がついたのが、いわゆる「アール・ヌーヴォー」にほかならない。エッフェル塔の建った一九〇〇年パリ万博は、まさにアール・ヌーヴォー一色に塗りつぶされたといわれる。

ビングは、さらにジャポニスムそのものの総括さえ試みた。一八八八年から三年間、通巻三六号の『芸術の日本（**Le Japon Artistique**）』誌を刊行、毎号、フルカラーで浮世絵を表紙にかかげ、当時のジャポニザンを集めて特集を組みつづけた［★一――『芸術の日本』特集一覧］。同誌は、一〇〇年後の日本で総集編の邦訳が復刻されている（大島清次＋芳賀徹ほか監訳、美術公論社、一九八一）。

さて、ひとは知らないことはなしえない、見ないものはつくれない、と私は説きつづけてきた。

極東の果ての日本は、極西たる西欧が最後に知った異文明だった。ルネサンス期に古代ローマを再認識し、ロココ期に中国文明を知り、啓蒙期に古代ギリシアを知り、市民革命期に自己の過去であるゴシックを再認識した西欧である。それぞれを創造のコヤシとして新しい頁を開いてきた。いよいよ工業社会に臨もうとして、その最後のヒントを日本から得たのである。

そもそもモダンデザインとは、知るほどに日本色を発見する所以が、ここにあろう。

もう少しいえば、消費社会や大衆社会は日本の方に先に成立していたのであって、たんに、異なる文物を吸収した、ということにとどまらない。ある意味で、先進国の知られざる成果に西欧文明は唖然として、その後を追ったともいえよう。

44 Space in Motion

Open plan as the key

鍵としてのオープンプランニング

師サリバンの門をたたき、面接を許されたF・L・ライト（一八六七―一九五九）が持参して力量を示したという図面一式が、いまも残されている。一八八七年のことだった（フランク・ロイド・ライト『ライトの遺言』［谷川正己＋谷川睦子訳、彰国社、一九六六］）。寄棟屋根をかけた低層の建物が延び拡がる邸宅の、提案だった。この時、青年ライトが日本の建築を知っていたとすれば、E・モースの『日本人のすまい（Japanese House and Their Surroundings, 1886）』（前掲）を通じてでしか考えにくい。

その上梓の翌年の、ドローイングではあった――。

モースが日本に旅立つ前年、フィラデルフィアに開かれた「独立一〇〇周年記念博覧会」（一八七六）を起点に、アメリカにも日本ブームが起こっている。帰国したモースは、その後の惨憺たる日本風グッズの氾濫にあきれて、この本を書いた。邦訳者斎藤正二の長い解説にも明らかなように（八坂書房、一九九一）、当時は「民族学」的な認識にたつ第一級の知的営為だっただけに、ジャポニスムにゆれるヨーロッパにも大きな衝激を与えていた。刊行の翌年、たまたま二度目の訪欧をはたしたモースは、この事実を噛みしめている。さらに訪日を重ねて、『日本その日その日（Japan Day by Day, 1917）』（石川欣一訳、科学知識普及会、一九二九）も上梓されるのである。

一方、日本美術そのものに深く開眼し、明治政府の文化行政をリードした人物に、A・フェノロサ（一八五三―一九〇八）と岡倉天心（一八五七―一九一三）とがいる。帝国博物館（現・国立博物館）と、東京美術学校（現・東京藝大）とが、まず、あいついで開設されている。その、フェノロサを招くことを進言したのがモースだった。それは既知のことだが、モースとフェノロサとは、ボストン近郊のセーラムに住む隣り組だったこと、そして、フェノロサはシカゴの建築家・シルスビー（J. L. Silsbee, 1848–1913）と従弟《いとこ》だったことをともに発掘したのは、ケビン・ニュートだった（大木順子訳『フランク・ロイド・ライトと日本文化』鹿島出版会、一九九七）。

大都会・シカゴに出てきたライトが、まず落着いた先が、シルスビーの事務所だった。ウィコンシン大学の土木学科を中退した一九才の青年は、ドラフトマンとして、住宅から「建築」を刷り込まれている。当時、ドラフトマンとはコピー機械のような存在だ。アーキテクトがケント紙などに鉛筆で描いた図面の上にトレーシング紙をひろげ、カラス口《ぐち》で墨入れをして「青写真」にとれるようにする（大規模組織では、トレーシング・ボーイという職制もあった）。はるかに後で、ライトは全米屈指の浮世絵コレクターとして知られるようになるが、それと、フェノロサとの関連は想起されるものの、青年ライトがサリバンに見せたドローイングは、シルスビーの作風をはっきり継承したものであろう。その作風とは、V・スカーリーの説いた『シングルスタイル』にも散見される通りだ。

だとすれば、ライトはいかにして日本建築に開眼したのだろうか。シカゴ博 **World's Columbian EXPO**（一九八三）での日本館との遭遇を誰しもが挙げるところだ。ニュートの記述が仔細にわたってつまびらかにしている。しかし、これに降参したのはライトばかりではない。万博をシカゴの都市計画のなかに位置づけてオルムステッド（前章参照）を擁してジャクソン公園を企画したD・バーナム（シカゴの白眉「モナドノックビル」設計者の **Burnham & Root** にして、「シカゴ学派社会学」の重鎮）自身が、何も建てない原則だった人工湖の中之島・ウッデット島を、日本館だけには空け渡したのである。

思いあたることも別にあろう。師サリバン自身が、アメリカで六番目のボザール（**Ecole Nationale des Beaux Arts, Paris**）留学生だった。様式折衷主義建築期の世界の最高学府こそボザールにほかならない。シカゴ派初期の名作・マーシャル・フィールド商会（**Holl Sale Stone, 1887**）を招かれて建てたH・H・リチャードソンも、二番目の留学生として知られているのである。リチャードソンは鉄骨の骨組をラスティカ積み（ゴツゴツとした石貼り）で包んで得意のロマネスク調に仕立てたが、サリバンの代表作カーソン・ピリ＆スコット百貨店（一八九九―一九〇四）では骨組だけに石を貼って、大きなガラス開口を平滑に規則的につけて、その新しさには眼を見張る。そのかわり、低層階には鋳鉄製のアール・ヌーヴォー装飾にもあふれているのである［★一――サリバンと「シカゴ派」］。

ふたりの留学期に隔りは少ないにしろ、ジャポニズムがまだ画壇の騒ぎにとどまっている段階でリヤードソンはパリに学び、それが「アール・ヌーヴォー」という工芸風土に育つ段階でサリバンはパリで学んだ。二人には、それぞれのパリがあったのであろう。サリバンが浮世絵の一枚や二枚をパリ土産に持ち帰っていないはずもなかろう。すでにその右腕だったライトに、これを見せ、語っていないとも思えないのである。

ライトが、サリバンのもとを去るのは、シカゴ博交通館の工事中だった。郊外のオークパークに新居をかまえていたライトは、独立前後、ここからリバアフォーレストにかけて、多くの普請を手がけている。評判の住宅作家だった。すでに草原住宅（**Prairie House**）構想をもちながら（**"Lady's Home Jornal," 1900.**）、しかし、その実現の機会には恵まれない。ウルリッツ夫妻は、その最初のクライアントになった。オークパークに住宅を手掛けるようになって一〇年をすぎているのである。

完成の翌年、ライトは極東クルージングをプレゼントされている。両夫妻がはじめて神戸に降りたったのは一九〇五年のことだった。きっと、ウルリッツ夫妻もまたジャポニザンだったのである。

その時、ライトが撮ったという写真もニュートは捜しだしたが（前掲書）、その眼は、深い軒の出の構成を見ていた。また浮世絵を相当量買いつけた形跡もある。ライトのこの思いは、クーンレイ邸（一九〇八）をへて、ロビー邸（一九〇九）に開花、独自の版画ふうなパースペクティヴ（透視図）表現までも含んで、「草原住宅」は確立にいたっている。

すなわち、床から七呎（呎＝フィート＝三〇五ミリ、ライトは小柄だった）そこそこまで深い軒の大屋根を葺き降ろして「軒」を一定に保つ。そのうえで勾配一定の寄棟屋根を自在に葺く。軒からは水平に軒天井を貼って、これを延長して室内に下り天井をのばし、高さいっぱいで両開きガラス戸を繰りかえして屋内外を仕切る、というものだ。日本建築の「内法」にあたるものが、低い軒高によって与えられているのである。

つまり、いかんなく室内外の流通をはかったうえで、下り天井の上には部屋の広さに応じた天井高さも用意される。屋内外の流通のみならず、室内相互の流通も意図され、暖炉や平面の凹凸で分節されて、「部屋」は「溜り」に変じている。仕切り壁や扉さえ、ほとんどないのである。

ライトが日本建築から読みとった「流動する空間」は実現された。のみならず、「和小屋」の平準（第24節参照）をも克服してしまった。

このころ、実は、ライトは道ならぬ恋に身を焼いている。こともあろうに建て主の奥さんと恋に落ち、厳格なプロテスタンティズム社会のなかで、みずからを持てあまし、何もかも捨てての駆落ちに走らざるをえなくなった。行き先はヴェネツィア、そこに逼塞して愛の巣を育むつもりであったのかもしれない。だが、ライトの荷物のなかには

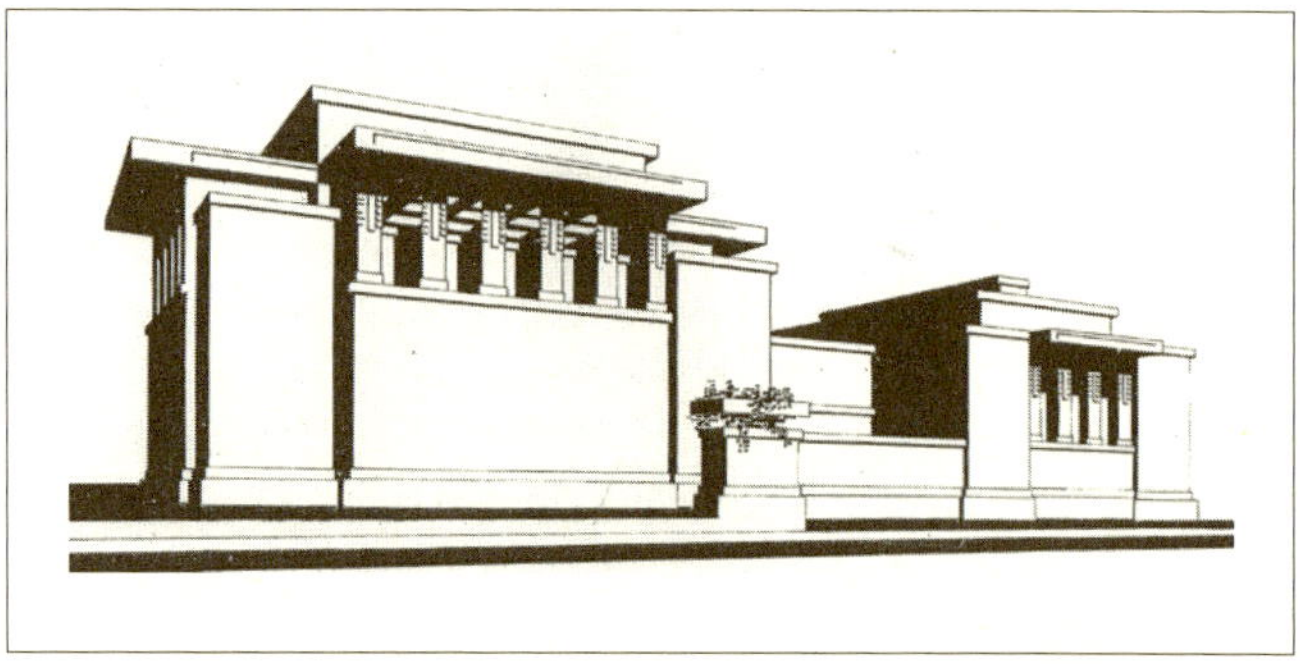

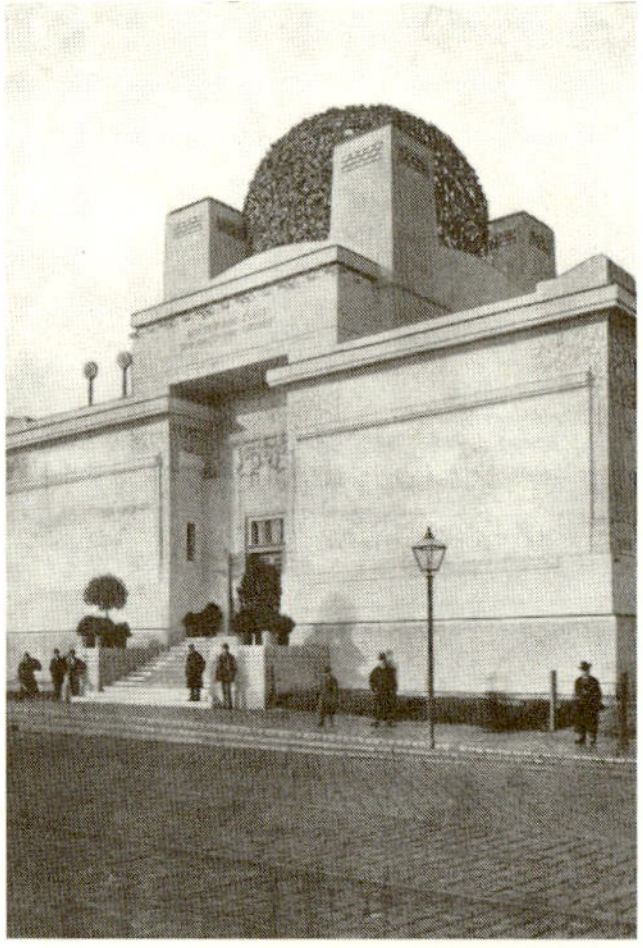

1──ロビー邸（最初の版画風パースだったと思われる）
引用出典＝arthistory.upenn.edu
2──ユニティ教会（ライト）。版画風のこのパースは後で描かれたと思われる
引用出典＝The Drawing of Frank Lloyd Wright, Horizon Press, 1965.
3（右上）──マーシャル＆フィールド商会（リチャードソン）
4（右下）──カーソン、ピリ＆スコット百貨店（サリバン、部分）
5（左上）──ゼセッション館（オルブリヒ）
6（左下）──最初の日本旅行でライトが撮った写真の1枚
引用出典＝ケヴィン・ニュート『フランク・ロイド・ライトと日本文化』
（大木順子訳、鹿島出版会、1997）

代表作の写真乾板や図面も詰まっていた。だんだんと疼いてきたライトは、ウィーンにオルブリヒ(Joseph M. Olbrich, 1867–1908)の作品を訪ねる。一九〇九年のことだ。

ウィーンの分離派(Die SEZESSION)は、アール・ヌーヴォーの次の表現を確立し、アール・ヌーヴォーにつないだことで知られる。大巨匠O・ワグナーの弟子たちが、画家(クリムト)や彫刻家(ファントフ)をも巻きこんで始めた、それこそ「運動」だった。やがて、ドイツ・エッセン領の大公ルドウィッヒの庇護をうけ、自前のパヴィリオンさえもって活動の基盤とする。ゼセッション館(オルブリヒ担当、一八九七)がそれだ。当然のことだが、ジャーナリズムを通じて、ライトも、これを知っていた。そうでなければユニティ教会(一九〇六、オークパーク)はありえまい。象牙色の大理石を打放しコンクリートにかえ、四隅に階段室をとってコーナーを開口、段階をもうひとつ進めたのである[★三——平面型建築論の隘路]。ほどなくベルリンのヴァスムート社によって作品集と大規模な展示との準備は始まる(ライト自身は、ハーヴァード大に交換教授として来ていたクノ・フランケの介在を説いている)。のみならず、アムステルダムのベルラーへによって、同地にも展示は回っていく。ここに、リートフェルも、ドゥースブルグも、モンドリアンも、そして、すでにベルリンで展示を見たミース(Mies van der Rohe, 1886–1969)もいた。

第一次大戦(一九一四—一七)の終結をまって、構成主義は立上り、一方、ミースはこの期間をレンガとコンクリートとの田園住宅のスタディについやしている。流動する空間の第二幕は、ここに準備されたのである。

本国では、中西部のひとりの建築家にすぎなかったライトだ。その地でも破廉恥問題をひき起こして、居場所を失った。だが、ヨーロッパでは前例のない大評価をうけ、輝くヴァスムート版作品集(上・下、初版一九一〇)を得て、ライトは国に帰っている。

大いなる凱旋だ。ここまでを意図して、まさかヴェネツィアに逃げたライトでもなかろう。だが、前途は苦悩にみちたものとなっていく。

45 Trocken Bau

Period of the "MASS" was began

「量」の時代が始まった

はじめての「産業革命」は英国に起こったことは周知の通りだ。その期間は、一七五〇年頃から一八五〇年頃までの一〇〇年間とされている。二代目ダービーが木炭に代わってコークスを燃やして鉄鉱石から銑鉄を得ることに成功してから、シーメンス(独)、ベッセマー(仏)法によって鋼鉄(steel)をいっきに得られるようになるまでの一〇〇年間だ。鉄鉱石も石炭も英国にとっては国内産の素材だった。そのうえ、自由主義経済の実験場となった社会の活性が時代を大きく動かしてゆくことになる。

鉱山の排水ポンプの動力として実用化された蒸気機関は、この期間に産業動力となって機械生産方式を生み、鉄道という運搬手段にも、汽船という季節風に左右されない交易手段にも展開している。最初の人口爆発にみまわれた英国は、ますます生産規模を拡大させていく労働力にも消費力にも恵まれ、あと半世紀にわたって「世界の工場」の名をほしいままとする。

つまり、生産と消費との圧倒的拡大は、いままでにない工場と、いままでにない売場もまた必要とする。これもまた鉄材をもって、はじめて可能となるのだが、まずは、この大成功のお祭り――博覧会――の会場設営方法として、鉄材による架構はエポックを画すことになる。少しずつ論じてきた通りだ。

こうした「先進国」の登場は、他方に「中進国」や「後進国」も生む。その民衆の願望は貧困からの離脱だろうが、それを阻むのが圧政と政商の跋扈（ばっこ＝のさばり）だ。向かうところは革命、その理論装備が社会主義だった。資本主義（自由主義経済）批判をこととすることは周知の通りだ。

だが、たとえば英国は、すでに実利に即して弱者救済に向かい、修正資本主義への途をたどっている。中進国もまた革命を恐れて、これを見習わざるをえない［★四――H・ムテジウスとドイツの英国学習］。大戦終結後一〇年めの一九二七年には、相異なるふたつの方法で、その実現をみている。

ウィーン（オーストリア共和国）には、名高い市営住宅、カール・マルクスホフが完成した。同市は一三年以来、年間五〇〇〇戸の公営住宅建設を目標にした。ここでは、一キロ以上に連続する一棟に、一拠に一三八二戸を収容、四本の公道がトンネル状に足元を抜けていく。つまり「団地」ではない。六層に積まれた住戸の最上階に、さらに洗濯場も重ねられた。組積造だった。ために、棟中央に下階では厚さ二メートルにもなんなんとする耐力壁を積み、その両側に、比較的開口部に恵まれた住戸を作りえている。設計者K・エーンの苦心のたまものだった。だが、必然的に中庭型の古くからのプロットにも従っているのである。

衛生的で公平的な住戸を軽費であがなおうとするのが、公営住宅の使命だ。地価の安い郊外を大量交通機関で都市中央に結んだうえで、どう効率的にそれを果たせるのか、シュツットガルト市（ドイツ共和国）はドイツ工作連盟（DWB）に協力をあおいだ。半官半民の戦後復興団体だったが、副会長自身のプロデュースによって、ワイセンホフ・ジードルンクが完成したのも同じ二七年だった。

副会長とは他ならぬミースだ。この課題を、建設の工業化という見通しのなかで実現しようとした。当時のドイツ経済はすでに回復、最先端の工業力に達しようとしている。T・フィッシャー以来の団地《ジードルンク》という意識を明確にもち、各棟を気鋭の近代建築家の設計に分けてゆだねて、工業化の実を競わせた。

そのテーマに即してみると、なかでもミース棟は出色だ。純粋な鉄骨のスケルトンを組み、三層の階段室型フラットをつくった。開口方向で四メートルと五メートルのスパンをバラまき、フロンテージ八メートル（四＋四）、九メートル（四＋五）、一二メートル（四＋四＋四）、一三メートル（四＋五＋四）、一四メートル（四＋五＋五）の五種類の住戸のヴァラエティを実現している。外部と戸境とは絶熱性の中空ブロックを開発して画す一方、戸内ではコーナーだけに方立《ほうだて》をたてて、合板やボードを天井と床にビス止めして間仕切りし工業化の実をあげた。ちなみに、棟の奥行きは一〇メートルであった。

この大展開の裏に、実は罠がひそんでいることが、日本人ならばわかる。

CGS単位制は、そもそもナポレオンがつくったものだ。大陸諸国はナポレオンに制圧され、これに染めあげられて近代をむかえる。一メートルとはもともと赤道の長さの四〇〇〇万分の一、科学の計測には便利きわまりないが、人体寸法とは無縁だ［★五――近代科学とCGS単位制］。たまたまベッドのサイズは一メートル×二メートルでちょうどよかったものの、天井の高さは二メートルでは低すぎ、三メートルでは住居にあって高すぎる。といって二・五メートルにどれだけ普遍性があるのか、何人にも判然とはしまい。その後の四半世紀をル・コルビュジエが「モデュロール」の措定についやした訳が、ここにあることは明らかだった。

工業化社会は必然的に人口爆発を生むという論議はすでにしている。それぞれの社会にとって、あふれかえる民衆をどう遇するのか、これも工業化によって達成するほかはない。それが、鉄骨や鉄筋コンクリートによる骨組構造と不可分の関係にあることだけは確実だ。すでに世界一の技術力を持とうとしていたドイツは、この課題をトロッケンバウ（Trocken Bau＝乾式構造）とよんだ。つまり、線状の構造体を、どんな面状材でどうふさぐのか、という課題だ。いうまでもないが、線——面——空間という工業化段階があろう。実は、空間の工業化の所産まで車輌としてすでに存在するのである。いま「国民車」の大量生産がはじまろうとしている。気はあせらざるをえまい。

しかし、それ以前にもっと大きな課題が潜伏していた。

年代はすこし戻るが、ベーレンスのAEGタービン工場（一九〇七）に続く大胆なカーテンウォールはファグス靴工場で実現される。W・グロピウスによるものだ（一九一一、A・マイヤーと共同）。細身RCの骨組と壁との混構造、そして息をのむような巨大なガラス壁……。しかし、そのガラス壁の寸法表をみて、私は愕然とした（山口廣『近代建築史年表』建築ジャーナリズム研究所、一九六八）。古典古代の列柱配列寸法にならって、エントランスのある端部からのビスタにしたがって、そのマリオン間隔は寸法調整されていた（！）。

オーダー（列柱）の間隔を柱の太さの倍数（ビット）によって説いたのはL・B・アルベルティ（『建築十書』一四八五）だった。つまり、組積造体系によって解釈された柱——架構造にほかならない。つまり、面々寸法によって解析された芯々寸法体系、というような意味だ。ことのおもむくところ、この建物は面々寸法体系で設計されているのではないか、と疑われる。

芯々寸法制にかぎらず、モダニズムそのものがコンセプチュアルだ。そもそも、見掛けは二次的以下であろう。余計なもの言いになるが、グロピウスという人は、最後まで、そういう人物であった。

だとすれば、ワイセンホフ・ジードルンクにあって、ミース棟の芯々制はいかにしてもたらされたのか。

一九二二年といわれる「コンクリートのオフィスビル」案にRCラーメン構造のリアリズムをとことん追求しえたミースだ。その炯眼が芯々制寸法体系に行きついていて当然、といえるかもしれない。第一、柱や梁を「線」に抽象しえないか

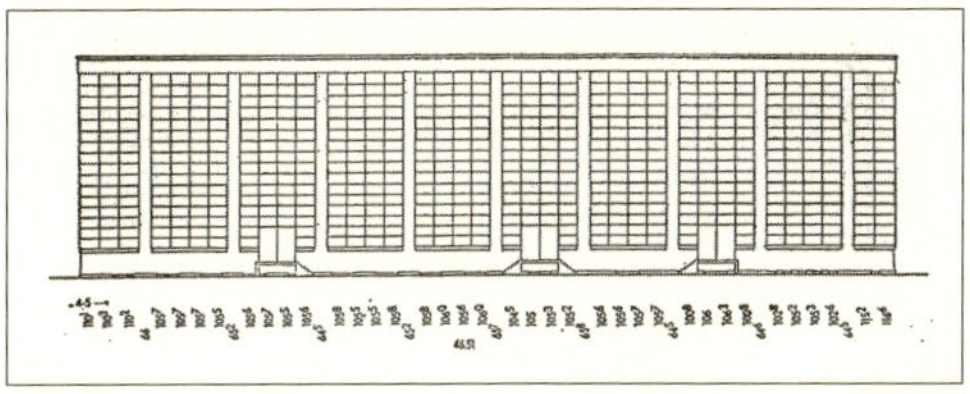

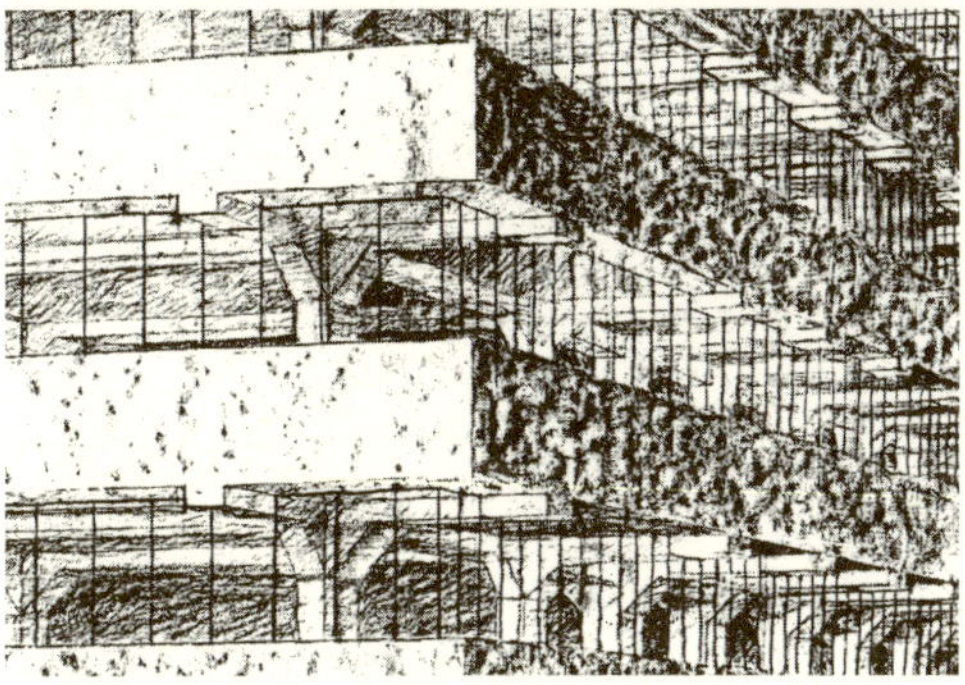

7——ファグス靴工場のガラス壁の寸法割図
引用出典＝山口廣『解説・近代建築史年表——1750–1959』（建築ジャーナリズム研究所、1968）
8——コンクリートのオフィスビル案（ミース）。エントランス部で階段と列柱をみせているのは、古典主義というより、1階の下に半地階をとる当時の一般的な建築法によろう
9——同上部分。ラーメン架構に由来するハンチが明確に描かれ、片持梁端部もわざわざ見せたデザインになっている
8、9引用出典＝images.lib.ncsu.edu

ぎり、「構面」の強度計算もありえまい。それこそが、芯々制の理論的根拠のひとつだ。

とはいえ、その翌年（一九二三）、はるかに日本では関東大震災が発生している。第一期工事を終えて片肺営業を始めていた帝国ホテルは、しかし、雄々しく生き残った。

46 Form Follows Function

Autonomy of the architectural structure: the bridge of "fuction" and "form"

構造の自律こそ「後期近代建築」への鍵

ライトがどのような経過から東京に帝国ホテルを建てるにいたったのか、諸説に分かれる。

ライト自身は、日本を代表する帝都のホテルがどうあるべきか、支配人・林愛作が世界を行脚してタリアセンを訪れるにいたったと自伝に書いた。一九一五年、林の一行はたしかにタリアセンに一週間滞在したが、これは表敬訪問にすぎず、実は一三年にライトは日本を訪れて依頼をうけていた、と説くのは**E・ターフェル**だ（谷川正己＋谷川睦子訳『知られざるフランク・ロイド・ライト』鹿島出版会、一九九二）。

ターフェル説では、武田五一がライトの推薦者だったことがほのめかされ、その出会いは最初の訪日の折（一九〇五）とされている。前段はありうることだが、たんなる観光客になぜ武田がめぐり合うのか――。おそらくはヴァストーム版作品集（一九一〇）なしにはすべてはありえまい。じつさい、海賊版に近い（当時、国際的な版権協定は不整備のうえ、日本が加盟するのは一九五〇年代最後半）刊行だろうが、日本版も後を追っている。あたかも洪洋社創立とも時期は重なる。武田の深い関与も想像されるのである。ターフェルの説く「武田から送られた一五枚の浮世絵」とは、この時の版権相当品だったのではあるまいか［★六――ライトにとっての浮世絵］。

さて、時をもどそう。

最初の訪日のとき、ライトが見ていたのは深い軒の出ばかりではなかろう。おそらく極東旅行以前の設計だったろう**D・マーチン邸**（バッファロー）と、直後の設計のクーンレイ邸（リヴァサイド）とを比較しよう。同じような広大な敷地に散在する分棟構成だが、前者は組積造、後者は木造だ。後者のプランには、四呎×五呎と思われる平面格子が補助線として描かれ、その交点に柱を配し、壁をたてている。ライトは、グリッドプランニングという方法を、日本建築から読みとってきたことは明らかなのである。ライト前半期（草原住宅時代）の代表作であるロビー邸も、グリッドプランニングを、いかに組積造にも持ち込めるのか、試行の末の作であることは、平面と立面との律儀な整合をみても明らかであろう。**"Dampfer Architektur"**（汽船建築）とヨーロッパでいわれた「姿」だけに近代性があったのではあるまい。

ここまでが、ヴァスムート版作品集におさめられたライト建築にほかならない。これをどう読み込むのか、それもまた第一次世界大戦（一九一四―一七）以後の、モダンデザインの動向を決する大きな要因となったことが、はるかに後で明らかになる。

一方、ライトは帝国ホテルの設計・監理に忙殺されて、この期間をすごすことになる。大戦にほとんど関与しなかった太平洋国家・両国の幸運がもたらした事情だったのかもしれない。一九一五年から二二年にわたって、ライトは六回、日本に長期滞在する。この間、自由学園明日館、山邑邸、小田原ホテル案など数々の計画も同時併行している。これを支えたのは、遠藤新をはじめとする日本側スタッフだ。彼らに所与として刷り込まれているグリッドプランニング体質を、ライトはどう見ていたのであろうか——。

不思議なことに、ライトは後退していく。一〇年を越える長いスランプ期に入って、シンドラーやノイトラたち、弟子の世代に追い抜かれていくのである。折からアメリカ経済は大恐慌に突入、世界中を巻き込み、五年を費やしても本格的な出口はまだ見えない。ライトの窮状を見かねて手を差しのべた人たちが何人かいた。ミルウォーキーの工務店主も、ごく小さなローコスト住宅をタリアセンに持ち込む（ジェーコブス邸、一九三七）。使用人なしの二寝室住宅をどう安くつくるか、大恐慌後に開かれようとするアメリカ市民社会に、正面から取り組むことになった。ここに登場したのが、合板などの工業産品（建材）の規格などと関連しながらの建築計画の軸となったのが新たなグリッドプランニングだった。四呎×五呎三寸のグリッドが採用されて、その後の「ユーソニアン・ハウス」が展開している［★七——ユーソニアン・ハウスの条件］。

これは、時をおかずにジョンソンワックス本社屋（一九三六—三九、ラシーン）にも展開する。これは破天荒な建物だ。ＲＣ造の大規模建物にふさわしく二〇呎×二〇呎（六・一メートル×六・一メートル）グリッドにしたがい、傘状のマシュルーム構造体（ＲＣ造）が林立する。これだけが建物の主要要素だ。あとはベアリング・ウォール（11節参照）が外周を囲い、傘と傘との間、それと傘よりも低い外周壁との間を、なんと細いガラス管多数で埋めて屋根にしていくというものだ。

あたかもグリッドプランニングの化身だ。それだけではない。構造体のデザインこそ、これからの「建築」デザインにほかならない、そのことを実証したのである。かつて、構造とは意匠の下地にすぎなかった。西欧社会にとって、「意匠」とはアルベルティ（前出）以来綿々と引きつがれた「比例」とフェネストレーション（窓割術）の美学だ。黄金分割や黄金比に示される通りなのだ。「ドミノ」（一九一四）以来のル・コルビュジエさえ、その例外ではなかった。組積造から骨組構造に展開する産業構造の転換のなかで、新たな「建築」概念の構築は求められるべくして求められたのである。ライトにとって、おそらく、これは日本建築学習の卒業制作のようなものだったのでは

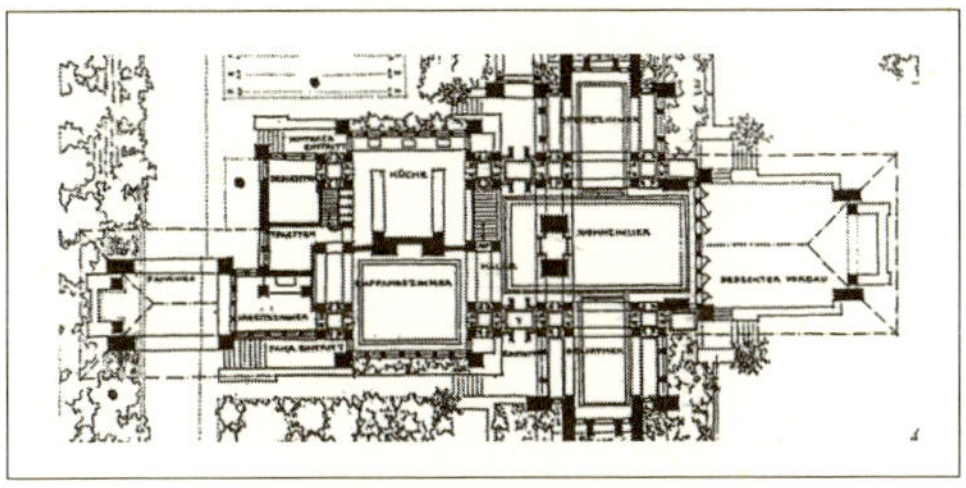

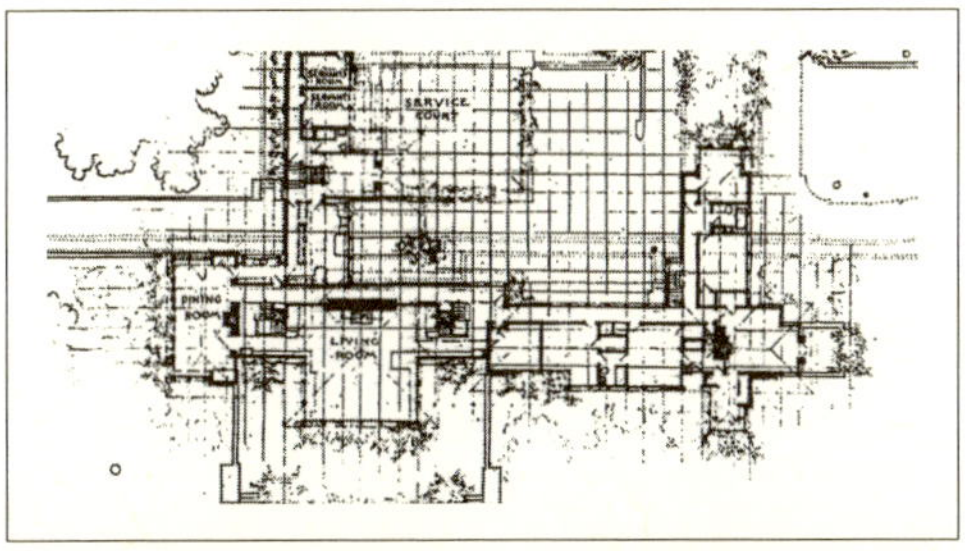

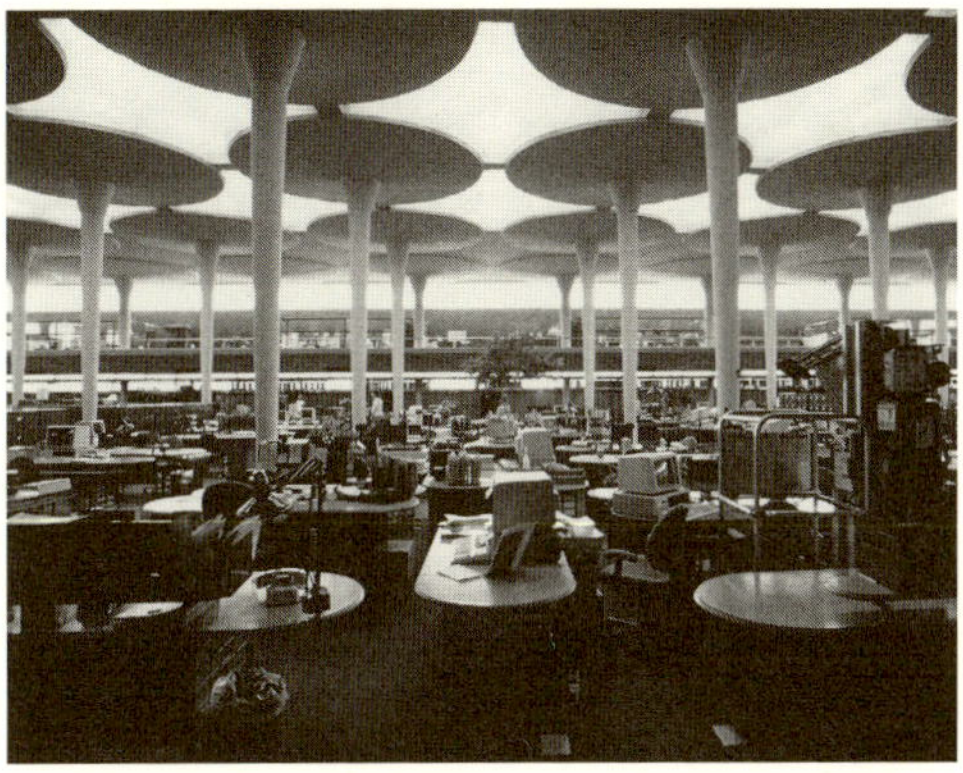

10——D・マーチン邸（1904）
引用出典＝Frank Lloyd Wright: The Early Work, Horizon Press, 1968.
11——クーンレイ邸（1908）
引用出典＝Frank Lloyd Wright to 1910, Reinhold, 1958.
12——ジョンソンワックス本社屋（1937）

ないか。あるいは、「Form Follows Function」と言って「シカゴ派」を総括した師サリバンへの、終生の貢上供養だったのではあるまいか。できてしまった建物を「形は機能にしたがう」と説明することはやさしい（“Kinder Garten Chats,” 1904.）。しかし、この名句をもってして、建物をつくることは不可能だ。一九二〇年代以後の世界の近代建築家あるいはデザイナー一般は、独り歩きしたこの名句に、翻弄されつづけた。そもそも次元の異なりすぎる「機能」と「形態」との間を、何かが架橋することなしに、名句は、創作の原理とはなりえなかったのである。

「構造」の自律こそ、その架橋たりえた。

とはいえ、そのパイオニアはミースだ（コンクリートのオフィスビル計画、一九二二）。ついでル・コルビュジエが「ソヴィエト宮」コンペ案を提示（一九三一）。そして、スイス学生会館に、構造を造形化した人工地盤としてのピロティを実現するのである（一九三二）。

さて、本家日本だが、「エラスティック・アーチ」としてRCラーメン構造の本質を認識するに至るのが一九一四年（後藤慶二「鉄筋コンクリートに於ける建築様式の動機」『現代之建築』創刊号、撓《たわみ》角法解析の始まりを画す、藤井正一郎＋山口廣編著『日本建築宣言文集』彰国社、一九七三）、吉田鉄郎がラーメン構造の柱梁型をあらわし、サッシを通り芯に収めた名作・東京中央郵便局を完成させるのが一九三一年のことだった。

まさに、横一線に並んだ後期近代建築への構図だ。だが、ここに立ち塞がったのが第二次世界大戦だったのである。

47 Less is More

高度消費社会にとっての「合理」

“Reasonable” in the “Mass cosumption society”

ミースがナチをのがれてアメリカに亡命したのは一九三八年のことだ。

前年、短いアメリカ旅行があった。事情はD・スペースの記述にくわしい（デイヴィッド・スペース『ミース・ファン・デル・ローエ』平野哲行訳、SD選書、一九八八、K・フランプトン他『ミース再考―その今日的意味』澤村明＋EAT訳、SDライブラリー、一九九二）。ハーヴァード大がポストを用意して招聘にあたっていた。だが、グロピウスが先に応じる。あわてたP・ジョンソンが急遽クライアントを用意、設計打合わせと敷地調査を口実にミースをアメリカに招いた。そのミースに声をかけてきたのは、シカゴだった。かつての「シカゴ派」重鎮W・ホラバードの子息J・ホラバードはアーマー工大（シカゴ）の建築部門ディーンの任にあったが、その含意は、地盤沈下いちじるしいシカゴそのものの再興にほかならない。世界最大といわれた屠場跡地の都市再興開発を軸に、アーマー工大とルイス大との合併、そして一大新キャンパス建設とをすえた。その目玉にミースは是が非でも必要だった。身近なライトは、その性格が知られていたうえ、当時、南フロリダ大学のキャンパス建設に夢中だったのである。

一方、ヨーロッパ情勢は緊迫していた。三七年の「日独伊三国防共協定」、三八年「ミュンヘン会談」（ヒトラー、ムッソリーニ、チェンバレンらによる）とつづき、三九年「独ソ不可侵条約」となる。ヒトラーの侵攻は誰がみても目前にあった。ギリギリのタイミングでモダニズムの中心軸は新大陸に移転し、それもまた「世界大戦」のアメリカ（連合軍）側の正統性を担保しようとしている。結果として「漁夫の利」をアメリカは得たのである（このことをトム・ウルフは見誤った。『バウハウスからマイホームまで』［諸岡敏行訳、晶文社、一九八三］）。

　シカゴ派（★二参照）のシカゴ、その再開発のキーマンたるとは、なんと宿命的なことなのであろう。ライトは「ユーソニアン住宅」をもって豊かな市民社会の住宅像を措定したが、さて、豊かな市民社会――高度消費社会――にとっての一般建築像とは何か。ここに、千両役者ミースの出番

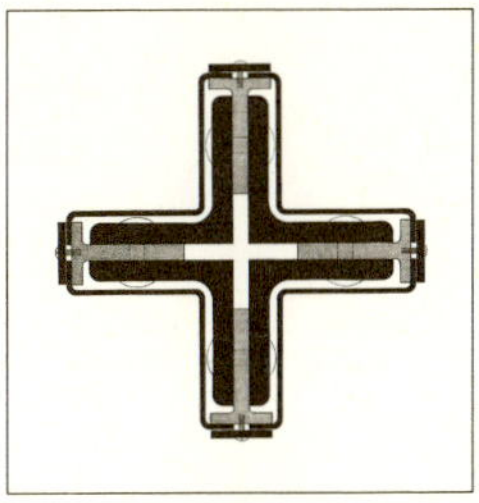

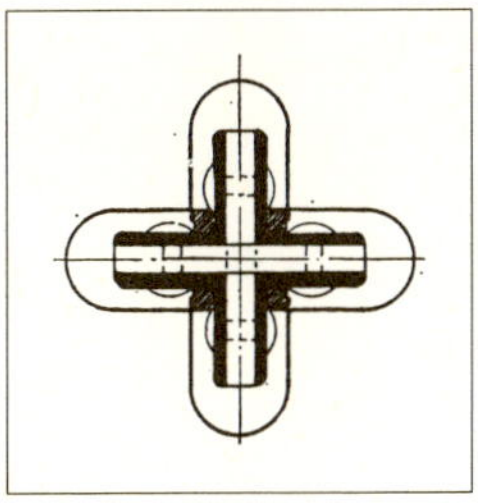

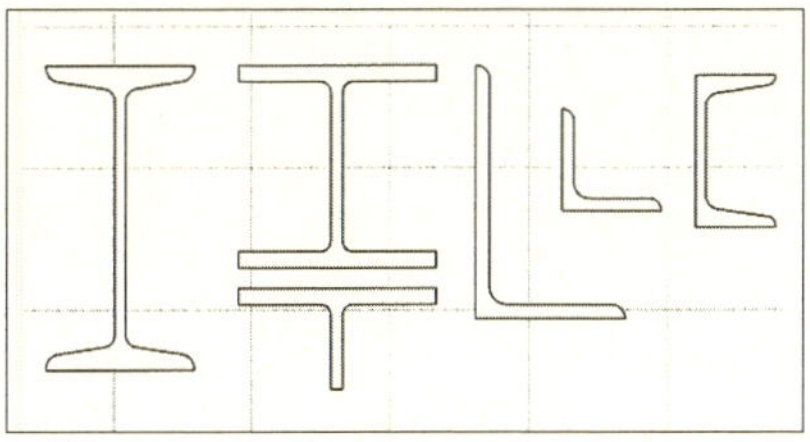

13（左上）――バルセロナ博ドイツ館のスターコラム
14（左下）――チューゲントハット邸のスターコラム
ともに太く黒く見えるのが等辺山形鋼
13、14引用出典＝『建築』1969年10月号
15――重量型鋼のいろいろ。左からI形鋼、H形鋼（中幅）、CT形鋼（H形鋼の半分）、不等辺山形鋼、等辺山形鋼、溝形鋼（チャンネル）。ほかにも色々なサイズがあるが、材厚4mm以上のものを重量型鋼という
引用出典＝JIS規格鉄骨ファイル

を得た。それを得ずして、この社会段階はどういう自己表示をもちえたのであろう。

　例えばだが、バルセロナ博ドイツ館（一九二九）にあって、クロームメッキ化粧板（真鍮）を巻いた十字型の柱（スターコラム）について、いろいろが言われすぎている。当時、ドイツにあってさえ型鋼は、アングル（山形鋼）とT字鋼しかあるまい（ともにパラレルフランジではなく、造船用の球平鋼もあったかなかったか――）。フラットバーをはさんでアングル四片をリベット止めし、全体を化粧板で被うというのは、しごく当然の処置だ。そうでないと、P・シャローのようになる（ガラスの家、一九三一。荷重条件も異なるが諸材を合成してH型にしている。ために無骨なビス止めの行列となって味気ない）。型鋼のミミ（耳）が丸いのは、もともと型抜きの利便が要因のはずだ。だが、最初は造船用だったI型鋼が建築資材として多用され、広幅材が求められていく過程でH型鋼が登場している。その背景には大戦後のアメリカでの民需の拡大と人件費の高騰とがあろう。型鋼の（断面性能における）弱軸と強軸のアンバランス是正のために、ミミが直角のパラレルフランジ材が生まれた。まさに高度消費社会の産物だが、そのスマートネスをミースは見逃さなかった。

　たとえばファンズワース邸（一九四九―五一）では、むしろ審美的なサイズできめた柱や梁を、現場で全周溶接し、その痕跡をあくなく削りとり、削り跡まで消すことをねらって鉄骨ぜんぶをサンドブラストしている。生田勉は、かつて「箪笥職人が桐材を磨きあげるように」「舌なめずりせんばかり」（「鋼・シカゴ・ミース」『講座近代思想史　第八巻　疎外の時代（二）』金子武蔵・大塚久雄編、弘文堂、一九五九）と書いた。バルセロナ博やチューゲントハット邸と同質の扱いだが、真壁の鉄骨造で（こともあろうに）実験住宅をつくるのだとすれば、実は、誰でもがやりたいところなのではないか。

　RCラーメンの場合、経済スパンは五〇m²程度の架構単位とされる。一〇センチ角ほどの柱による木造架構では、それは一〇m²程度であろう。さて、鉄骨ではどうか。その中間にリアリティがあると思われる。この場合、一〇センチ×二〇センチ程度のH型鋼を柱材に使うのだろうが、強軸（二〇センチ）は一枚積みのレンガ自立壁（二一センチ厚）に簡単に隠れ、七五ミリ見込ほどのごく普通のサッシをフランジにつければ方立（マリオン）と方立との間に一〇センチの弱軸が見えるだけだ。これを内側からみても、サッシ方立の力骨程度だ。つまり、真壁にしても構造表現とは程遠い。日本建築が一〇センチ角の柱でできていることも、鉄鋼造ではとうてい望みえない。

　ミースの場合、ワイセンホフ・ジードルンクでは構造表現は思いもよらず、バルセロナ博や

チューゲントハット邸では独立柱によって、これを表現している。外から見ては、何造（なにぞう）なのかもわかるまい。いよいよ型鋼の時代にのぞんで、しかもアメリカだけが商品化した大断面型鋼をもって、鉄骨造による真壁は可能と、ミースは判断したのである。しかし、何人も手をつけたことのない苦行だ。「ディテールのなかに神様は住んでいらっしゃる」とは、この立場の表明にほかならない。IITキャンパスは、あたかも、その実験場となった。

キャンパス全体に二四呎×二四呎（七・三メートル角）の基準格子をくまなく展開、構造――建物――敷地――地域をひとつの秩序のなかにネジ伏せている。バルセロナ博以後のミースの平面はしばしば床格子が描かれた。だが、これは敷石の目地のようだ（ミースはトラバーチンの床を好んだ）。

16――エズラ・ストゥラの撮った
クラウンホール（左）の大梁とアルミニ
ホール（右）のコーナー｜引用出典＝『建築』
17――とある日本の民家（下）。
三陸リアス鉄道、戸板海岸駅近くで｜筆者撮影

キャンパス構想は一九三九年のものだが、同じ年に完成しているジョンソンワックス本社屋が大きく影を落していよう。次いで最初期のトライアルが冶金・工業化学棟だ（一九四三）。大規模校舎であり、半地階を数えれば三階になる。必然的に対火被覆が求められた結果、小奇麗にまとまったメタリックデザインという域を出ない。ミース側の態勢も不備、ホラバード＆ルート（二代目コンビ）の支援で建ったことからも推して知るべしだった。その後、アルミニホール（同窓会館、一九四六）を経て、クラウンホール（建築部門棟、一九五六）に辿りついている。五グリッド一二〇呎（四〇メートル）を一気にとばす大梁四本をかけ、この下端にグリッド（半割）に沿って直交する中梁をかけて屋根を葺き天井を貼った。言われているように吊り屋根ではない（大梁下端と陸屋根上端にスキマはとられているが、これは排水目的、外から見せてはいない）。中梁も大梁の弱軸性能を補っているのが大梁のスティフナー（補強材）のつき方でも判る。ル・コルビュジエのソヴィエト宮のHPアーチがミースの脳裡をよぎったのかもしれないが、むしろ、現実的即物的な検討を通じて浮上してきた解決策だったのではなかろうか。

そもそも、真壁造の建物の文明段階の展開がありえたのは、ユーラシア大陸の両端に限定されている。ドーヴァー海峡をはさむハーフティンバー建築と、東シナ海をはさむ軸組建築だけだ。なかでも、それを唯一の「建築」規範として多様な展開をたどったのは、日本だけだった。その成果を、文献的にでもミースが参照していないとすれば、そのほうが不思議だ。

「日本の前衛」展（一九九九―二〇〇〇、京都・水戸）によせて、D・ドランクはミースと日本建築との〈贔屓の引き倒し〉展示をした。だが、注目すべきはミースの処女作リール邸（一九〇七）の室内写真を見つけ出したことだった。ゴシック・リヴァイヴァルふうのロマンティックな外観はよく知られているが、そのなかに内法の下を障子ふうの格子建具が部屋の四周をめぐるプレーンなインテリア（ホール）が隠されていたのである。ドラ

ンクは、これを最初の師、ブルーノ・パウルの刷り込みではないかと説いた。別のことだが、マイレア邸（一九三九）の設計に際してアアルトが吉田鉄郎の『日本の住宅』をとり寄せたのも有名な逸話だ。そのヴァスムート版（一九三五、ベルリン）の刊行は、ミースのチューゲントハット邸までの仕事と、それ以後の真壁造とを分ける時期にあたろう。そして『日本の建築』（一九五二、ヴァスムート社は西独チュービンゲンに移っている）は、アルミニホールとクラウンホールとを分ける位置にあることも事実だ［★八――ミース以後の西欧における日本建築紹介］。

　ミースにとっての「ユニバーサル・スペース」論は、このような時期に、問いつめられるようにして吐かれた言説だった。

> 独立第一作からすでに、ミースの表現の控え目ぶりは明白である。この抑制が第一次世界大戦の勃発までの彼の作品の特徴となっており（…中略…）、大戦のきびしい試練を経て、彼は、芸術的にがらりと異なる情念的な展望で現れることになる。初期の古典［主義］的形成が残るものの、一方で構造的な形態の規律が、他方で近代的な「形態の意志」が、この後の彼の作品の個性となる緊張を与えて行く。

こう説くのは、K・フランプトンだ（「ミースの作品におけるモダニズムと伝統について――一九二〇年―一九六八年」『ミース再考』所収）。

　ミースにおける〈控え目ぶり〉あるいは〈抑制〉は、純粋な計画案にあって外れることはあっても（たとえば、ガラスの摩天楼やレンガの田園住宅）、実作にあっては途切れることなく続く基調低音だ。〈抑制〉とは〈恣意〉の対立概念にほかならない。常に根拠を自らに問い、その裏付けを得ることなしに、何事も先へすすめようとはしないのである。先へ進みえないとき、古典主義への依拠（退行）となろう。それが部分的なことも、全体を覆うこともある。ミースにあって、根拠はしばしば技術や工学への執着であり、去来する個人的なイメージ定着には、あえて豪華な素材をもってあてることによって、その担保を得ようとしている。

　この体質の同一性を、ミースが日本建築から読みとっていないはずはなかろう。付言すれば、時代に応じた規範と、〈抑制〉された恣意とのバランスこそ、日本文化の美学だと説きつづけてきたのが本編当初からの、いわば論旨だ。吉田鉄郎は『日本の建築』（ドイツ語版＝一九五二。薬師寺厚訳、SD選書、二〇〇三）のなかで次のように説いていた。

> 日本建築の形と色彩は全く単純で控え目である。合目的の美が特殊な装飾的な要素の付加なしに追求される。存在するのは構造的なものと一致している。これらの日本建築の本質的な特性は、結局また、日本人の本性である繊細でやさしい感受性、神道から由来する清純性の偏愛、儒教に影響された中庸の理想、仏教的、厭世的な、

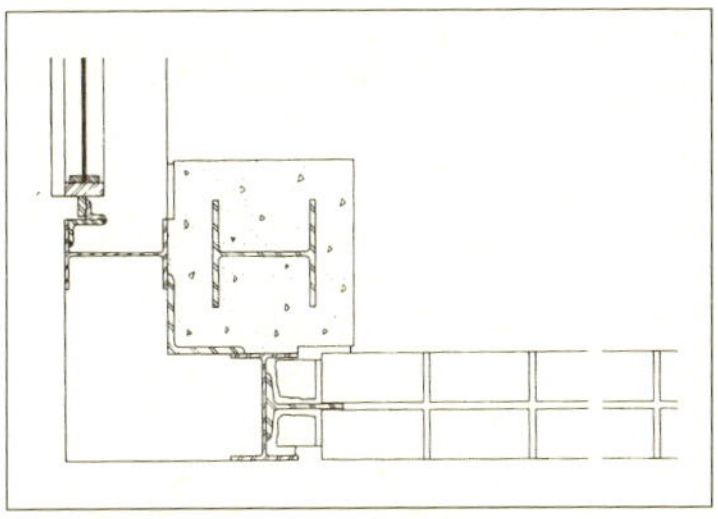

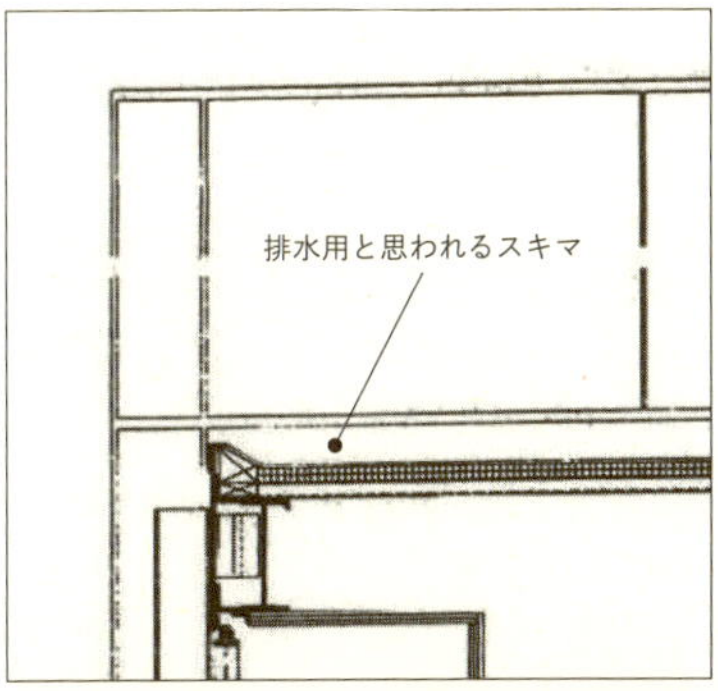

18――アルミニホールのコーナー部平面詳細
引用出典＝『ミース再考』
19――クラウンホール大梁・屋根・天井の詳細
引用出典＝studyblue.com
20――クラウンホールの大梁取付工事
引用出典＝tgphipps.tumblr.com

存在の無常をさとった人生観、として禅に影響された、非利己的な道徳の感情と密接な関係にある。

ミースの名句「**Less is More**（より少ないことはより多いこと）」は、いつ、どのような経緯で発せられたのか、ついに調べきれなかった。一方、「**Almost Nothingness**（ほとんど何もない）」とは、ことにバルセロナ博ドイツ館をめぐっての論議であって、「**Beinahe nichts**」が原語だ。似たようにみえる二つの名句だが、その認識の深度には大差があろう。むしろ虚無的にさえ見える戦前に対して、ない、あるいは最小限であることに新たな意義を見出しているのが戦後だ。これは、日本建築への理解なしに、何人もなしうることではない。

それどころか『風姿花伝』に世阿弥の説く「秘すればこそ花」の言い換えのようにさえ見えてくるのである。

付言すれば、「**Less is More**」を「最少の仮説に対する最大の帰結」「最少の投資に対する最大の利潤」、つまり根本原理だと解いたのは、生田勉だった（前掲書）。デカルトを祖とする近代思考のゆきつく果て、という意味だ。解釈は、まさに、その時代を反映しているのである。

48 Camp

Taking a manner from the modernity or modern itself

「近代」との距離のとり方

ここまで書きすすんで、さて、近代の盛期とはどこにあったのか、と改めて考えさせられる。

P・ケネディの『大国の興亡』（草思社、一九八八、同完全版一九九三）によせて、高坂正堯は「解説」をこころみ、一八六〇年代のイギリス、一八九〇年代のアメリカを挙げる。「経済的に発展していく過程で、軍事費にあまりカネをかけず、それゆえに発展できた国」なのだが、「しかし、こうした国々は、その五〇年後に優先順位（国費投入の）を変えることになった。発展が国家の利害関心を広めるからでもあろうし、成功して大きくなるための競争相手があらわれるからでもあろう」。

デザイン分野に、これを落してみると、アーツ&クラフツ期の英国と、シカゴ派時代のアメリカということになる。ともに、モダンデザインの源流であった。

一方、その競争相手とは、二度ともドイツだ。学芸を先導した文化国家であり、緻密な技術立国でありながら、軍国主義の興隆にもさいなまれ、二回ともの大敗を喫している。だが、不死鳥のように復活をとげた。

他方、第二次大戦の実質的戦勝国であるアメリカとソ連とは、時をおかず「冷戦」に突入していく。それにもかかわらず、アメリカの経済余力は一九五〇年代の大繁栄を画すことになる。言うまでもないが、ミースはこの時期を代表するフォームギバー（**Form-Giver**）にほかならない。

だが、それも長くは続かなかったことが、ケネディ大統領の就任演説（一九六〇）に明らかだ。「国家に何かを求めるのではなく、諸国民は国家のために何を寄与しうるか」が問われると説いた。

その一〇年後、ドル基軸に築かれた各国貨幣の固定相場制（ブレトン・ウッズ体制）は崩壊、フロート相場制のもとでドルの価値の下落は続いた。日本とドイツとの工業力が、アメリカの前に立ちふさがったのである。

実は高坂の「解説」では、「一八九〇年のアメリカ（そして今日の日本も）」となっていた。八〇年代に入って日本は**GNP**でもドイツを抜き、ソ連も抜き、地上の生産の一五パーセントを担うまでになった。一人当たり国民所得でも、スイス、スウェーデン、ルクセンブルグなどに並ぶ最富裕国になっていくのである。

本章では、日本文化がモダニズム形成にいかなる寄与をしてきたかを論じてきたが、いよいよ、その本場あるいは主戦場が、ほかならぬ日本で展開されることになった。めぐり、めぐってきたのである。

近代とは、一方で人権の認識の上に立つ時代であり、一方で工学、工業の時代だ。工業化による生産の拡大が民《たみ》一般の基本的人権を質実ともに担保しえたのである。すでに論じたように、工場制手工業にはじまり、軽工業期、重工業（タクト生産期、大量生産期）、電子工業（タクト生産期、大量生産期）をへて今日にいたっている。それぞれの段階で所をかえ、勝者をかえて、今日にいたっている［★九――工業発展段階と主導国］。

他方で、近代とは資本主義の時代でもある。「先進国」とは自然派生的に工業化の初期を達成した諸国であり、「中進国」とは国策によって、それに追いついた諸国だ。ドイツ、日本、北欧などがそれにあたる。そこまでが「列強」と数えられた。達成された以上、経済推進の主力は民間に移らざるをえない。だが、諸因から達成しえなかった国々は全体主義に走った。その一例が社会主義革命だった。民力を基礎にしないかぎり経済発展はありえない。その証明はやがてなされるのである。

しかし、そもそも資本とは限りない拡大を求めて自己運動もする。ことに先進国にあって、自国経済開発を終了し、他外競争力もにぶりだすと、海外投資がはじまり、やがてマネーゲームに走りだす。これに成功してパラダイスを築いた国もあれば（スイス、ベネルクス三国）、失敗した国々（イギリスなど）もあった。「国民性」といわれるような民一般の気質も作用するように見受けられる。

その国民性の由来を、宗教の問題として解明しようとした人に、M・ウェーバーがいた（『プロテスタンティズムの倫理と資本主義の精神』［一九〇四―〇五］）。だが、近世の西欧はいかに無頼漢の集団だったかは、やがて明らかになる（R・ホガート『読み書き能力の効用』一九五七、R・ミシェルブレッド『近代人の誕生』一九八八）。だが、同時代の日本人の勤勉と、その知性とはつとに知られるところだ。そのことと、人権という思想とは、吊り合って成立するのである。しかも、その底流に利他の前提があってこそだろう。吉田鉄郎さえ説いたところだ。吉田は禅にその源《みなもと》を求めたが、発生の地・南中国に、それが息づいていたとも、いるとも、思えない。禅の心は、日本人にめぐり合って花を咲かせたのである。

ホガートの説くように、読み書き能力は啓蒙（灯をもって闇をやぶること）の入口、国民国家の基盤だ。他面で、それは自己克服のツールを自ら持つということでもあろう。利他性とは、そういう意味であるはずだ。学歴が高くなれば、なおさらのことなのであろう。だが、事態はそのように展開しなかったことが、一九六八年に明らかになる。

前年、ヴェトナム戦争反対の大集会がワシントンで開かれたばかりだが、パリでは学制変革を求める大規模なデモが続き、この夏、ウッドストックの野に数万人を集めたロックコンサートが幾日にもわたって開かれ、東大や日大の紛争に端を発して長期にわたる大学紛争ともなった。この背後に、六六年にはじまった「文化大革命」が影をおとしていた。「造反有理」というテーゼが、まさか文化蓄積の根源的破壊だったと気付いた人は稀だった。

先進諸国の場合、高度消費社会は必然的に高学歴社会に向かった。つまり、大衆大学とはどのようなものか、その回答がせまられた。それと、その国家の学術・技術の強化とをどう両立させるのか、「国民皆兵」の前提にたつ国民国家（近代国家）は、いかにして国防を維持するのか、女子だけなぜ兵役をまぬがれるのか（だから、先進国の過半は憲法修正して徴兵をやめたが）――。などなど、ほとんど解決不能の大課題に直面する。「近代」

は、成功し、発展して、自己の理念の拡張の末に、その存立の基盤をゆるがすことになったのである。その成功は、ことに近代後半においては、かならずしも後進地域を餌食にして達成されたとはいいがたい。それだけに、課題の根は深いといえよう。同時に、「国家」という壁を取りはらうことが解決になるという主張も、いかに無謀か（文化なしに人類はありえない）、身にしみるほど明らかになった。つまり、存立の根を洗われている近代国家だが、その存続もまた現実には不可欠なのであろう。

ジャパノロジスト、D・キーン（43節参照）は、一九四〇年当時、まだコロンビア大の学生だったという。友人から中国語と、やがて日本語を習い出したばかりだった。通りがかったタイムズスクエアの古本屋に山積みされた『源氏物語』（A・ウェイリー訳）上下を四九セントで買って、読みふけっている。

私は『源氏物語』の世界と自分のいる世界を比べていた。物語のなかでは暴力に及ぶことがなかったし、そこには戦争がなかった。主人公の源氏は、ヨーロッパの叙事詩の主人公たちと違って、男が一〇人かかっても持ち上げられない巨石を持ち上げる腕力の強い男でもなければ、群がる敵の兵士を一人でなぎ倒したりする戦士でもなかった。また源氏は多くの情事を重ねるが、それはなにも（ドン・ファンのように）自分が征服した女たちのリストに新たな名前を書き加えることに興味があるからではなかった。

源氏は深い悲しみというものを知っていて、それは彼が政権を握ることに失敗したからではなくて、彼が人間であってこの世に生きることは避けようもなく悲しいことだからだった。

（「私と二〇世紀のクロニクル」⑦、角地幸男訳、読売新聞二〇〇六年二月二五日）

一九六〇年に入って、H・ローゼンバーグ（『新しいものの伝統』紀伊國屋書店、一九六五）やS・ソンタグ（『写真論』晶文社、一九七九）などが「CAMP」ということばを使ってモダンアートを論じだした。たとえばJ・ジョーンズは星条旗をわざわざ油絵で描き、A・ウォーホルはキャンベルスープ（アメリカではカップヌードルのようなもの）缶を真鍮鍛造し、モンロー像のシルクスクリーン刷りに浮身をやつした。用を果たすことを断って成立する純粋芸術（fine art）のさいごの姿がそこにあった。キッチュ（露悪的）という言葉では語りえないアイロニーが、あるいは深い絶望が、そこにただよっているからであろう。

ある意味では、蜜流るる地（38節参照）を実現した近代だが、そうなればなるほど、生きることの深い悲しみは、心にひろがるのである。

［了］

註

★一――『芸術の日本』特集一覧

［一八八八］――装飾における日本人の天分（ゴンス）／日本の建築①②（シャンピエ）／金銀細工師の仕事（ファリーズ）／四七士の一人が作った携帯用筆記具（ゴンクール）／日本の版画（デュレ）／北斎「漫画」①②（ルナン）

［一八八九］――刀（ビュルティ）／刀―脇差（同）／歴史における絵画の起源①②（ビング）／広重①②（アンダーソン）／日本の陶器①②（ビュルティ）／日本美術における詩歌の伝統①②（ブルクマン）

［一八九〇］――日本美術のなかの動物①②（ルナン）／光琳（ゴンス）／日本の演劇①②（ルクー）／日本の版画（ビング）／櫛（デュレ）／根付と置物①②（トロウァ）／ある日本の芝居①②（ルクー）／日本の風景画家①②（ジェフロウ）

★二――サリバンと「シカゴ派」

奴隷解放を公約したA・リンカーンが大統領に選任され、アメリカは南北戦争（一八六一―六五）に入った。このさなか、自作農園法が制定され、ミシシッピー河をミシガン湖につなぐ運河（五大湖相互も運河につながれセントローレンス水路を経て大西洋に出ら

1（左上）――ポスト、ウェスタンユニオン社屋（1875、N.Y.、東部「建築」型）
2（右上）――ジェンニィ、ホームインシュアランスビル（1885、最初期の摩天楼）
3（左中）――ホラバード&ローチ、タコマビル（1889、出窓採光の祖型）
4（右中）――ジェンニィ、第2ライタービル（1890、旧丸ビルの原型）
5（左下）――バーナム&ルート、モナドノックビル（1891、補強組積造）
6（右下）――サリバン、ギャランティビル（1895、バッファロー）

れた）、大陸横断鉄道も開通。東西南北交通の要衝としてシカゴは、西部大開拓の一大拠点に育っていく。それぱかりか開拓の成果たる各種の農耕・畜産の産物もシカゴに集められて加工され、缶詰にされて全米に出荷された。ホウレン草やコーンまで水煮缶詰となる。缶詰はナポレオン軍団の食料補給術としてはじまるが、広域食品産業に、ここで変身をとげた。これを支えたのは、民需を軸にピッツバーグに展開した製鉄関連企業群だった。いわゆる「コールドチェーン」のはるか以前のことなのである。当時のシカゴには、金融・保険・穀物・株式市場・流通・物販・通販・通信などのあらゆる近代産業が集まり、世界一の規模の急成長をとげるのである。

この急速な都市化を支えたのが、シカゴ派とよばれる建築家と技術家たちだった。シカゴ大火（一八七一）で旧状を一掃した市街地には、オーチス開発による乗用安全エレベーターをそなえた摩天楼（**skyscraper**）が建設され、「ビル型」建物の確立にいたった。すなわち、①耐火骨組をもち、②基準階（**typical floor**）平面からなり、③陸屋根で終わっている建物型のことをいう。ここに「建築」という意識が欠如していたために、建物（**building**）と自ら呼んだのである。

第一世代には最初の摩天楼をつくったといわれるウィリアム・ル・バロン・ジェンニィ（**W. le B. Jenny**、一八三二―一九〇七）、第二世代にホラバード&ローチ（**W. Holabird**、一八五四―一九二三）、バーナム&ルート（**D. Burnam**、一八四六―一九一二）があり、サリバンは第三世代にあたる。

なお、深刻な都市問題をかかえたアメリカ最初の都市がシカゴだったために、実学として都市社会学（シカゴ学派といわれる。R・E・パークほか『都市――人間生態学とコミュニティ論』［大道安次郎＋倉田和四生訳、鹿島出版会、一九七二］参照）も育ち、バーナムは有力なメンバーだった。シカゴ博は、その問題解決の実験場だったが、この時点で西部開発は一応の終結をみて、経済の原動力は工業開発に移り、ニューヨークの地位の急浮上を招いている。

★三――平面型建築論の隘路《あいろ》

ニュートの『フランク・ロイド・ライトと日本文化』では、その九章で「発想源としての日本―日本建築との類似点」が論じられる。ユニティ教会と日光大猷院廟の平面の類似からはじまり、モースの採集した東京の住宅平面とシュウォルツ邸の平面、五重塔とジョンソンワックス本社研究棟などが挙げられる。ほかにも、シカゴ博鳳凰堂とチェイニー邸とか、平等院と帝国ホテルとか、枚挙にいとまもなかろう。

贔屓の引き倒し、のように思えてならない。たとえばユニティ教会では、会堂と牧師館という構成だが、日光の廟は拝殿と本殿という構成、似ていてあたりまえだ。パルティ（partie 墨跡と訳されていた）という用語をもってボザールでは平面型を論じていた。これはパタン論にほかならない。「平面計画」をもって急激にすぎる社会の展開に対応してきたのが「近代建築」だったのである。同じ隘路にはまったのは、C・ロウ（「透明性——虚と実」）であり、コンテクチャリズム学派だったようにも思われる。建築史家の落とし穴のように見えるのである。

★四——H・ムテジウスとドイツの英国学習

第一次世界大戦後の日本の帝国政府が吉田鉄郎、谷口吉郎、山口文象などをドイツに派遣して近代技術の習得にあたらせたように、同大戦前のドイツも、さまざまな分野の有能な若い技術家を英国に派遣している。

H・ムテジウスは大使館付技官としてロンドンにあって、英国の住宅政策を立ち入って研究している。和平成立後、帰国したドイツは、すでにワイマール憲法下の共和制だったこともあり、学習の成果は『Das Englisher Haus』（一九〇四）として刊行されている。

英国では劣悪な住宅供給の規制は「公衆衛生法」（一八七五）からはじまり、最初の公営住宅（リヴァプール）は六九年に、王立救貧住宅建設委員会は八四年発足した。しかし、一般的な民衆の住宅像（公営）は、ハワードの田園都市（Garden City）構想に主導され、密度三〇戸／ha（一九一八）、隣棟間隔二一メートル（一九一九）が住宅法によって定められることになる。

ドイツでも、田園都市協会が一九〇二年に設立され、DWB（ドイツ工作連盟、一九〇七）の結成に結実している。詳しくは拙著『集合住宅原論の試み』（鹿島出版会、一九九八）の二章、一一章を参照されよ。

★五——近代科学とCGS単位制

ナポレオン三世は、ボザールとともにポリテクニクの設定者としても知られ、国立（王立）アカデミーの整備にもつくした。

一気圧（一〇七三ヘクトパスカル）下の純水一立方メートルを一トンと定義、長さ、広さ、重さ、かさの四度量衡を関連づけて統合することによって、さらに、この水温を四℃と定義（最少容積条件）、零℃で凍結、一〇〇℃で沸騰と定義、温度、圧力とも統合、そして湿度（一気圧下における飽和水蒸気量に対する比率）、電磁波の波長（ヘルツ）、電磁波強度（ルックス、ボルト）、電磁波仕事量（ワット）、電磁抵抗値（オーム）などなどの今日につらなるISO規格の基盤をつくっている。

ただし、これは地球という特定のプラネット（惑星）を前提にするものであって、やがて、宇宙規模に人知が拡がるとき、かならずしも有効でないことは、アインシュタイン以後明らかになっている。あたかもグレゴリオ暦（21節註）と似ているところがある。また、馬力、海哩、ノット、バーレルなど英米系慣習度量衡も、領域によっては健在でもある。

★六——ライトにとっての浮世絵

ライトは慢性的な金欠病にみまわれていたと説いたのは、P・ブレーク（"Master Builders," 1962.）だが、浮世絵はライトにとっては現金のようなもの、クリスマスなど何かある度に、金庫から出して一筆かきそえ、スタッフに贈っていた。ただし人物画がほとんどだったという。風景画や名所絵はライト自身の大切なコレクション、パースペクティヴの描法の資料でもあった。

ライトのパース描法から見るかぎり、最初の極東旅行（一九〇五）で少量の浮世絵を求め、初来日時に武田吾一から価値ある一五枚ほどを贈られ、その後は旅行の折りに貨車一台ほどの美術品を買い集めてきた。帝国ホテルの実施にともなって、その後、毎年のように日本に通っているが、それぞれの折に浮世絵の補給がなされたものであろう。

★七——ユーソニアン・ハウスの条件

ミシガン州立大が教員用集団住宅をライトに依頼（一九三七）、ユーソニアン住宅像は、この機会に明らかになった、と考えられる。

①合板サイズの規格グリッドにのせた平面計画、②私室を集めてバスルームを一カ所に絞り、一方広く開放的なリビングルームに昼の生活をまとめた間取り、③慣習的な地下室のユーティリティを廃してキッチンの機能拡大をはかった（ワークショップ）、④構造的なコアとして組積造の暖炉もひとつ残しながら温水セントラル床暖房、⑤合板を水平貼りにし、アスファルトを積んで勾配をとって排水するフラットルーフ、⑥使用人室なし、⑦屋根だけのカーポート、などを挙げることができる。すなわち、戦後型のアメリカ市民住宅の原型となるもの、元祖カリフォルニア型（ケース

スタディ住宅）だった。

　大学は連邦政府に補助金借入れを申請したが「壁は屋根を支えることができず、床暖房は非実用的であり、その突飛なデザインは後に売却」もできず、として拒まれている。だが、何人かの教授は自費でライトに建ててもらって、最初期のユーソニアン住宅のオーナーとなった。

　ちなみに、ライトは東京の林愛作邸の「朝鮮の間」ではじめて温突《オンドル》の快感を知って、日本の冬にも心なごまされている。その後、いろいろと試みて温水方式にいきついた。一方、レーモンドは温風方式を試み、吉村順三に継承された。そのはるか後で葉山成三によって、その原理は解き明かされ、温水方式に軍配が上がるのである（第三章参照）。

★八——モース以後の西洋における日本建築紹介
具合のいいことに、吉田鉄郎『日本の建築』の巻頭に、参考文献が列挙され、欧米における日本建築紹介のリストになっている。

・（シャンピエ「日本の建築」『芸術の日本』パリ、一八八八」★一参照）
・J. Brinckmann, Kunst und Handwerk in Japan（日本の美術と工芸）, Berlin, 1889.
・F. Balzer, Das Japanische Haus. Eine bautechnische Studies（日本の家——建築術研究）, Berlin, 1905.
・F. Balzer, Die Architektur der kultbauten Japans（工作文化の建築・日本）, Berlin, 1907.
・O. Kümmel, "Japanische Baukunst,"（日本建築）in Wasmuth Lexikon der Baukunst, Berlin, 1929.
・A. Berliner, "Die Teekultur in Japan（日本における茶道文化）, Japan-Bibliothek," in Asia Major ①, Leipzig, 1930.
・藤井厚二『Japnese Dwelling House』Tokyo, 1930.
・岸田日出刀『Japanese Architecture』Touris Library ⑦, Tokyo, 1935. など

　吉田の『日本の住宅』が刊行される一九三五年までをリストした。この後、タウトの二書が東京で刊行されている。英語圏での刊行が意外に少なかったのに驚かされる。日独伊防共協定にいたる伏線だったのであるまい。当時、ドイツの学術は世界をリードしていた。たとえば、CIAMのレポートに英語が登場するのは、アテネ宣言（一九三四）以後だった。

★九——工業発展段階と主導国
左図参照。

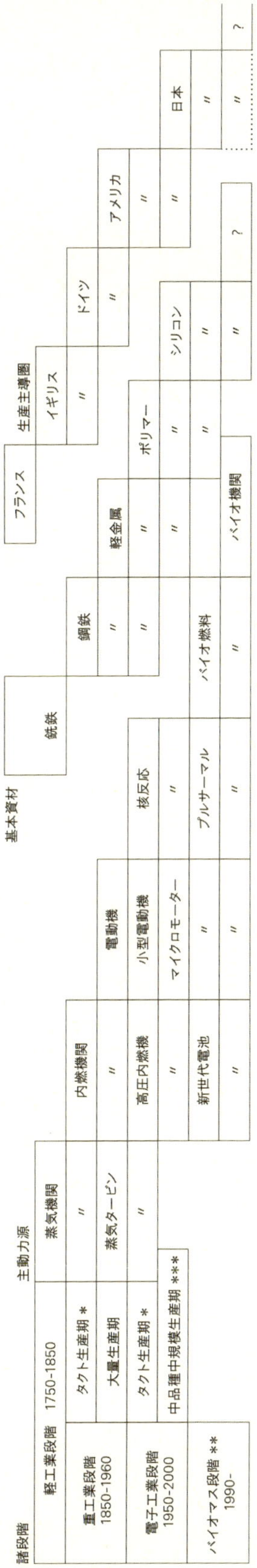

＊タクト生産……一品生産の工業段階。通常計測器と万能工具による生産と定義される。
＊＊バイオマス……工業化学一般が高熱高圧による合成であるのに対し、常温常圧による合成。
＊＊＊中品種中規模生産……電算管理によるオン・デマンド（オーダー・エントリー）的生産。→改良大量生産。［筆者作成］

図版協力＝多田豊（日本大学大学院生産工学研究科）

追補

この連載は、「コンセプチュアル」を標榜、その鍵のひとつを記号論におきながら、終章では、それに触れずじまいでした。筆者として、これは気になるところです。

いうまでもありませんが、日本建築がグローバリズムに育つ過程で、綺麗さっぱり、記号性は漂白されてしまいます。それは、モダニズムの固有性とするより、グローバリズムの属性と考えるべきでしょう。記号性を漂白しても、まだまだ豊富な内容を残していたのが日本建築なのであって、まさに強靱というべきでしょう。

それにもかかわらず、日本人が日本建築をつくるとき、記号性を忘れるべきではない、と願います。たんなるモダニズム、あるいは反モダニズムの建築をつくっているわけではないのですから——。本家としての自覚をもつべき、といいたいのです。

長期にわたる、長文の連載におつき合いいただき、ありがとうございました。

黒沢隆

図版出典・提供

連載で掲載された図版は本文ページ内に記し、それ以外の図版をここに掲げた。＊は書籍化にあたって追加挿入した図版を示す。

『建築』一九六一年一二月号　1−4＊
『現代日本建築家全集3　吉田五十八』（栗田勇監修、三一書房、一九七四）　1−5＊
『利休の茶室』（堀口捨己著、鹿島出版会、一九七七）　2−10、6−5
『日本名建築写真選集 第一八巻』（伊藤ていじ、井上靖、鈴木嘉吉編、新潮社、一九九三）五〇頁−a, b, c, e、6−3、6−4
『建築家・吉田鉄郎の『日本の住宅』』（吉田鉄郎著、近江榮監訳、向井覚、大川三雄、田所辰之助訳、SD選書、二〇〇二）　1−14＊
『建築家・吉田鉄郎の『日本の建築』』（吉田鉄郎著、薬師寺厚訳、伊藤ていじ註解、SD選書、二〇〇三）　4−1中＊
『建築家・吉田鉄郎の『日本の庭園』』（吉田鉄郎著、近江榮監訳、大川三雄、田所辰之助訳、SD選書、二〇〇五）一二四頁右上、右下、7−10
大川三雄　九一頁上、8−12

染谷正弘　1−1、1−7＊、4−1上、4−4、6−20、6−21、6−22、7−17
矢代佳織　2−5
横村隆子　5−10、九二頁上
Beyond My Ken　8−4
Chicago Architectural Photographing Company　一五三頁−2
digitalcollections.nypl.org　一五三頁−3
forum.skyscraperpage.com　一五三頁−4
Hanabi123　5−7
Jacob Ehnmark　6−1
jcandersoninc.com　一五三頁−5
Kaboldy, Jim halley　一一五頁
library.buffalo.edu　一五三頁−6
Marco Bernardini　8−3
Masanori88　7−5
officemuseum.com　一五三頁−1
Tomo Yun　2−13
Wiener Bauindustrie-Zeitung, XVII., 1900　8−5
Ximonic（Simo Räsänen）　4−2

編者付記——刊行の経緯について

本書は、黒沢隆による『10＋1』（INAX出版、現LIXIL出版）三六号・二〇〇四年九月―四三号・二〇〇六年七月への連載「CONCEPTUAL 日本建築」（全八回）を、同タイトルで書籍化したものである。

連載終了後まもなく著者は書籍化の作業に着手したが、果たすことなく二〇一四年三月に逝去。その刊行を強く望んだ遺志を継ぎ、黒沢から建築の教えを受けた有志で作業を再開した。したがって書籍化にあたっての編集作業は、連載の原稿を尊重した再レイアウトが中心となり、本文の記述も最小限の校正を加えるにとどめている。いくつかのコラムと三章分の導入文が追加原稿として遺されたが、それらは未推敲と判断され、残念ながら掲載は見送った。一方、著者が希望した図版の追加は、可能なかぎり反映させている。

本書のまえがきは、著者の私信を原文のまま掲載した。二〇〇四年一月一五日付けであることから、連載の執筆宣言とみられる。連載の編集担当は飯尾次郎さん（当時メディア・デザイン研究所）、連載と書籍化にあたって著者を献身的にサポートしたのは日本大学生産工学部の教え子、多田豊さんと加藤福さんだった。

建築家・黒沢隆は、「個室群住居」の提唱で知られ、建築設計活動と並行して広範な論考を著した。その建築思想のエッセンスは、本書と同時刊行となる『個室の計画学』（SD選書）を参照されたい。

二〇一六年二月　黒沢隆研究会

黒沢隆研究会

大川三雄（日本大学理工学部特任教授）
金子祐介（笹田学園専任講師）
亀井靖子（日本大学生産工学部准教授）
川嶋勝（鹿島出版会）
佐藤光彦（日本大学理工学部教授）
染谷正弘（DSA住環境研究室）
田所辰之助（日本大学理工学部教授）
豊田正弘（豊田編集室）
矢代眞己（日本大学短期大学部教授）
山中新太郎（日本大学理工学部准教授）
横村隆子（日本大学短期大学部非常勤講師）

著者
黒沢 隆（くろさわ・たかし）
建築家。一九四一年東京都生まれ。四五年以後、神奈川県鎌倉に住む。日本大学理工学部卒業、同大学院博士課程在籍。芝浦工業大学、日本大学理工学部、同芸術学部、同生産工学部、東京藝術大学などで「近代建築史」「建築論」「住居論」などの講座と「設計製図」を担当。
一九七〇年代から学外に黒沢隆研究室を開き、「ホシカワ・キュービクルズ」などの一連の個人用居住単位、「普通の家」シリーズなどの一連の戸建住宅、「コワン・キ・ソンヌ」などの一連の集合住宅、「早見芸術学園」などの一般建築を設計する。
主著に『翳りゆく近代建築』（彰国社）、『住宅の逆説・生活編』『同・匠編』『同・日常へ。』（レオナルドの飛行機出版会）、『集合住宅原論の試み』（鹿島出版会）、『個室群住居』（住まいの図書館出版局）、『近代：時代のなかの住居』（メディアファクトリー社）、『建築家の休日』『続・建築家の休日』（丸善）など。
二〇一四年逝去。

CONCEPTUAL《コンセプチュアル》 日本建築《にほんけんちく》

二〇一六年四月一五日　第一刷発行

著者　黒沢《くろさわ》 隆《たかし》
編者　黒沢隆研究会
発行者　坪内文生
発行所　鹿島出版会
〒一〇四―〇〇二八　東京都中央区八重洲二―五―一四
電話　〇三（六二〇二）五二〇〇
振替　〇〇一六〇―二―一八〇八八三
造本　渡邉翔
印刷　壮光舎印刷　**製本**　牧製本

ISBN 978-4-306-04635-1 C3052

URL : http://www.kajima-publishing.co.jp
e-mail : info@kajima-publishing.co.jp